edition suhrkamp

Redaktion: Günther Busch

Pierre Bertaux, geboren am 8. Oktober 1907 in Lyon, habilitierte sich 1936 mit zwei Arbeiten über Hölderlin: *Hölderlin. Essai de biographie intérieure* und *Le lyrisme mythique de Hölderlin*. Seit 1938 ist er ordentlicher Professor, heute lehrt er – nach Unterbrechungen durch den Krieg und Tätigkeiten im öffentlichen und politischen Leben – Germanistik an der Sorbonne. Wichtige Schriften: *Mutation der Menschheit* 1963; *Geschichte Afrikas südlich der Sahara* 1966; Wörterbuch Bertaux-Lepointe, neue Bearbeitung 1966/68; *Introduction à l'étude de la fonction poétique* (unveröffentlicht).

Diese Studie des französischen Germanisten bricht mit einem Tabu. Die traditionelle Hölderlin-Forschung – sowohl in ihrer geisteswissenschaftlichen als auch in ihrer philologischen Spielart – hat die politischen Implikationen und den sozialen Erfahrungshintergrund der Dichtungen Hölderlins stets aus ihren Betrachtungen ausgeklammert. Sie hat von den politischen Intentionen des Dichters keine Notiz genommen. Bertaux geht in seiner Untersuchung diesem Problem nach; er erläutert es an Hölderlins Verhältnis zu den Jakobinern und dessen Verschlüsselung in seinem Werk.

Pierre Bertaux
Hölderlin und die Französische
Revolution

Suhrkamp Verlag

edition suhrkamp 344
1.–8. Tausend 1969
© Suhrkamp Verlag, Frankfurt am Main 1969. Erstausgabe. Printed in Germany. Alle Rechte vorbehalten, insbesondere das der Übersetzung, des öffentlichen Vortrags, der Übertragung durch Rundfunk und Fernsehen, auch einzelner Teile. Satz, in Linotype Garamond, Druck und Bindung bei Georg Wagner, Nördlingen. Gesamtausstattung Willy Fleckhaus.

Inhalt

Carlo Schmid
ist diese schwäbisch-französische Geschichte
in Verehrung gewidmet

Vorwort

Obwohl die vorliegende Arbeit auf einer nunmehr vierzig Jahre währenden ununterbrochenen Beschäftigung mit Hölderlin basiert, ist sie eher als Ausgangspunkt denn als Abschluß gedacht. Sie möchte die Verflechtung von Hölderlins Denken und Schaffen mit den Ereignissen seiner Zeit – der Zeit der Großen Revolution – darstellen und damit eine empfindliche Lücke der bisherigen Hölderlin-Forschung schließen helfen.

Wir legen hier einige Dokumente und Zeugnisse vor, die notwendig sind, um den Fall Hölderlin zu verstehen. Damit, glauben wir, ist auch die Möglichkeit gegeben, einen neuen Zugang zum Werke des Dichters zu schaffen. So hoffen wir auch, einen Beitrag zum besseren Verständnis des dichterischen Wortes geleistet zu haben.

Meine Arbeit wäre nicht möglich gewesen ohne das in seiner philologischen Präzision wie seiner sachgemäßen Kommentierung einzigartige Monument der *Großen Stuttgarter Hölderlin-Ausgabe*. Deren Herausgebern Friedrich Beißner und Adolf Beck gilt daher zunächst und vor allem mein Dank und mein Respekt. Ferner möchte ich danken Herrn Dr. Heinrich Wetzel und Herrn Landrat Karl Hess für ihre Hinweise über die Familiengeschichte württembergischer Demokraten sowie meinem Kollegen Nikolaus Sombart und meinen Schülern Alain Ruiz, Martine Mignard und Françoise Joly, die mir durch ihre Forschungen neues Material erschlossen haben. Bei der Fertigstellung und Durchsicht des Manuskripts haben mir meine Mitarbeiter Katarina Hinst und besonders Bernd Witte wertvolle Hilfe geleistet.

Einleitung

Hölderlins Dichtung eine politische Bedeutung beizumessen, galt der (west)deutschen Hölderlin-Forschung noch bis vor kurzem als Häresie.[1] Die philologische Tradition hielt Dichtung und Politik, noch dazu linksgesinnte Politik, Lyrik und Sansculottismus für unvereinbar. Hölderlin ein Jakobiner? Unausdenkbar! Er war ein Schwärmer, ein Poet, und gar ein geistig Umnachteter.

So gelang es, über die politische Bedeutung und Aktualität von Hölderlins »zeitloser« Botschaft methodisch hinwegzusehen, indem man die von ihm erlebten historischen Umstände, in denen und aus denen heraus er dichtete, nicht in Betracht zog. Was von seiner politischen Begeisterung zu ignorieren unmöglich war, tat man ab als jugendliche Schwärmerei, als poetische Phrase, als modischen Wortschwall ohne jeden Informationsgehalt. Wenn Forscher von hohem Rang nach gewissenhafter Untersuchung zu dem Ergebnis kamen, daß ohne Ausnahme alle Freunde Hölderlins jakobinisch gesinnt waren, wurden diese Fakten im wissenschaftlichen Apparat so verzettelt, so durch die Blume gesagt, daß nur die wenigen, die mit einem derartigen Apparat umzugehen wissen und die Zeit zur notwendigen philologischen Kleinarbeit haben, den Tatbestand durchschauten, das *profanum vulgus* aber nicht. Der Laie sollte sich ruhig mit dem harmlosen Bild des frommen deutschen Dichters, des Autors »vaterländischer Gesänge« zufrieden geben.

In der folgenden Untersuchung soll nicht der Anspruch erhoben werden, etwas entdeckt zu haben, was »man« noch nicht wüßte oder nicht schon gesagt hätte. Alle oder fast alle Fakten habe ich dem großartigen Monument der *Stuttgarter Ausgabe* entlehnt (einiges jedoch auch hinzugefügt) – doch habe ich versucht, daraus ein ganzes Bild zu machen, ein Bild, das allerdings anders aussieht als das herkömmliche.

Von zwei Seiten her wird das neue Hölderlinbild in Frage gestellt: einerseits wirft man mir vor, daß ich nichts sage, was man nicht schon wüßte; andererseits, daß das, was ich sage, nicht stimmt. (Man muß froh sein, wenn beide Vorwürfe nicht in einem Atemzug von einer Person vorgebracht werden.)

Und noch von einer dritten Position her verteidigt sich die Tradition: die Gedichte sind einmal da, und es steht jedem frei, sie nach Belieben zu interpretieren; eine Interpretation ist so gut wie die andere.

Dieses Argument lasse ich gelten. Nicht anders als alle anderen Objekte, gehört das poetische Objekt jedem, der es sich aneignet. Der Konsument darf mit dem Objekt anfangen, was ihm beliebt – und niemand hat das Recht, den etwaigen Gebrauch zu beanstanden.

In dieser Perspektive bleibt mir nur festzustellen, erstens, daß ich persönlich mehr von den von mir vorgeschlagenen Interpretationen habe als von anderen; zweitens, daß sie einiges erklären, dort wo andere Deutungsversuche versagen; und drittens, daß ich mich redlich bemühe, die *Absicht* Hölderlins zu erkennen und einsichtig zu machen. Vielleicht hängt das damit zusammen, daß ich in den vielen Jahren meines Umgangs mit dem Werk Hölderlins den Dichter als Person liebgewonnen habe. Ich hoffe, kein Wort zu sagen, das er, wenn er noch lebte, als Verrat an sich auffassen könnte.

Hölderlin war, nicht weniger als sein Freund Hegel, ein Sohn seiner Zeit. Ein *bewußter* Sohn seiner Zeit. Seinen Helden Empedokles, dem er »sein Heiligstes« anvertraut, den Träger seiner Botschaft, stellt er wie folgt dar:

»So ist Empedokles ein Sohn seines Himmels und seiner Periode, seines Vaterlandes, ein Sohn der gewaltigen Auseinandersetzungen von Natur und Kunst in denen die Welt vor seinen Augen erschien. Ein Mensch, in dem sich die Gegensätze so innig vereinigen, daß sie zu Einem in ihm werden. [...] ist Empedokles, wie gesagt, das Resultat seiner Periode, und sein Karakter weist auf diese zurück, so wie er aus dieser hervorging. [...] So sollte also Empedokles ein Opfer seiner Zeit werden. [...] So individualisiert sich seine Zeit in Empedokles.«[2]

Die Situation, die Hölderlin im *Empedokles* beschreibt, entspricht in keiner Weise den Zuständen in Sizilien im 5. Jahrhundert v. Chr., wohl aber der historischen Situation zu Hölderlins Zeit, dargestellt im griechischen Kostüm.

Hölderlin rühmt die Zeit der Alten, »wo jeder mit Sinn und Seele der Welt angehörte, die ihn umgab, weit mehr Innigkeit in einzelnen Karakteren und Verhältnissen zu finden (war), als zum Beispiel unter uns Deutschen«[3]. Orpheus war für ihn »Barde und Held« und »nahm an den Abenteuern seiner Zeitgenossen [...] selbst teil«[4].

»Die Beurteilung eines Stücks von Aeschylus war (den Griechen) ebenso wichtig, als eine politische Beratschlagung. Aeschylus schrieb auch ganz im Karakter der damaligen Zeit [...]. So wie Aeschylus im Geist seiner kriegerischen Dezenne schrieb, so Sophokles im Geist seiner kultivierten Epoche.«[5] Es ist fast unbegreiflich, wieso man denn habe behaupten können, Hölderlin habe als Dichter darauf verzichtet, »mit Sinn und Seele der Welt, die ihn umgab« anzugehören und an den Abenteuern seiner Zeitgenossen Anteil zu nehmen. Man vergleiche die Stelle bei Hegel: »Hic Rhodus, hic saltus. Das *was ist* zu begreifen, ist die Aufgabe der Philosophie, denn das, *was ist,* ist die Vernunft. Was das Individuum betrifft, so ist ohnehin jedes *ein Sohn seiner Zeit*; so ist auch die Philosophie, ihre Zeit in Gedanken gefaßt.«[6]

Die Zeit Hölderlins, das war die Zeit der Französischen Revolution. Als sie 1789 ausbrach, war er 19 Jahre alt und stand am Anfang seiner dichterischen Laufbahn. 1804, das Jahr des letzten von ihm selbst veröffentlichten Werks, ist das Jahr der Gründung des Napoleonischen Kaiserreichs. Also, vor Hölderlin das *ancien régime*, nach ihm das Reich Napoleons, die Restauration, Metternich und alles, was damit zusammenhängt. Hölderlins aktive Lebensphase deckt sich demnach genau mit den großen Ereignissen in Frankreich, die dem mittelalterlichen Heiligen Römischen Reich ein Ende setzten und die moderne Welt gründeten.

Diese Zeit hat Hölderlin in voller Intensität erlebt. »Groß ist das Werden umher«[7], sagte er, und auch: »Man kann wohl mit Gewißheit sagen, daß die Welt noch nie so bunt aussah, wie jetzt.«[8] Es ist nicht zu viel gesagt, wenn wir meinen, er habe von nichts anderem als von seiner Zeit gesprochen, vom Zeitgeist: »Du in der dunkeln Wolke, du Gott der Zeit! [...] / Zu wild, zu bang ist's ringsum, und es / Trümmert und wankt ja, wohin ich blicke. [...] hast denn du nicht zuerst den Geist / Mit deinem Strahl aus mir geweckt?«[9], vom »Erschütterer«[10], von »der reißenden Zeit«, wie sie Hegel etwa gleichzeitig in einem politischen Pamphlet nennt. Hölderlins ganzes Werk scheint eine »durchgehende Metapher« der Revolution zu sein, ein laufender Kommentar zur Problematik der Revolution, und im spezielleren Sinne zum Problem des Mannes (ob Dichter, ob Held) in revolutionärer Zeit: Wie kann der Mann, da wo er steht, das Seine tun, um »das Notwendige möglich zu machen«, wie Carlo Schmid sagte.

»Wir, so gut es gelang, haben das Unsre getan«[11], lautete Hölderlins Antwort.

I. Deutsche Jakobiner

»Glaube das mir! und bete für die Franzosen, die Verfechter der menschlichen Rechte.«[1]
»un ci-devant révolutionnaire wurtembergeois nommé Hoelderlin.«[2]

Hölderlin gehörte der Gesinnung nach zu den deutschen Jakobinern; durch sie war er über die Ereignisse in Frankreich unterrichtet.

Um sagen zu können, wer ein Jakobiner war, müssen wir zunächst bestimmen, was dieser Begriff bedeutet. Man kann zumindest drei verschiedene Bedeutungen des Wortes unterscheiden:

1. die historisch-technische: Jakobiner sind die Mitglieder eines Jakobinerklubs zur Zeit der Französischen Revolution.
In diesem Sinne gab es einige wenige Jakobiner in Deutschland: Deutsche, die in Frankreich als Gäste oder Mitglieder in die Klubs aufgenommen worden waren, so z. B. Reinhard, Merck und Alexander von Humboldt. Außerdem sind hier die Mitglieder des Jakobinerklubs in Mainz zu nennen, des einzigen, der in Deutschland eine Zeitlang funktionierte. Andere Geheimbünde, etwa der *Bund freier Männer* in Jena, standen den Jakobinern sehr nahe.

2. die erweiterte politische Bedeutung: ein Jakobiner ist ein Anhänger der Ideale der Französischen Revolution, der Ideale, die in der Trikolore, in der Devise: *Liberté, égalité, fraternité*, im Wort *patrie* ihren Ausdruck gefunden haben. In diesem Sinne ist ein Jakobiner ein Mensch mit einer politischen Gesinnung, die auch heute noch ihren Wert haben kann.
Eine ganze Reihe namhafter Deutscher – und unter ihnen muß man Hegel und Hölderlin nennen – hegten eine solche radikale republikanische Gesinnung, kämpften gegen den Konservativismus und die Autorität der Fürsten, des Adels und der Kirche und setzten sich für die Anerkennung der Menschenrechte ein.

3. Die dritte Bedeutung des Wortes Jakobiner könnte man die »deutsche« nennen. Von 1792 an wird das Wort »Jakobiner« in

Deutschland zu einem Schimpfwort, ja schlimmer als das, zu einer Denunziation. Ein Jakobiner ist nun ein »Roter«, ein Umstürzler und Aufwiegler, dem man das Handwerk legen muß. Bevor das Wort in diesem Sinn in Umlauf kam, hießen solche staatsgefährdenden Subjekte in der lateinischen Verwaltungssprache des Tübinger Stifts *democrata,* und wem in den Akten ein solcher Vermerk zugelegt wurde, war ausgeschlossen *(rejectus).*[3]

In Deutschland hat diese Bedeutung des Wortes die Zeit der effektiven polizeilichen Verfolgung überlebt und war noch um die Jahrhundertwende geläufig. In seinem Essay *Mein Weg als Deutscher und Jude* (1921) – also noch lange vor den methodischen Verfolgungen des Dritten Reichs – versucht Jakob Wassermann seinen Landsleuten klarzumachen, was das Leben eines Juden in Deutschland bedeutet. Er schreibt: »Leider steht es so, daß der Jude heute vogelfrei ist. Wenn auch nicht im juristischen Sinn, so doch im Gefühl des Volkes [...]. Juden sind die Jakobiner der Epoche.« Damit griff Wassermann zu einem Beispiel, das noch 1921 einer landläufigen Vorstellung entsprach. Sein Vergleich spricht für sich selbst.

Der negative Beigeschmack des Wortes »Jakobiner« ist wohl noch heute lebendig. Sonst wäre es nicht zu begreifen, daß sich die Hölderlin-Verehrer so hartnäckig – und manchmal so aufrichtig und rührend – darum bemühen, Hölderlin von dem Makel reinzuwaschen, er könne ein Jakobiner gewesen sein. Man versucht seine politische Einstellung als jugendliche Verirrung abzutun, wie sie so manchen Jünglingen unterlaufen sei.

Eine kurze Zusammenfassung der Geschichte der Jakobiner wird deutlich machen, wie es zu den verschiedenen Bedeutungen des Wortes kam. Zur Zeit der Französischen Revolution waren Jakobiner die Mitglieder des *Club des Jacobins.* Im Juni 1789, also noch vor dem Sturm auf die Bastille, war in Versailles der *Club breton* gegründet worden, dem sich Sieyès, Fabre d'Eglantine, Choderlos de Laclos, der Graf Mirabeau, der Herzog von Aiguillon, der Maler David und der Gelehrte Condorcet anschlossen. Viele dieser Männer waren zugleich Freimaurer.

Als die Nationalversammlung im November 1789 von Versailles nach Paris verlegt wurde, nahm der Klub den Namen

Klub der Freunde der Verfassung (Club des Amis de la Constitution) an und richtete sich in der Nähe der Nationalversammlung, im ehemaligen Jakobinerkloster in der Rue St. Honoré ein. Die Bibliothek, die ihm als Versammlungslokal diente, war ein niedriger finsterer Saal ohne Tribünen. Aber durch die Vereinigung so vieler aufgeklärter und patriotisch gesinnter Männer gewann der Klub der Jakobiner bald eine solche Autorität, daß in seinen Beratungen und Diskussionen die Vorentscheidungen für die Beschlüsse der Nationalversammlung fielen. Sein Ansehen breitete sich schnell auch auf die Provinz aus, wo in den bedeutendsten Städten, so in Lille, Straßburg, Metz und Bordeaux, ebenfalls *Gesellschaften der Freunde der Verfassung* (Jakobinerklubs) gegründet wurden.

Im Jahre 1791 zählte der Pariser Klub 1200 Mitglieder. Ihm waren 406 Jakobinerklubs in der Provinz angeschlossen, die aus Paris ihre Anweisung empfingen und deren Ideologie und politische Aktion von dorther gesteuert wurden. Die Mitglieder der Klubs kamen vor allem aus dem liberalen Großbürgertum; sie waren Mediziner, Industrielle, zuweilen auch fortschrittlich gesinnte Adelige. Der besonders aktive Klub von Lille wurde von Priestern geleitet, an deren Spitze der Bischof stand. Sozial gesehen waren die Klubs also Zusammenschlüsse von reichen oder gut situierten Bürgern mit hohem Bildungsniveau, eine Gesellschaft von Philosophen, Rechtsgelehrten, Freimaurern und Patrioten, die einen jährlichen, häufig hohen Mitgliedsbeitrag zahlten. Meistens richtete sich dessen Höhe nach dem jeweiligen Einkommen; auf jeden Fall mußte man Aktivbürger sein, das heißt ein Minimum an Einkommen haben, um aufgenommen zu werden.

Der jakobinische Geist war charakterisiert durch die Vaterlandsliebe und den Glauben an die Revolution, der täglich durch die Notwendigkeit genährt wurde, gegen die Vorherrschaft von Adel und Kirche in der Verwaltung, im Militär und in der Rechtsprechung zu kämpfen. Er war auf die Einheit des Staates und die Stärkung der Zentralgewalt bedacht, förderte die durch die neue Ordnung begründeten Institutionen und wachte über sie mit nie erlahmendem Eifer. Das Abzeichen der Pariser Jakobiner war ein wachsam geöffnetes Auge, ein Symbol, das auch bei den Freimaurern bekannt ist.

Durch die Machenschaften der Konterrevolution wurden die

Jakobiner mißtrauisch; sie griffen zu den Mitteln der Denunziation und des Polizeistaates. Aber im Jahre 1791 noch waren sie klug, tolerant und großzügig. Sie stützten die neue Staatsautorität, solange sie noch nicht fest etabliert war, indem sie mit ihr gegen Anarchie und Reaktion kämpften. Sie waren das treibende Element der Revolution. Die Jakobiner forderten die Pressefreiheit und wollten den demokratischen Geist auch in der Armee einführen. Da sie den Krieg fürchteten, weil er den innerstaatlichen Reformen abträglich sein würde, versuchten sie in richtiger Einschätzung der Lage den drohenden Konflikt um jeden Preis zu vermeiden. Trotz dieser Bereitschaft, sich der Situation anzupassen, betonten sie jedoch nachdrücklich ihren Glauben an den Sieg der Völker, die in ihren Augen die einzigen legitimen Souveräne waren, während sie die Könige als Usurpatoren dieser Souveränität betrachteten.

In den Jakobinerklubs kamen häufig die gegensätzlichsten Meinungen zu Wort. Aber mehr und mehr von radikaler republikanischer Gesinnung beherrscht, unterwarfen sie sich Robespierre, dem »unbestechlichen« Patrioten, der ohne Gnade alle gegenrevolutionären Gedanken und Handlungen verfolgte.

Wegen der Schwäche der lokalen Verwaltungsstrukturen waren die Jakobiner neben der Nationalversammlung, und in höherem Maße als diese, die einzige organisierte politische Macht im Lande. Allgegenwärtig und stets solidarisch, waren sie in der Lage, innerhalb eines Augenblicks alle patriotischen Kräfte in Bewegung zu setzen. Die Umstände zwangen sie dazu, für eine zentralisierte Staatsgewalt einzutreten. Um die revolutionäre Aktion vor der Vernichtung zu bewahren, mußte diese zentral gelenkt werden. Während der Krise, die sich im Jahre 1791 ankündigte, waren sie in der Lage, Ruhe und Ordnung wiederherzustellen und dem übrigen Europa das Beispiel eines freiheitlich gesinnten Volkes zu geben, das seine Freiheit zu verteidigen weiß.

Neben den Jakobinerklubs konstituierten sich andere, im eigentlichen Sinne demokratische Klubs, die nicht mehr je nach dem Vermögen zwischen aktiven und passiven Bürgern unterschieden. Sie waren Vereinigungen des Kleinbürgertums und als solche »volkstümlicher«; in der Regel duzten sich ihre Mitglieder untereinander. Das bekannteste Beispiel dieser Art

Klubs war die *Gesellschaft der Freunde der Bürger- und Menschenrechte,* die in der Rue des Cordeliers tagte und zu deren Mitgliedern Camille Desmoulins, Danton und Marat zählten. Demokratischer als die Jakobiner, vertraten sie die völlige Gleichheit aller Menschen vor dem Gesetz. Weil sie weniger auf formale Legalität bedacht waren, rissen sie die Menschen mit; lange Zeit gingen alle neuen Impulse der Revolution von ihnen aus. Die Jakobiner hielten zwar eine schützende Hand über diese Gesellschaften, aber sie gliederten sie nicht in ihre eigenen Organisationen ein.

Bis ins Jahr 1791 hinein waren Jakobiner und sogar »Cordeliers« monarchistisch gesinnt; selbst Marat trat nicht gegen den König auf. Ja, die Klubs bekämpften sogar die republikanischen und sozialistischen Splittergruppen, wo diese sich zu bilden begannen. Mit ihnen hatten sie nur eines gemein: den Kampf für die Gleichheit der politischen Rechte und den Aufbau der Demokratie.

Das alles änderte sich schlagartig mit dem Fluchtversuch des Königs Ludwig XVI. aus Paris. Der König versuchte Montmédy zu erreichen, um von dort aus die Auflösung der Nationalversammlung anzuordnen und das Zeichen zur Gegenrevolution zu geben. Dabei rechnete er auf die Unterstützung der Emigranten in Koblenz und seiner ihm treu ergebenen Truppen (das Königlich-Deutsche Regiment, *Royal Allemand,* das Deutsche Regiment von Bouillon, und das Nassauische Bataillon; hinzu kam noch die ausländische Armee von 15 000 Österreichern, die bereit lag, Frankreich von Luxemburg her anzugreifen). Die Patrioten, die den als Kammerdiener der Baronin von Korff verkleideten König gefangennahmen, taten dies unter dem Ruf: »Es lebe die Nation!« Hier wird der Gegensatz zwischen den Interessen der Patrioten und denen der Monarchisten zum ersten Mal greifbar.

Trotzdem konnte Robespierre, sogar noch nach der Flucht des Königs, sagen, er sei weder Republikaner noch Monarchist, oder besser, er sei zugleich Republikaner und Monarchist, so wie es in der Verfassung selbst vorgesehen sei: »Was ist in der Tat die Verfassung Frankreichs? Frankreich ist eine Republik mit einem Monarchen an der Spitze. Es ist also weder republikanisch noch monarchisch: es ist beides zugleich.« (13. Juli 1791)

»Die Jakobiner wünschen lediglich den König abzusetzen und ihn durch eine verfassungsmäßige Ordnung zu ersetzen«, schrieb Brissot damals. Zur gleichen Zeit schickte Robespierre an alle Klubs einen Brief, in dem er erklärte, daß die Jakobiner äußerst genau die Legalität zu respektieren und »in keiner Weise sich als Aufrührer« zu gebärden hätten. Nach einer Krise, in deren Verlauf die konservativen Elemente den Klub verließen, um den Klub der »Feuillants« zu gründen, wendeten sich den Jakobinern alle durch die Flucht des Königs und die Furcht vor der Konterrevolution beunruhigten Patrioten zu, so daß in kurzer Zeit etwa 500 neue Gesellschaften überall im Lande entstanden.

In der Tat brach an verschiedenen Stellen Frankreichs die Konterrevolution aus, in Avignon, in Rouen, in der Vendée. Die Emigranten nahmen eine immer drohendere Haltung ein, und die Königin – man nannte sie im Volk »l'Autrichienne«; man konnte nicht vergessen, daß sie die Tochter Maria Theresias war, weil sie selbst es nie hatte vergessen können – Marie Antoinette ließ am 3. Dezember 1791 durch Ludwig XVI. einen Brief an den König von Preußen schreiben: »An Monsieur meinen Bruder, den König von Preußen: Ich habe mich an den Kaiser, an die Zarin von Rußland und an die Könige von Spanien und Schweden gewandt und ihnen den Vorschlag eines Kongresses der europäischen Großmächte unterbreitet, der von einer gehörigen militärischen Macht gesichert werden müßte. Ich sehe darin die beste Form, den Aufrührern hier im Lande Einhalt zu gebieten und uns die nötigen Mittel zu verschaffen, eine wünschenswerte Ordnung der Dinge wiederherzustellen und zu verhindern, daß das Übel, das uns bedrückt, auch die anderen europäischen Staaten befalle.«

Der Hof wünschte also den Krieg und arbeitete mit allen Kräften auf ihn hin. Diese hochverräterischen Umtriebe gingen so weit, daß der französische Kriegsminister, der Graf von Narbonne, dem Herzog von Braunschweig insgeheim den Posten eines Oberbefehlshabers der Französischen Armee anbot. Andererseits gab es eine Fraktion der Nationalversammlung, »Brissotins« oder »Girondins« genannt (obwohl wenige von ihnen aus der Gegend von Bordeaux stammten), welche in flammenden Reden die Könige und die Emigranten angriff. Die Franzosen als Freunde der Freiheit seien, so sagten sie, geborene Feinde aller Despoten. Robespierre widerstand fast als einziger dieser vaterländischen Hochstimmung, die überall emporbrandete. Da der Hof den Krieg wünsche, müsse man ihn auf alle Fälle vermeiden. Er warf den Girondisten vor, sie seien, wie man heute sagen würde, »die objektiven Verbündeten der Konterrevolution«. Doch die Mehrheit der Jakobiner schloß sich der girondistischen Tendenz an, die von Brissot und seinen zahlreichen Anhängern vertreten wurde. Robespierre kämpfte mit seinen wenigen Getreuen auf verlorenem Posten. Er gab zu bedenken, daß ein stehendes Heer und siegreiche Generäle eine große Gefahr für die Freiheit seien und forderte, daß man »den Geist der Bürger durch Erziehung festigen müsse, deren vorzügliche Mittel Schauspiel und öffentliche Feste seien«.

Trotz seiner Einwände ergriff die Bewegung ganz Frankreich; in der Provinz eilten zahlreiche Freiwillige zu den Waffen, denn für sie war der Kampf gegen die Aristokraten aufs engste verbunden mit dem Kampf gegen das Ausland, das diese unterstützte. Die Anarchie auf politischem Gebiet drohte sich noch durch die völlige Verwirrung der Finanzlage zu verschlimmern. In einem Beschluß der Nationalversammlung vom 25. Januar 1792 wurde der König aufgefordert, den Kaiser zu fragen, ob er als Chef des Hauses Österreich »in Frieden und gutem Einverständnis mit der französischen Nation zu leben gewillt« sei. Der Kaiser verurteilte in seiner Antwort, die vom Fürsten von Kaunitz an den Botschafter Frankreichs in Wien, de Noailles, übermittelt wurde, öffentlich die Provokationen und gefährlichen Machenschaften der Jakobiner. Sie seien eine verderbliche Sekte und Feinde des allerchristlichen Königs. Er ließ anfragen, ob etwa die Lehre dieser Sekte in Frankreich den Sieg davontragen werde. (Von diesem Tage an datiert der deutsche Gebrauch des Wortes im negativen Sinne.)

Die Antwort des Kaisers war in Wahrheit eine Kriegserklärung an die Jakobiner und an die Revolution. Ludwig XVI., der aus anderen Gründen den Krieg wünschte, rief nunmehr die Anhänger Brissots und der Gironde an die Macht. Die girondistischen Abgeordneten machten einen ihrer Freunde, Roland, zum Innenminister; Außenminister wurde Dumouriez, ein genialer Abenteurer. Marie Antoinette ließ alle Feldzugspläne, die von Dumouriez im Ministerrat vorgelegt wurden, an Kaunitz, den Premierminister Franz II., weiterleiten. Unter diesen Umständen begab sich der König am 20. April 1792 in die Nationalversammlung und schlug ihr vor, »dem König von Böhmen und Ungarn« den Krieg zu erklären. Die Versammlung nahm den Antrag fast ohne Gegenstimmen an.

Aus dieser kurzen Darstellung der historischen Fakten läßt sich ersehen, warum Ludwig XVI. und die Königin von Robespierre und seinen jakobinischen Freunden als Vaterlandsverräter betrachtet und auf der Guillotine hingerichtet wurden. Zugleich macht sie deutlich, was das Wort »Patriot« für die demokratisch gesinnten Revolutionäre bedeutete, ob sie nun Franzosen waren oder nicht. Von hier aus läßt sich erstmals ahnen, welchen Sinn das Wort »Vaterland« bei Hölderlin haben wird.

Nun zu den deutschen Jakobinern – Jakobiner im ersten und im zweiten Sinne des Wortes; der Unterschied ist nur schwer zu machen und hat in der Sache wenig zu sagen. Zur Zeit der Französischen Revolution kamen sehr viele Deutsche nach Paris. Die meisten waren nur zu Besuch in der Hauptstadt der Revolution, aber viele blieben auch endgültig dort. Rebmann berichtet über eine große Zahl deutscher Patrioten (etwa 4 000), die in Paris lebten. »Es ist unglaublich, wieviel Landsleute man hier trifft«, sagt er.[4] Ein halbes Jahrhundert später zählt Varnhagen von Ense in seinem Tagebuch die bekanntesten auf. Er nennt Schlabrendorff, Oelsner, Forster, Huber, Baggesen, Georg Kerner, Reichardt, Johann Heinrich Voß, Rebmann – diejenigen also, die sich als Schriftsteller einen Namen machten.[5] Die Lebensläufe einiger der bekanntesten unter ihnen sind aufschlußreich.[6]

Eine Schlüsselfigur der deutschen Kolonie in Paris ist Konrad Engelbert Oelsner, 1764 in Schlesien als Sohn eines Kaufmanns geboren. Er hatte in Frankfurt an der Oder studiert und dort die Bekanntschaft Wilhelm von Humboldts gemacht. Als Gouverneur eines jungen Adligen begab er sich auf Reisen. Längere Zeit verweilte er in Zürich, wo er, wohl dank der Vermittlung seines Landsmannes und Jugendfreundes, des Naturforschers Johann Gottfried Ebel (eines nahen Freundes

Hölderlins), die Freundschaft Paul Usteris gewann. Dann kam Oelsner nach Paris. Er scheint zur Zeit des Föderationsfestes, das am 14. Juli 1790 stattfand, dort gewesen zu sein. Die beste Einführung in die neue Welt, die sich vor ihm auftat, konnte ihm sein Landsmann Graf von Schlabrendorff bieten. Auch der Züricher Jakob Heinrich Meister, der seit Jahren auf dem Boden von Paris heimisch war, vermittelte ihm mancherlei Aufschlüsse. Durch den Umgang mit Barnave, Pétion, Brissot, Clavière, Rabaut Saint Etienne, Röderer, Chamfort – fast alle Girondisten – gewann er eine genaue Kenntnis der revolutionären Vorgänge. Sieyès würdigte ihn seines vertrauten Umgangs. Als »Fremder«, d. h. als »Gast« in den Jakobinerklub aufgenommen, als Teilnehmer an Sitzungen politischer Gesellschaften sowie der *Assemblée Nationale,* der *Législative,* der *Convention* (Konvent), war er eifrig beflissen, sich durch persönlichen Verkehr mit dem Volk über dessen Stimmungen zu unterrichten. Er sammelte eine Fülle von Beobachtungen, die er seinem Tagebuch und Briefen an Freunde in der Heimat (darunter auch an Ebel) anvertraute.

Zur Zeit des Untergangs der Gironde hatte er aus Vorsicht seine Tagebücher verbrannt. Aber was in Briefen gerettet worden war, bildete den Grundstock der 1794 herausgegebenen *Bruchstücke aus den Papieren eines Augenzeugen und unparteiischen Beobachters der französischen Revolution.* Eine neue Auflage erfolgte 1797; 1799 erschien eine dritte, durch einen zweiten Teil erweiterte Auflage, was vom Erfolg des Buches in Deutschland zeugt.

Oelsner übernahm von den französischen Revolutionären deren feindliche Haltung gegen den Adel: »Ein Edelmann, der auf seine Ahnen strotzt, ist ein Kannibale, der sich mit der Anthropophagie seiner Vorfahren bläht.« »Die Revolution hat die Fortschritte des menschlichen Geistes auf die außerordentlichste Weise beschleunigt.« So wenig er die Mängel der neuen Verfassung (der Verfassung der konstitutionellen Monarchie von 1791) verkannte, erschien ihm »ihr Bau«, im Gegensatz zum gestürzten Despotismus, doch als »das Werk der Vernunft«.

Als Frankreich 1792 vom Angriff der verbündeten deutschen Mächte bedroht war, bekannte er sich zur Republik: »Ich erkläre mich freimütig für die Partei der Republikaner.

So lange Hoffnung blieb, bin ich immer für die Partei der Mäßigung gewesen, jetzt aber scheint mir, daß ein sich der Anarchie näherndes System, der Freiheit immer gefährlich, es doch weniger als die Bajonette teutscher Söldner sind.« Er war ein Patriot im revolutionären Sinne des Wortes. Niemand konnte die Terroristen, vor allem Marat und Robespierre, schwärzer brandmarken als Oelsner es tat. Längst war er den Sitzungen des Jakobinerklubs fern geblieben. Nach dem Sturz der Gironde schien er zu glauben, daß die Republik mit ihr »zu Grabe gegangen sei«. Aber sein Vertrauen in die progressiven Wirkungen der Revolution blieb unerschüttert.

Als Agent der Stadt Frankfurt am Main in Paris, trat er 1796 publizistisch für die Bildung von Föderativstaaten an der Grenze Frankreichs unter dessen Protektorat ein. Bei Erscheinen der neuen Auflage seiner *Beiträge zur Geschichte der französischen Revolution* fügte er 1797 hinter dem Titelblatt folgende Sätze ein: »Die französische Revolution erschüttert den Erdball. Groß, wichtig und lehrreich, verdient sie bis in ihre rohesten Elemente gekannt zu werden. Zwar gleicht sie dem ersten Ebenbilde Gottes und scheint zum Teil wenigstens von Kot erbaut. Wie aber konnte Menschenwerk aus reinem Licht gewoben sein, wenn es das des Schöpfers nicht ist. Die Absicht der Revolution war gut, edel und notwendig. Ließe sich denken, daß sie verloren ginge, so ist der Krieg wider die Vorsehung gerechtfertigt. Allein das Volk, welches mit kühnem Mute weise Ordnung in die sittlichen Verhältnisse der Welt einzuführen gedachte, verdient, wie auch immer sein Versuch ausfällt, die Achtung und den Dank des Menschenfreundes.«

Ein geistreicher, satirischer Journalist, der Schwabe Wilhelm Ludwig Wekhrlin (1739–1792) hatte 1778 geschrieben: »Hier (in Bayern) sind die Landstraßen auf beiden Seiten mit Galgen gepflanzt, so wie sie in polizierten Ländern mit Maulbeerbäumen gepflanzt sind.«[7] Er hatte in seiner Jugend mehrere Jahre in Frankreich geweilt. Er dankte der Vorsehung dafür, daß sie ihn einen Augenblick habe erleben lassen, »wo ein raisonnables Gefühl von Freiheit in ganz Europa erwacht«. Auch die ersten blutigen Ausschreitungen der Revolution konnten ihn nicht beirren, im Vergleich mit den Justizopfern des *ancien régime*. Später bewogen ihn andere Gründe Abstand zu nehmen. Er bekämpfte die »Strudelköpfe, die eine Freiheit verlangen, die niemals existiert hat und existieren wird«. Jeder Streit über die beste Regierungsform schien ihm lächerlich: »Man gebe uns unser Recht, Denk- und Redefreiheit, Preßfreiheit und Glaubensfreiheit, mit diesen vier Freiheiten ist jede Regierungsform gut.« Er bedauerte die Aufhebung des Adels durch die Nationalversammlung, denn er sah im Adel »das Priestertum der Ehre«. Die Ungleichheit hielt er für »ein originelles und unheilbares Gebrechen der Welt, worauf wir wohnen«. Im Frühjahr 1792 weilte er erneut in Frankreich, um Korrespondenten für ein neu geplantes publizistisches Unternehmen anzuwerben. Dann kehrte er nach Deutschland zurück. Alfred Stern schreibt[8]: »Die Mißhandlung, der Wekhrlin als geheimer Jakobiner verdächtigt in Abwesenheit seines Gönners, des Ministers Hardenberg, sich preisgegeben sah, führte am 24. November 1792 seinen Tod herbei.«

Der Franke Andreas Georg Friedrich Rebmann, geboren 1768 in Kitzingen als Sohn eines ritterschaftlichen Beamten, in Erlangen und Jena zum Juristen gebildet, beschrieb in seinem Werk *Vollständige Geschichte meiner Verfolgungen* (1796) den Eindruck, den der Ausbruch der Revolution von 1789 auf ihn machte: »Die größte Begebenheit aller Jahrhunderte, die fränkische Revolution, mußte auf jeden Menschen von Gefühl gewaltig wirken [...]. Mancher junge Mann erhielt dadurch einen gewaltigen Stoß, der alle seine Kräfte in Bewegung setzte [...]. Schöner und größer, als es leider je zur Wirklichkeit kommen wird, stand das Ideal eines allgemeinen Bruderbundes vor der Seele der Menschen.«
Anonym veröffentlichte Rebmann mehrere Schriften, in denen er seine Ansichten über die Entstehung und Entwicklung der Französischen Revolution darlegte. Zugleich setzte er auseinander, wie man nur durch rechtzeitige Reformen Revolutionen vorbeugen könne. Er übersetzte eine Rede Robespierres, die 1794 bei dem Buchhändler Vollmer in Thorn erschien. Verspottungen der deutschen Kleinstaaterei sowie der Reichsverfassung in Romanform und rückhaltlose mündliche Darstellung seiner politischen Ideen brachten ihn in den Verdacht des »Jakobinismus«. Um Verfolgungen seitens der kursächsischen Regierung zu entgehen, begab er sich nach der damals kur-

mainzischen Stadt Erfurt. Mit Vollmer gründete er ein politisches Journal, das sich als Fortsetzung von Wekhrlins Journal *Das graue Ungeheuer* gab und den Titel *Das neue graue Ungeheuer* trug. Doch als der von den Franzosen aus Mainz vertriebene Kurfürst Karl Friedrich von Erthal im Herbst 1795 seinen Sitz nach Erfurt verlegte, wurde zufolge einer von ihm angeordneten Untersuchung Vollmer verhaftet. Rebmann, der bedrohte »Anhänger und Verbreiter der rebellischen Grundsätze der Neufranken«, entzog sich der Verhaftung durch die Flucht, zuerst nach Altona, dann über Holland nach Paris. Von Mitte August 1796 bis Anfang 1798 weilte Rebmann in Paris, der Stadt, von der aus »sich ein Evangelium über Europa verbreitet hatte, wohltätiger und dauernder als das christliche, von ebenso vielen Martyrien besiegelt«. Rebmann verkehrte viel im Hause Cramers. »Wie manche seiner Illusionen bei einem Blick hinter die Kulissen auch zerstört wurde: er gab den Glauben an den Bestand der französischen Republik nicht auf. In zahlreichen Schriften suchte er die Eindrücke seines Pariser Aufenthaltes seinen Landsleuten in der Heimat zu übermitteln und für die Verbreitung seiner Ideen in Deutschland zu wirken. Drei Zeitschriften, *Die Schildwache* (1796), *Das neueste Graue Ungeheuer* (1797) und *Die Geißel* (1797–98) erschienen unter seiner Redaktion.«[9]

Rebmann schrieb: »Nur durch eine neue Verfassung, die den deutschen Bürgern den Genuß der wahren Freiheit geben wird, kann sich Deutschland aus der gegenwärtigen Erniedrigung erheben.« Er nahm die französische Staatsangehörigkeit an und trat in den Dienst der französischen Republik: er wurde Mitglied des Kriminalgerichts des Departements Donnersberg in Mainz. Im Herbst 1804 erhielt er aus der Hand Napoleons den Orden der Ehrenlegion. Wenn sich Rebmann auch 1805 über die »mächtige Reaktion« beklagte, »mit deren Hilfe die Kaiserkrone über die Toga des Volkssenates den Sieg davongetragen hat«, so blieb ihm doch nach wie vor »die französische Revolution das reinste Licht, das, wenngleich es von Unmenschen zur Mordfackel gebraucht worden ist, befreiend und veredelnd auf die Menschen wirken mußte«. Er ließ sich in der Überzeugung nicht erschüttern, daß »die Grundsätze der unsterblichen Nationalversammlung die einzigen richtigen, billigen und menschlichen wären«.

Johann Wilhelm von Archenholtz, ein in Danzig geborener Preuße, hatte unter Friedrich dem Großen den Rang eines Hauptmanns erworben. Berühmt wurde er durch seine *Geschichte des Siebenjährigen Krieges*. Jahrelang war er herumgereist, jedoch seit 1779 nicht mehr in Paris gewesen. Als er 1791 dort anlangte, fand er »den Karakter der Franzosen ganz umgeschaffen«. Beim Studium der neuen Zustände, im Verkehr mit politischen Persönlichkeiten, faßte er den Plan der Herausgabe einer Zeitschrift, die ursprünglich dazu bestimmt war, *Beiträge zur Geschichte der vornehmsten europäischen Reiche* zu liefern, bald aber fast ganz auf die Betrachtung Frankreichs beschränkt wurde. Der erste Band, die Monate Januar/Februar/März 1792 umfassend, erschien unter dem Titel *Minerva. Ein Journal historischen und politischen Inhalts* in Berlin bei Johann Friedrich Unger. Von da an kam die Zeitschrift regelmäßig bis 1812 in jeweils drei Monate umfassenden Bänden heraus.[10]

Der Ausbruch des Krieges, der Archenholtz als deutschen Journalisten in eine schiefe Lage versetzen mußte, nötigte ihn, Mitte Juni 1792 Frankreich zu verlassen. Auf dem Rückweg sprach er in Mainz bei Georg Forster vor. Als seinen Wohnsitz wählte er Hamburg, wohin auch die Herausgabe der Zeitschrift *Minerva* verlegt wurde. Für die nächsten Hefte war Oelsner einer seiner engsten Mitarbeiter. Im Juniheft 1792 veröffentlichte Archenholtz ein *Politisches Glaubensbekenntnis in Rücksicht auf die französischen Angelegenheiten*. Seine Hauptsätze lauten: »Ich liebe die französische Revolution als die Abschaffung zahlreicher Mißbräuche und namenloser Greuel, unter denen Millionen unserer Mitmenschen tief gebeugt wurden [...]. Ich verachte die Häupter der Jakobiner, auf die allein der Fluch der Nation und aller unbefangener Menschen im Auslande haftet, da sie die betrogene Menge mißleiten. Ich beklage den König [...]. Ich bedaure die im Reiche wohnenden Aristokraten [...]. Ich verabscheue aber die aristokratischen Emigrierten, die nach der alten Despotie lechzen und sie durch Ströme von Blut ihrer Mitbürger wiederherstellen wollen.«[11]

Den fünften, erstmals in Hamburg erschienenen Band eröffnete Klopstocks Ode *Der Freiheitskrieg*, in welcher der Dichter vom Kampf gegen das Volk abmahnte, »das, Selbsterretter, der

Freiheit Gipfel erstieg«. Diese Ode wurde dem Herzog von Braunschweig übersandt, der die preußischen Truppen im Feldzug gegen Frankreich befehligte, an dem sich Goethe als Begleiter Karl Augusts von Sachsen-Weimar beteiligte.

Der Pädagoge und philosophische Schriftsteller Joachim Heinrich Campe, der an der Reform des Schulwesens in Braunschweig mitgearbeitet hatte, war ein nüchterner, utilitaristischer Kopf. Wilhelm von Humboldt sagte von ihm: »Ewig hat er vor Augen und führt es im Munde das, was nützlich ist, was die Menschen glücklich macht.« Von glühendem Enthusiasmus für die Französische Revolution ergriffen, machte sich Campe im Sommer 1789 auf den Weg nach Paris, in Begleitung seines 22jährigen Freundes Wilhelm von Humboldt.
1790 veröffentlichte er in Braunschweig seine *Briefe aus Paris zur Zeit der Revolution,* die mehrere Auflagen erlebten.
An den Hüten und Mützen aller Franzosen sah er »das Symbol der glücklich errungenen Freiheit, die französische Kokarde«. »Ich hätte die ersten, die uns begegneten, umarmen mögen. Es waren, so schien es mir, keine Franzosen mehr; meine Reisegefährten und ich hatten unsrem damaligen Gefühl nach und in Beziehung auf sie gleichfalls für den Augenblick aufgehört, Brandenburger und Braunschweiger zu sein. Aller Nationalunterschied, alle Nationalvorurteile schwanden dahin. Jene waren wieder zum Besitz ihrer lange entbehrten Menschenrechte gelangt; wir auf unserer Seite fühlten gleichfalls [. . .], daß wir Menschen waren.«[12]
Unmittelbar nach der Ankunft in Paris, am 4. August, schrieb Campe: »Ob es wirklich wahr ist, daß ich in Paris bin? Daß die *neuen Griechen und Römer*[13], die ich hier um und neben mir zu sehen glaube, wirklich vor einigen Wochen noch Franzosen waren!« Und: »Wie wird dieser reißende und überfließende Gedankenstrom, der sich aus der reinen Quelle der Freiheit ergießt, in kurzem ganz Europa überschwemmen.« Allerdings schrieb zur selben Zeit sein junger Reisegefährte Humboldt: »Was soll ich in dem schmutzigen Paris, in dem ungeheuren Gewimmel von Menschen? Ich war nur zwei Tage hier, und beinahe ekelt es mich schon an.« Etwas später, in Mainz, erzählte er den Freunden Georg und Therese Forster von »der Parisischen, nicht paradiesischen Freiheit«.

Ein berühmter Sonderling, Graf von Schlabrendorff, verbrachte sein Leben in Paris in unabhängiger Stellung. Er wurde von fast allen geistig bedeutenden Deutschen, die nach Paris kamen, aufgesucht. Mit Oelsner verband ihn eine enge Bekanntschaft. Zu seinen französischen Bekannten gehörten viele bedeutende Vertreter der Gironde. Sieyès, eine der merkwürdigsten, einflußreichsten Gestalten der Französischen Revolution, stand mit ihm auf vertrautem Fuße. Er war als »Gast« im Jakobinerklub aufgenommen worden. An seine Freunde in Deutschland schickte er Briefe und Tagebücher. Zur Zeit des Terrors wurde er mehrmals verhaftet, entkam jedoch in die Schweiz.

Georg Forster war der älteste Sohn und Gefährte des berühmten Naturforschers und Reisenden Johann Reinhold Forster.[14] 1788 hatte er durch vielseitige, vorwiegend naturwissenschaftliche Arbeiten seinen schriftstellerischen Ruhm begründet. 1788 war er Bibliothekar in Mainz. 1789 begrüßte er die Französische Revolution als Anbruch einer besseren Zeit. Eine Reise (März–Juli 1790) mit Alexander von Humboldt führte ihn für drei Tage nach Paris, wo beide Augenzeugen der Vorbereitungen zum Föderationsfest wurden und sich sogar am Werk beteiligten, indem sie Erde schippten, um den Boden zu ebnen.[15] Auch durch die Ausschreitungen der Revolution ließ sich Forster in seiner Zuversicht nicht beirren. Er hatte die Tochter des berühmten Philologen Heyne in Göttingen geheiratet. Seinem Schwiegervater schrieb er am 12. Juli 1791: »Man hat die Menschen als freie, unmündige Wesen lehren, erziehen, zu reifen Wesen bilden wollen, und man hat sie schändlich gemißbraucht, sie dumm und blind zu machen gesucht [...]. Ist es ein Wunder, daß die Ausbrüche des endlich erwachten Gefühls nun nicht ganz rein und ungemischt sein können? Für meinen Teil kann ich nicht aufhören zu bewundern und in das äußerste Staunen zu geraten, daß so viel Mäßigung, so viel reine, echte Tugend, nämlich politische Tugend, noch in einem Volke möglich ist, welches Jahrhunderte lang unter den elendsten Despoten und unter einem so ganz aller intellektuellen Vorzüge und jedes inneren Wertes beraubten tief herabgesunkenen Adel seufzte [...]. Kein Fehler, kein Irrtum, kein Mißbrauch ist, dessen die Nationalversammlung beschuldigt werden kann, wovon nicht der Fluch auf den vorhergehenden Despotismus zurückfällt.«

In einem für Archenholtz' *Annalen der britischen Geschichte* verfaßten Jahresbericht heißt es: »Die Revolution ist wirklich anzusehen als ein Werk der Gerechtigkeit der Natur.«

Forster fand sehr bittere Worte für das Betragen der *Emigrés* in Koblenz und prophezeite der kriegerischen Intervention der Alliierten in Frankreich einen Mißerfolg. Als seine Prophezeiung eintraf, als die Franzosen selbst zum Angriff übergingen und der morsche geistliche Kurstaat Mainz unter dem Überfall General Custines zusammenbrach, verwandelte sich der bisherige philosophische Zuschauer der Ereignisse in einen Mithandelnden. Er übernahm das Vizepräsidium der von Custine eingesetzten provisorischen Verwaltung. Er forderte die Mainzer auf, sich um Einverleibung in die Republik der »Fränkischen Brüder« zu bewerben. Als einer der Deputierten des rheinischdeutschen Nationalkonvents und als Mainzer Deputierter ging er nach Paris, um der großen Schwesterrepublik die Aufnahme des linksrheinischen Landes zwischen Landau und Bingen anzubieten.

Mittlerweile verschlechterte sich Forsters eigene Lage immer mehr. Seine Ehe mit Therese Heyne war gescheitert. In Paris verkehrte er mit nur wenigen Deutschen, darunter Schlabrendorff und Oelsner. Von einer Brustfellentzündung konnte er sich nicht mehr erholen. Am 12. Januar 1794 starb er an einem Schlagfluß. Sein tiefbekümmerter Schwiegervater Heyne gedachte seiner in einem Brief an Herder vom 2. März 1794: »Sein Andenken wird mir unvergeßlich sein, immer ehrwürdig, so wie des edelsten Menschen in großen Kämpfen.«

Ludwig Ferdinand Huber[16], 1764 in Paris von einer französischen Mutter geboren, war in seiner Jugend ein Freund von Christian Gottfried Körner und Schiller. Seit 1788 war er als Sekretär des kursächsischen Gesandten in Mainz, wo er Georg Forster kannte. Auch ihn fesselte dort das Schauspiel der Französischen Revolution. Nach Forsters Tod heiratete er dessen Witwe.

Huber gründete 1794 eine Zeitschrift unter dem Titel *Friedenspräliminarien*, von der 1794–1796 zehn Bände im Verlag der Berliner Vossischen Buchhandlung erschienen. Zu seinen Mitarbeitern gehörte Oelsner. Er veröffentlichte auch Auszüge aus Pariser Briefen Georg Forsters. September 1798 übernahm er die Redaktion der bis dahin von Posselt geleiteten Zeitschrift, die nicht mehr in Tübingen, sondern in Stuttgart unter dem neuen Titel *Allgemeine Zeitung* erschien (s. u.). Infolge eines Konflikts des Verlegers Cotta mit seinem Landesherren wurde die *Allgemeine Zeitung* im Oktober 1803 durch Kabinettsbefehl völlig verboten. Cotta verlegte sie nach eingeholter Genehmigung in die 1803 bayrisch gewordene Stadt Ulm. Als Ulm württembergisch geworden war, wurde die Zeitung nach Augsburg verlegt.

Carl Friedrich Cramer[17] hielt ebenfalls an der Begeisterung für die Grundideen der Französischen Revolution fest. Als Professor der griechischen und orientalischen Literatur in Kiel suchte er in einem 1791–1797 heftweise erscheinenden Sammelwerk Propaganda für die Französische Revolution zu machen. Er wurde am 6. Mai 1794 seines Amtes als Professor enthoben und aus Kiel ausgewiesen. Mit seiner Familie begab er sich nach Paris, wo er eine Buchdruckerei und Buchhandlung gründete. Er blieb vornehmlich als Vermittler zwischen dem französischen und deutschen Geistesleben schriftstellerisch tätig. Noch vor Oelsner und Ebel gab Cramer mehrere Schriften von Sieyès heraus. Er bemühte sich auch um die Übersetzung der Werke seines väterlichen Freundes Klopstock, mit dem er, obwohl sich ihre Urteile über die Französische Revolution geschieden hatten, immer in brieflicher Verbindung blieb.

Der Königsberger Johann Friedrich Reichardt war in jungen Jahren von Friedrich dem Großen zum königlichen Kapellmeister ernannt worden und ist bekannt als Vertoner Goethescher Lieder. Zweimal hatten ihn seine Reisen vor dem Ausbruch der Revolution nach Paris geführt. Eine dritte Reise nach Frankreich fiel in die ersten Monate des Jahres 1792. Seine dortigen Erlebnisse teilte Reichardt dem deutschen Lesepublikum in einem zweibändigen Werk mit, das ohne Nennung seines Namens unter dem Titel *Vertraute Briefe über Frankreich* erschien (Berlin 1792)[18]. Zwar bekannte er ganz offen: »Mit der Veredlung des Volkes durch die neue Konstitution hat es freilich nicht viel auf sich.« Doch kam er zu dem Schlußergebnis: »Was auch die strengen Moralisten und eifrigen Königsfreunde gegen die französische Revolution überhaupt vorbringen mögen – sie war unvermeidlich.« Er hielt es auch für nötig, daß man »eine Zeit der Gärung ertragen müsse«.

Die freimütigen Äußerungen Reichardts wurden ihm am Hofe Friedrich Wilhelms II. sehr verübelt. Er wurde 1794 ohne Pension entlassen. Er gab zwei Journale heraus, deren eines den Titel *Deutschland* (Berlin 1796), das andere den Titel *Frankreich* (Altona 1795–1805) führte. Die zuletztgenannte Zeitschrift, mit dem Nebentitel *Aus den Briefen deutscher Männer in Paris,* brachte u. a. Berichte Georg Kerners, Georg Forsters und Karl Friedrich Cramers, patriotische Franzosenlieder mit Noten, Übersetzungen sowie Auszüge aus französischen Memoiren, Flugschriften und Reden.

Als Reichardt sich an Schiller wandte und ihn bat, sich über das Journal *Frankreich* zu äußern, antwortete Schiller (3. August 1795) halb ironisch: »Verlangen Sie ja in diesem Gebiete weder Urteil noch Rat, denn ich bin herzlich schlecht darin bewandert, und es ist im buchstäblichen Sinn wahr, daß ich gar nicht in meinem Jahrhundert lebe; und ob ich gleich mir habe sagen lassen, daß in Frankreich eine Revolution vorgefallen, so ist dies ohngefähr das wichtigste, was ich davon weiß.«[19]

Der Oldenburgische Kanzleirat, Dichter und Literat Gerhard Anton von Halem[20], durchdrungen von den Ideen der Aufklärung und durchaus nicht auf seinen Adelstitel erpicht, ein Weltbürger im besten Sinn des Wortes, hatte die Anfänge der Revolution mit lebhafter Sympathie verfolgt. Im Juli 1790 machte er sich mit zwei Freunden auf den Weg durch einen Teil Deutschlands und der Schweiz. Nach kurzem Aufenthalt in Lyon erreichte er am 4. Oktober Paris, wo er sieben Wochen verbrachte. In dieser Zeit unternahm er auch eine Wallfahrt zu Rousseaus Grab. Schweren Herzens nahm er dann von der ihm teuer gewordenen französischen Hauptstadt Abschied, um über Straßburg, wo er sich kurze Zeit aufhielt, nach Oldenburg zurückzukehren. Mit Oelsner blieb er von hier aus in eifrigem Briefwechsel. 1791 ließ er in Hamburg ein Buch mit dem Titel *Blicke auf einen Theil Deutschlands, der Schweiz und Frankreichs bey einer Reise vom Jahre 1790* erscheinen. Es ist durchdrungen von Begeisterung für die Revolution, und der Verfasser ist geneigt, die Gewalttaten, die das »vom Becher der Freiheit getränkte und berauschte« Volk begangen hat, zu entschuldigen: »Was ist doch alles, so die Völkergeschichte bisher uns zeigt, in Vergleichung mit dem Schauspiele, das uns jetzt Gallien giebt? [...] Wie viel interessanter für den Freund der Menschheit ist denn nicht der Anblick eines Volks, das durch Gesetzgebung sein inneres Wohlsein zu vermehren sucht! Der Geschichtsforscher weilte schon mit Wohlgefallen bei den Bemühungen einzelner Männer, wie des Moses, Charondas, Lykurg, Solon, Numa [...] und harrte des Augenblicks, da eine Nation förmlich durch selbstgewählte Repräsentanten zusammentreten, die bisherigen Erfahrungen und Kenntnisse nutzen und eine Verfassung bilden würde, wodurch die größte Summe von Glückseligkeit genossen werden könnte. Dieser einzige Anblick war uns vorbehalten, die wir die letzte Hälfte des achtzehnten Jahrhunderts erleben. Wir sahen das Schauspiel vorbereiten; wir sahen es ausführen. [...] Welcher nur halbdenkende Mensch trauert nicht über die Excesse, die der Pöbel, aufgebracht von irritierten Volke, ausgeübt hat. [...] Aber wer war's, der durch Tergiversationen diese Volksgewalt provocierte?« Das ist eine Anspielung auf die undurchsichtige Politik der Freunde des Hofes, die zur Flucht des Königs Ludwig XVI. führte – eine Flucht, die mit vollem Recht vom Volk als Hochverrat gegen die Nation angesehen wurde. »Kein guter Bürger neidet den Franzosen ihre durch Blut und gewaltsame Erschütterungen erlangte Konstitution. Aber segnen wird er sie dennoch und diesem in Mitte Europas aufgestellten Volks- und Regentenspiegel feste Dauer wünschen.«

Eine Sonderstellung nimmt Karl Friedrich Reinhard (1761–1837) ein: ein Schwabe, der zugleich Franzose und Europäer war.[21] Reinhard war der Sohn des Diakons von Schorndorf, der daselbst die Tochter des Stadtpfarrers Hiemer geheiratet hatte.[22] Durch seine Mutter war Karl Friedrich Reinhard ein entfernter Vetter Hölderlins. 1774–76 besuchte Reinhard die evangelische Klosterschule in Denkendorf, 1776 die Klosterschule Maulbronn, 1778–83 war er Stipendiat im Tübinger Stift. Zehn Jahre später besuchte Hölderlin dieselben Schulen: 1784 bis 86 Denkendorf, 1786–88 Maulbronn, 1788–93 das Tübinger Stift.

Karl Philipp Conz, Christoph Gottfried Bardili und Karl Friedrich Stäudlin bildeten zusammen mit Reinhard einen Freundschaftsbund, den die Liebe zur Dichtkunst beseelte. Stäudlins älterer Bruder Gotthold Friedrich Stäudlin, der in Tübingen die Rechte studierte, schloß sich ihnen an und galt als »der Anführer der poetischen Zunft in Schwaben«. Zehn Jahre später stand Hölderlin dem Hause Stäudlin sehr nahe. Als zum ersten Male eine größere Anzahl von Hölderlins kleinen Gedichten in Neuffers Taschenbuch für Frauenzimmer 1799 in die Öffentlichkeit drang, würdigte Wilhelm Schlegel sie in der Jenaer Literaturzeitung mit warmen Worten der Anerkennung und Aufmunterung und fügte hinzu: »Von den übrigen zeichnen sich vorteilhaft aus [...] die innigen elegischen Zeilen von Reinhard [...] an seine Gattin über den Abschied von Deutschland.« Später sang Reinhard begeisterte Hymnen auf die Revolution, noch später, bei Gelegenheit der Krönung Charles X. in Reims, ließ Reinhard seinen Gästen durch ein Männerquartett aus München seine Hymne zum Lob des Königs vortragen. »Reinhards Freiheitsbedürfnis, sein stark entwickeltes Ehr- und Rechtsgefühl hatten sich wie bei den meisten selbständig angelegten Naturen seines Freundeskreises gegen den im Stift erlebten Zwang trotzig aufgelehnt. Manche Zeile seiner in Tübingen entstandenen Gedichte kann darüber Aufschluß geben.«²³ In der Zeitschrift des aufklärerischen Publizisten Ludwig Wekhrlin *Das graue Ungeheuer* waren heiter-spöttische Angriffe gegen das Tübinger Stift erschienen. Reinhard äußerte sich zustimmend in einem Beitrag mit dem Titel *Einige Berichtigungen und Zusätze den Aufsatz im Grauen Ungeheuer (Dritter Band 1784) über das theologische Stift in Tübingen betreffend*, der im *Schwäbischen Museum* 1785 erschien (herausgegeben von Johann Michael Armbruster; erster Band Kempten 1785). Der sofort berühmt gewordene und oftmals zitierte Aufsatz erschien ohne Namensnennung des Verfassers; doch fiel es natürlich nicht schwer, in ihm Reinhard, den Vikar von Balingen, zu erraten. Die Stiftler jubelten ihm zu. Reinhard hatte in ein Wespennest gestochen.

Er verließ Balingen; es war ein Abschied für immer; auf die Kanzel ist er nie mehr, in die schwäbische Heimat nur zu kurzen Besuchen zurückgekehrt. Die erste Hauslehrerstelle führte Reinhard in die Schweiz, die zweite nach Bordeaux (1787), wie später Hölderlin. Als er in Bordeaux war, brach die Französische Revolution aus. Bald wandte er seine ganze Aufmerksamkeit der politischen Gärung in Frankreich zu. Er war den Ereignissen nahe genug, um ihren Verlauf und ihre Verkettungen von Beginn an verfolgen zu können. Er schloß sich 1790 in Bordeaux der *Société des amis de la constitution* (der Gesellschaft der Freunde der Verfassung, also einem Jakobinerklub) an. Die Vorgänge nach dem Sturm auf die Bastille schilderte er seinen Landsleuten in der Zeitschrift *Schwäbisches Archiv,* 1. Band Stuttgart 1790, unter dem Titel *Briefe über die Revolution in Frankreich.*

Bei den Wahlen zur französischen Gesetzgebenden Versammlung (Assemblée Législative) erhielten drei seiner politischen Freunde Abgeordnetenmandate. Wie Reinhard, waren sie Mitglieder der *Société des amis de la constitution* – also Jakobiner – und gehörten später den Girondisten an. Reinhard entschloß sich, mit ihnen zur Eröffnung der Versammlung am 1. Oktober 1791 nach Paris zu reisen. Als er Bordeaux verließ, gelobte er, für Frankreich zu leben und zu sterben. Aus Paris schreibt er am 21. November 1791 an Schiller: »Sie denken leicht, daß ich in den Auftritten, von denen ich seit drei Jahren Augenzeuge bin, mit voller Seele Partei genommen habe. Ich sah in der französischen Revolution nicht die Angelegenheit einer Nation, mit der ich vielleicht niemals ganz sympathisieren werde, sondern einen Riesenschritt in den Fortgängen des menschlichen Geistes überhaupt und eine glückliche Aussicht auf die Veredlung des ganzen Schicksals der Menschheit. Folglich hätten alle die fürchterlichen Schilderungen wahr sein können, die man im Ausland von den Exzessen der Freiheit gemacht hat, und ich hätte der Göttin ihre blutige Rache verziehen.« Er spricht weiter von »dieser erstaunenden Revolution«. Gegen Ende dieses Briefes schreibt er: »Indessen wenn, wie ich hoffe, irgend ein glückliches Resultat aus dieser langen, schreckenden Ungewißheit hervortritt, so wird die Menschheit den Weg zu ihrer Vollkommenheit geebneter finden.« Reinhard fand in Paris rasch Anschluß an deutsche Landsleute, die, wie er selbst, Zeugen der tiefgreifenden Veränderungen in Frankreich sein wollten. In einem der führenden Männer dieser Phase der Revolution, in Abbé Sieyès, dem Verfasser der Schrift *Was ist der dritte Stand?,* gewann er auch einen einflußreichen französischen Freund.

1792 wurde Reinhard zum Ersten Sekretär der Französischen Gesandtschaft in London ernannt, deren inoffizieller Leiter Talleyrand war. Von dieser Zeit an haben sich durch Jahrzehnte die Lebenswege dieser beiden Männer immer wieder berührt.

Als Reinhard 1837 in Paris starb als »Comte Reinhard, Pair de France, Grand Croix de la Légion d'honneur, membre de l'Institut«, ließ es sich Talleyrand nicht nehmen, dem Verstorbenen in der Akademie der moralischen und politischen Wissenschaften, deren Vizepräsident Reinhard gewesen war, eine Gedächtnisrede zu halten, die zugleich der eigene Abschiedsgruß an die Öffentlichkeit war. Da sagte er unter anderem: »Unter den diplomatischen Correspondenzen meiner Zeit gab es keine, welcher der Kaiser Napoleon nicht die des Grafen Reinhard vorgezogen hätte.«

Den schicksalhaften Wendepunkt der Revolution, der statt der versprochenen Freiheit den Despotismus, statt des Friedens Eroberungskriege bringen sollte, nämlich die Krönung Napoleon Buonapartes zum Kaiser der Franzosen, erlebte Reinhard in London. Aber selbst diese Entwicklung konnte seinen Glauben nicht erschüttern. Er wußte aus eigener Erfahrung, was es die Franzosen gekostet hatte, ihre Freiheit gegen die Feinde von außen und innen zu verteidigen – was heute noch diejenigen zu leicht vergessen, die von ihrem Elfenbeinturm aus über die Vorgänge das Urteil sprechen.

Als Reinhard, nach einem kurzen Aufenthalt in Neapel, am 11. November 1793 wieder in Paris eintraf, hatte sich dort inzwischen der große Umschwung vollzogen. Seine politischen Freunde, die Girondisten, wurden von den Montagnards verfolgt. Ein Teil der Führer der Girondisten befand sich in Haft und erlitt später den Tod auf dem Schafott. Die meisten befanden sich auf der Flucht. Reinhard war sich der Gefahren bewußt, die den Anhängern der Gironde drohten. Doch schon am Tage nach seiner Ankunft in Paris erhielt er zu seinem Erstaunen eine neue Anstellung im Auswärtigen Ministerium.

Er schloß sich in dieser Zeit eng an seine deutschen Landsleute in Paris an und versorgte die in der Heimat Gebliebenen, unter ihnen Schiller, mit Nachrichten.[24] In Georg Kerner fand er einen Freund, der wie er mit ganzer Seele der Revolution ergeben war.

Als Reinhard zum französischen Gesandten bei den deutschen Hansestädten mit Sitz in Hamburg ernannt wurde, nahm er ihn als Privatsekretär mit.

In Hamburg heiratete Reinhard 1796 Christine Reimarus, die Tochter des hochangesehenen Dr. med. A. H. Reimarus, Arzt und Schriftsteller, der, wie Wilhelm von Humboldt sagte, als geistiger Mittelpunkt Hamburgs »mit den meisten merkwürdigen Männern Deutschlands in näherer oder entfernterer Verbindung stand«.

Als Reinhard am 23. Vendémiaire im Jahre V (14. Oktober 1796) dem Minister des Äußeren seine Vermählung mit Christine Reimarus anzeigte, sagte er: »Ich habe die Revolution entstehen sehen. Ich habe sie voller Begeisterung begrüßt, ich erklärte am Tage, als die Flucht Ludwigs XVI. in Bordeaux bekannt wurde, daß ich als Franzose zu leben und zu sterben wünsche [. . .]. Der Wunsch, Franzose zu werden, trägt gewissermaßen den Tagesstempel vom 14. Juli 1789.«[25]

Ende Februar 1798 verließ Reinhard Hamburg, reiste nach Paris und begegnete dort zum erstenmal Bonaparte. Reinhard war, wie seine Frau Christine an ihre Mutter schreibt, »ganz von der Allgewalt seines Genius durchdrungen. Es ist ein ungeheurer Kopf, rief er aus.«[26]

Zum Gesandten in Florenz ernannt, brach Reinhard einige Wochen später nach Italien auf. Über Rastatt, wo seit Dezember 1797 der Kongreß tagte, ging die Reise nach Maulbronn, Stuttgart und Tübingen.

Am 20. Juli wurde er als Nachfolger Talleyrands zum Außenminister der französischen Republik ernannt. »In einer Krise der Republik sah man in Reinhard den gegebenen Mann des Übergangs, der, frei von persönlichem Ehrgeiz und allen Intrigen abhold, ein zuverlässiger, charakterlich unantastbarer und gewandter Diplomat war.« Er nahm eine gründliche Neuorganisation des französischen Außenministeriums vor, die Talleyrand später im wesentlichen beibehielt. Nach dem Staatsstreich des 18. Brumaire (9. November 1799) mußte Reinhard Talleyrand weichen. Er erhielt einen ehrenvollen Abschied und seine neuerliche Berufung zum Gesandten in die Schweiz, die seit dem 12. April 1798 Helvetische Republik war.

1833 begab sich Reinhard mit seiner Frau zu einer Badekur in die Pyrenäen. In einem Brief an den Kanzler von Müller werden Erinnerungen an die Jahre 1787–1791 laut, die er als Hauslehrer in Bordeaux verbracht hatte:

»Damals war der reine und hochherzige Enthusiasmus der besten Jahre der Revolution; es war der Klub nicht der Jakobiner[27], sondern der Freunde der Verfassung, den ich die Ehre hatte zu präsidieren, zur Zeit der Wahlen von 1791, aus denen die Gironde hervorging, die mein Geschick entschied, als ich nach Paris kam.«

Noch am 23. September 1836 schreibt er an Karl Sieveking: »Mein Jugendinstinkt: Menschenrecht durch das Gesetz anerkannt und in den Schranken des Gesetzes ausgeübt, hat sich in den ersten Jahren der Revolution entwickelt, geläutert und festgesetzt [...]. Wie Erfahrung und Jahre sie beschränken und modifizieren mochten, die *Idee* blieb immer.«

Es wäre hinzuzufügen, daß ihn eine enge Freundschaft mit Goethe verband.

Der Ludwigsburger Georg Kerner, ein älterer Bruder des Dichters Justinus Kerner und des württembergischen Ministers Karl von Kerner, hatte schon 1790 als Karlsschüler bei einer heimlichen Erinnerungsfeier der Bastilleeinnahme seine Begeisterung für die Französische Revolution bekundet.[28]

1791 kam er nach Straßburg, wo er sich am Wirken des Klubs der Freunde der Verfassung (dem Jakobinerklub) rege beteiligte. Im Spätherbst 1791 erreichte Kerner völlig mittellos das Ziel seiner Sehnsucht, Paris. Deutscher Sprachunterricht und literarische Arbeiten verschafften ihm einen notdürftigen Erwerb. Die Bekanntschaft mit Oelsner, mit dem Grafen Schlabrendorff, vor allem mit Reinhard gewährte ihm tiefere Einblicke in den Gang der Ereignisse. Bei dem Kampf um die Tuilerien im August 1792 und während der Septembermorde setzte er sein Leben ein. Aufs tiefste ergriff ihn das Schicksal des edlen Mainzers Adam Lux, der seine Stimme für Charlotte Corday, wie vorher für die Girondisten, erhoben hatte und dafür mit dem Tod büßen mußte. Daß Kerner selbst dem Schicksal entging, das Lux ereilte, dankte er nicht zuletzt den freundschaftlichen Bemühungen Reinhards.

Kerner wurde durch den Terror zwar erschüttert, doch wandte er sich nicht ab: »O Zukunft! O Freiheit! O Republik! Doch! mögen die Menschen auch noch so sehr an euch zerren, der Ereignisse Allgewalt scheint für eure Erhaltung so wie für den Untergang der Tyrannen zu bürgen.«[29]

Zwei Jahre später (1796) konnte ein Pariser Korrespondent der Zeitschrift *Frankreich* über Georg Kerner schreiben: »Das ist ein Republikaner nach meinem Herzen; er glüht bis in die innerste Seele für die französische Republik.«[30]

Kerner bekennt in einem Brief vom 30. Dezember 1792: »Ich hielt mich an die Übermacht der französischen Waffen [...], ich sah sie als eine Keule an, um teutsche Fürsten niederzuschlagen und das teutsche Reichssystem in tausend Trümmer zu zerschmettern.«[31]

Der hannoversche Edelmann Adolph Freiherr von Knigge ist heute nur noch durch sein Buch *Über den Umgang mit Menschen* bekannt. Doch war er an erster Stelle ein revolutionärer Literat. Auch ist sein berühmtes Buch, das 1788 in Hannover erstmals erschien, als ein Beitrag im Emanzipationskampf des Dritten Standes zu verstehen. Lange hatte der Adelsstand das Monopol der konventionellen Lebensformen und der Lebensklugheit gehabt; nur wenn man »geboren«, also von Stande war, beherrschte man sie. »Auf Grund seiner eigenen oft schmerzlichen Erfahrungen an verschiedenen deutschen Höfen war Knigge zu der Überzeugung gekommen, daß moralisch und intellektuell minderwertige Höflinge dennoch aufgrund einer gewissen Geschicklichkeit im Umgang mit Menschen verdienstvolleren und anständigeren Bürgern den Rang ablaufen können.«[32] Knigges Absicht war es, auch den Bürgern die Möglichkeit zu geben, die konventionellen Umgangsformen zu erlernen. Sein Werk war als »ein Hilfsmittel gedacht, das die von ihm erwartete und erwünschte gesellschaftliche und politische Umwälzung reibungsloser und rascher zustandebringen würde«.

Schon als Student in Göttingen (1769) hatte Knigge für »die männliche Weisheit des markigen Jean-Jacques Rousseau« geschwärmt. 1772 trat er in Kassel einer Freimaurerloge bei. 1780 begeisterte er sich für den von Bayern ausgehenden Orden der Illuminaten, einen neuen Orden, der viel radikaler war als die Freimaurerlogen. In den folgenden Jahren führte Knigge den Illuminaten eine beachtliche Zahl neuer und zum Teil einflußreicher Mitglieder zu.[33]

Eines Tages gestand ihm Weishaupt, der Gründer des Ordens der Illuminaten, daß es gar keine höheren Grade und Geheimnisse des Ordens gebe und daß er das ganze System selbst frei erfunden habe. Immerhin ließ sich Knigge damit noch nicht völlig entmutigen, sondern versuchte zunächst eine Reform des Ordens. Sinn der geheimen Verbindung war ihm Ausbreitung der Aufklärung und Toleranz, Kampf gegen den Despotismus und gegenseitige Unterstützung der Mitglieder. Doch trat Knigge 1784 aus dem Illuminatenorden aus und lebte dann ausschließlich von seiner Feder. Er ist einer der ersten freien Schriftsteller in Deutschland.

1791 lebte er in Bremen, wo er in lebendigen Kontakt zu den Hamburger republikanisch gesinnten Kreisen um Reimarus trat (wir erinnern daran, daß Reinhard etwas später, 1795, in Hamburg weilte, im Hause Reimarus aufgenommen wurde und Christine Reimarus heiratete).

Er wurde als Volksaufwiegler denunziert: »Alle deutschen Demokratennester sind der Widerhall Kniggescher Grundsätze und Knigge ist der Widerhall [...] der ganzen deutschen Aufklärerpropaganda.« 1792 schrieb er in *Wurmbrands ... politisches Glaubensbekenntnis*, es sei von den Auswüchsen der Revolution viel zu viel Aufhebens gemacht worden: »Diese Revolution ist eine große, beispiellose, und sie falle aus, wie sie wolle, sie sei rechtmäßig oder widerrechtlich unternommen worden, der ganzen Menschheit wichtige Begebenheit.«

Am 5. Mai 1795 meldete die Zeitung der französischen Revolutionsregierung, der *Moniteur Universel,* aus Bremen: »Baron Knigge, der durch sein Talent berühmte Schriftsteller, dessen beliebte Veröffentlichungen den Geist der Freiheits- und Gerechtigkeitsliebe und den Haß gegen alle Tyrannei atmen, ist von den Engländern in Bremen verhaftet worden. Gegen alles Völkerrecht haben sie ihn in Fesseln schlagen und nach Hannover ins Gefängnis bringen lassen. [...] Der aufgeklärte und wahrhaft philosophische Eifer, den Baron Knigge für die Prinzipien der französischen Revolution an den Tag gelegt hat, verursachte seinen Untergang.«

Im Mai 1796 starb Knigge in Bremen, noch nicht vierundvierzigjährig.

In der von ihm herausgegebenen Zeitung *Die Schildwache* nahm Rebmann mit bewegten Worten von ihm Abschied: »Die

Toren und Narren in Deutschland feiern ein Freudenfest und die Klugen und Rechtschaffenen trauern, denn es starb ein edler deutscher Mann, Adolph, Freiherr von Knigge.«

Neben Wekhrlin, Reinhard und Kerner sei unter den schwäbischen Jakobinern[34] Cotta erwähnt, der Bruder des berühmten Verlegers, der später den *Hyperion* veröffentlichte.

Dr. jur. Christoph Friedrich Cotta (1758–1838) war Lehrbeauftragter für deutsches Staatsrecht an der Karlsschule. Als Herausgeber einer Zeitschrift in Stuttgart, wurde ihm im Mai 1791 verboten, weiter in Stuttgart zu publizieren, da, wie ihn der Herzog wissen ließ, »Sie die höchstschädlichen und aufrührerischen Gesinnungen der gegenwärtig äußerst verdorbenen und unglücklichen Französischen Nation hegen, ausbreiten und verteidigen«. Und weiter: »So lang Sie Ihre Talenten so übel werden anwenden, und fortfahren sollten so unsinnige und aufrührerische Gesinnungen auszubreiten und zu verteidigen, und auf solche respektwidrige Art auch von großen Herrn und Reichsfürsten zu schreiben und dieselben vor von Ihnen selbst aufgerichteten, und vielleicht noch ohnbärtigen aber gewiß sehr lächerlichen Tribunal auf eine so unverschämte Weise zu citiren, so kann ich mich ihr wohlgewogener nicht nennen, und folglich auch nicht unterschreiben. Der Herzog.«

Cotta ging im Juli 1791 nach Straßburg, wo er das französische Bürgerrecht erwarb. Dort gab er das *Strasburger politische Journal für Aufklärung und Freiheit* heraus, das die Ideen der Französischen Revolution unter den Deutschen verbreiten sollte. Nach Custines Einmarsch als Propagandist in dessen Stab nach Mainz geholt, dann wieder in Straßburg als Mitglied des Jakobinerklubs tätig, 1794 verhaftet, wurde Cotta nach dem Sturz Robespierres wieder freigelassen. Nach der Hinrichtung von Eulogius Schneider hatte er dessen Braut geheiratet. Bei Gelegenheit des siegreichen Feldzugs der französischen Truppen 1796 wurde er vom Regierungskommissar zum Postdirektor in den besetzten rechtsrheinischen Gebieten ernannt, mit Sitz in Stuttgart.

Cotta, der vor seiner Emigration viele Jahre das Amt eines Postverwalters in Tübingen bekleidet hatte, hatte mit der Revolutionierung Schwabens und den Plänen zur Stiftung einer Schwäbischen Republik sehr viel zu tun.[35]

Nach dem Rheinübergang Jourdans 1799 schrieb er an den Bürgermeister von Reutlingen: »Der Augenblick ist gekommen [...]. Gott wird ferner mit der großen Sache sein. Klugheit und Mut.«

Hölderlin erwähnt Cotta in einem leider verstümmelt überlieferten Brief an den Bruder: »Cotta schrieb aus Frankreich, wie ich von Stuttgart aus erfuhr [...].«[36]

Zu den deutschen Jakobinern im striktesten Sinn des Wortes sollte man Goethes Freund Merck rechnen. Er stattete Paris Ende 1790 einen kurzen Besuch ab und schrieb einem Freund, dem Geheimen Kabinettsrat Schleiermacher in Darmstadt am 23. Januar 1791: »Was soll ich Ihnen von allem dem, was mich jetzt umgiebt, sagen? Alles, was wir von Anfang der Dinge wünschten, ist wahr – und das andere alles erlogen und mit den Farben gemalt, die man bestellt hat. [...] Die Umwandelung dieses Volkes ist unglaublich. [...] Paris übertrifft alle Erwartungen an Ganzheit der Gesinnung, an Größe der Bilder, an Festigkeit des Ausdrucks, an Durst nach Wahrheit, Tugend, Menschengefühl. Ich habe *die Einnahme der Bastille*, ein völlig Shakespearisches Drama, gesehen, das Goethe nicht besser hätte kalkulieren können. Ich bin in Thränen geschwommen, nicht sowohl wegen der Vorstellung der Dinge, sondern wegen der Teilnahme des Publikums.«[37]

In seinen Briefen aus Paris berichtet Merck: »David[38] wird mich morgen zur Aufnahme in den *Club des Jacobins* zum scrutinio (Abstimmung) vortragen. Denn man muß hier schlechterdings gewählt werden und bekommt ein Patent darüber. Kein edleres und wärmeres Herz als das von David gibt's nicht. Die Propaganda ist ein Unding, das nur in den Zeitungen existiert hat, der *Club des Jacobins* dagegen enthält alle Leute von Genie und warmem Herzen. Hier ist der Ort, wo der Grundstein zum Wohl der Nation und vielleicht das Universum bereitet wird.«[39]

Merck, der ironische Aufklärer, bekannt durch seinen sarkastischen Humor, aus dessen Persönlichkeit Goethe mehr als einen Zug entlehnte zur Gestaltung der Mephistopheles-Figur – Merck war ein regelrechter und begeisterter Jakobiner! Bei der Darstellung des Sturms auf die Bastille schwamm er in Tränen.

Wir haben erwähnt, daß Ludwig Ferdinand Huber, der die Witwe Forsters geheiratet hatte, eine von Posselt gegründete Zeitschrift, bei der er schon als Hilfsredakteur an Posselts Seite gestanden hate, im September 1798 unter dem neuen Titel *Allgemeine Zeitung* (doch nicht mehr in Tübingen, sondern in Stuttgart) übernommen hatte.

Ernst Ludwig Posselt, 1763 als Sohn eines markgräflich badischen Beamten in Durlach geboren, von Haus aus Jurist, hatte sich durch historische und publizistische Arbeiten einen Namen gemacht. Erfüllt von dem Gedanken des antiken Staatsbürgertums, hatte er die Französische Revolution mit wärmster Teilnahme begrüßt. Ein Bewunderer der Girondisten und durch den von ihm verabscheuten Terrorismus im Glauben an das Evangelium der Ideen von 1789 nicht erschüttert, begann er 1794 die Herausgabe eines *Taschenbuches für die neueste Geschichte* und 1795 die einer Monatsschrift, der *Europäischen Annalen*, beim Verleger Goethes Johann Friedrich Cotta.

Cotta beauftragte ihn mit der Redaktion einer großen Zeitung, die er einst Schiller zugedacht hatte und die in Tübingen seit dem 1. Januar 1798 unter dem Titel *Allgemeine Weltkunde* erschien. Unter Mahnung zu größter Behutsamkeit war Cotta vorläufig für ein Jahr von der württembergischen Regierung Zensurfreiheit gewährt worden.

Der Eröffnungsartikel Posselts begann mit den Worten:

»Würden plötzlich durch irgend eine Erneuerung der ersten Schöpfungsszenen die Alpen vom Montblanc bis nach Istrien in Abgründe hinuntergestürzt, ganz England vom Ozean verschlungen, die Quellen des Rheins und der Donau verschüttet und durch einen Herauswurf von Land Afrika wieder zu Spanien gefügt: So würde diese Revolution in der *physischen* Welt nicht größer sein noch die bisherige Gestalt von Europa dadurch eine verschiedene Umformung leiden, als die Revolution, von der wir seit dem Jahre 1789 Augenzeugen waren, in der *politischen* Welt hervorgebracht hat.«

Posselt wies darauf hin, daß die Tatsache, ein Volk habe sich erhoben mit der Absicht, das freieste auf Gottes Erde zu sein, noch weit bedeutsamer sei als die Veränderungen der geographischen Grenzen in Europa, und daß dies einst so weichliche Volk nun Spartaner und Römer in den Schatten stelle.

»Welch eine Zeit also die jetzige! Wie sehr verdient sie, daß nicht bloß der Politiker von Profession, sondern überhaupt jeder *denkende Mensch* so genau wie möglich ihren Geist und Gang studiere! [...] Jeder von uns, wenn er nicht Feind der Menschheit und sein eigener ist, muß, je nachdem das Schicksal ihn in eine Sphäre gesetzt hat, zwar nicht dem *Geiste der Zeit*[40] durch einen ohnehin immer unmächtigen, nur im entgegengesetzten Sinne wirkenden Widerstand in den Weg treten, aber auch aus allen Kräften arbeiten, ihm eine Richtung zu geben, daß er nie in Revolutionen, das größte und den Inbegriff aller Arten von Unglück, ausschlage.«[41]

Posselt erwarb sich rasch eine große Zahl von Abonnenten und trug nicht wenig zur politischen Belehrung des deutschen gebildeten Publikums bei.

Am Beispiel Posselts kann man ermessen, daß es kein bloßes Hirngespinst war, wenn Hölderlin 1799 den Plan einer Zeitschrift entwarf, *Iduna,* von deren Ertrag er zu leben hoffte. Was Posselt in Tübingen gelungen war, hätte ebensogut Hölderlin gelingen können. Goethe und Schiller, denen Cotta Freiexemplare seiner Zeitschrift übersandte, tauschten ihre Bedenken hinsichtlich der Franzosenbegeisterung Posselts aus.

Auch fehlte es nicht an Beschwerden des österreichischen und des russischen Gesandten in Stuttgart. Ein Artikel Posselts mit dem Titel *Frankreich und der Nord,* in dem »alles Große und Gute« Frankreich, dem Vertreter des verjüngten Europa, zuerkannt wurde, veranlaßte eine neue Anklage jener beiden Mächte. Für diesmal kam die *Weltkunde* noch mit einer Verwarnung und mit Androhung der Entziehung der Zensurfreiheit davon.

Aber die reichshofrätliche, an den Herzog von Württemberg gerichtete Forderung, den Druck der *Weltkunde* ungesäumt zu untersagen, schien ernstere Folgen nach sich ziehen zu müssen. Cotta kam dem drohenden Schlag durch die Erklärung zuvor, in Zukunft Posselt, gegen den sich das reichshofrätliche Mandat zu wenden schien, die Redaktion entziehen und den Titel des Blattes ändern zu wollen.

So wurde, wie schon erwähnt, die Redaktion an Huber übertragen. Posselt blieb jedoch bis zu seinem Tode 1804 ständiger Mitarbeiter der Zeitung.

Als Hölderlin das Haus Gontard verließ, schrieb ihm sein Schüler Henri, der Sohn Susettes, am 27. September 1798:

»Lieber Holder! Ich halte es fast nicht aus, daß Du fort bist. Ich war heute bei Herrn Hegel [...]. Komm bald wieder zu uns, mein Holder; bei wem sollen wir denn sonst lernen. Hier schicke ich Dir noch Tabak und Herr Hegel schickt Dir hier das sechste Stück von Posselts Annalen.«[42]

Nicht nur Schwaben[43] wie Wekhrlin, Reinhard, Cotta und Georg Kerner, nicht nur Preußen wie Clootz und Archenholtz oder Schlesier wie Schlabrendorff, nicht nur Rheinländer wie Georg Forster oder Posselt – auch Hamburger, auch Schweizer setzten sich für die Französische Revolution ein.

Unter den Hamburgern sei hier Friedrich Wilhelm von Schütz[44] erwähnt. Als Übersetzer trat er in den Dienst des französischen Gesandten in Hamburg Lehoc, des Vorgängers von Reinhard auf diesem diplomatischen Posten. Noch im Sommer 1792 rühmte er die französische Revolution wegen der Schnelligkeit ihrer Durchführung mit verhältnismäßig geringem Blutvergießen als beispiellos in der europäischen Staatengeschichte. Als Zweck und Inhalt seiner Zeitschrift, des *Hamburgischen Merkurs* gab er an, daß »alle Beiträge zur Vertilgung des Despotismus, und wie diese vielköpfigen Ungeheuer alle heißen mögen«, ihm sehr willkommen seien. Allein, er mußte erleben, daß der Hamburgische Merkur nach dem Erscheinen von zwei Stücken verboten wurde.

Schütz gab das Blatt nun unter dem veränderten Titel *Niedersächsischer Merkur,* angeblich in Altona, vermutlich aber weiter in Hamburg heraus. Hier fanden die Beiträge Oelsners Aufnahme, nachdem Archenholtz ihm die *Minerva* verschlossen hatte. Der Herausgeber selber verherrlichte den Sturz des Königtums am 10. August 1792 in Versen und in Prosa:

Auf, auf ihr Völker, die ihr noch
Belastet von dem Sklaven-Joch
Des schweren Despotismus seid,
Auf! Werdet frei! Jetzt ist es Zeit.

Ende des Jahres 1792 drangen die Fürsten des niedersächsischen Kreises und die hannoversche Regierung beim Hamburger Senat auf Unterdrückung der Zeitschrift. Indessen setzte F. W. von Schütz mittels einer Handdruckerei sein Unternehmen unter dem Titel *Neuer Proteus* fort. Auch der Verkauf des *Proteus* mußte mit dem zwölften Stück aufhören. Er wurde, als *Manuskript für Freunde* gedruckt, nur noch unter der Hand an die Leser verteilt. Am 13. April 1793 wurde Schütz genötigt, einem wiederholten Ausweisungsbefehl nachzukommen und Hamburg den Rücken zu kehren.

In Plön (Schleswig-Holstein) veröffentlichte August von Hennings die Zeitschrift *Genius der Zeit* (1794–1800). Darin bekämpfte er mutig »den Adelsgeist und Aristokratismus«, die er beschuldigte, »alles Aufkeimen menschlicher Kräfte im Volke verhindert zu haben«.[45] Diese Angriffe verband Hennings mit einem tödlichen Haß gegen jede Art von Offenbarungsglauben. Mit seinem Mitarbeiter Heinrich Voß stellte er sich in schärfsten Gegensatz zu den vornehmsten Mitgliedern des schleswig-holsteinischen Adels, zu denen die Brüder Stolberg und ihr bürgerlicher Wortführer Matthias Claudius zählten. Fritz Stolbergs Hymnus *Ich bin ein Deutscher* beantwortete er mit der spöttischen Frage: »Das Vaterland macht die Nation aus, und wo ist das deutsche Vaterland?« Nicht einmal Hermann den Cherusker wollte Hennings als Deutschen gelten lassen.
Hennings war der Onkel von Christine Reimarus, der Frau von Karl Friedrich Reinhard. Reinhard befreundete sich mit Hennings, der in seiner Zeitschrift *Genius der Zeit* 1796 eine Umdichtung von Desorgues *Hymne à la Liberté* veröffentlichte, die Reinhard besorgt hatte.

Viele Fäden laufen von Schwaben in die Schweiz, und umgekehrt. Die Beziehungen waren sehr eng, Klima und Situation ziemlich ähnlich, die Verwandtschaft nahe. Manche »Edelleute aus der Schweiz« studierten in Tübingen, schrieb Hölderlin seiner Schwester; er selbst gab einem Berner Edelmann Unterricht im Lateinischen und Griechischen.[46] Auch kamen Schwaben öfters als Hauslehrer in die Schweiz – so Reinhard nach Vevey am Genfer See, dem Schauplatz von Rousseaus *Nouvelle Héloïse,* so Hegel, so Hölderlin. Die Schweiz, deren Freiheit Hölderlin nach einer Reise im Jahre 1791 das Gedicht *Kanton Schweiz* widmete, galt ihm als das deutsche Land, das einzige, das seine Freiheit zu erobern und zu behaupten gewußt hatte – »die Quelle der Freiheit«:

Lebe wohl, du herrlich Gebirg. Dich schmückte der Freien Opferblut [...]

Schlummre sanft, du Heldengebein! o schliefen auch wir dort
Deinen eisernen Schlaf, dem Vaterlande geopfert,
Walthers Gesellen und Tells, im schönen Kampfe der Freiheit!
Könnt' ich dein vergessen, o Land der göttlichen Freiheit!
Froher wär' ich; zu oft befällt die glühende Scham mich,
Und der Kummer, gedenk' ich dein, und der heiligen
                                 Kämpfer.
Ach! da lächelt Himmel und Erd' in fröhlicher Liebe
Mir umsonst, umsonst der Brüder forschendes Auge.
Doch ich vergesse dich nicht! ich hoff' und harre des Tages,
Wo in erfreuende Tat sich Scham und Kummer verwan-
                                 delt.[47]

Wenn Hölderlin in der Hymne *Der Rhein* den »freigeboro-
nen« Strom erwähnt, ist das eine Anspielung darauf, daß der
Rhein in der Schweiz seine Quelle hat.
Auch heißt Hegels älteste, anonym erschienene politische Schrift:
*Aus den Vertraulichen Briefen über das vormalige Staatsrecht-
liche Verhältnis des Waadtlandes (Pays de Vaud) zur Stadt
Bern. Eine völlige Aufdeckung der ehemaligen Oligarchie des
Standes Bern. Aus dem Französischen eines verstorbenen
Schweizers übersetzt und mit Anmerkungen versehen.* Frank-
furt am Main 1798. Hegel hatte drei Jahre (1793–1796) in
der Schweiz, am Bieler See, verweilt.[48]

»Einer jüngeren Generation (als Pestalozzi und Lavater) gehörten einige Deutsch-Schweizer an, für deren geistige Entwicklung die französische Revolution von hoher Bedeutung
war, und die nachmals in der Geschichte der Helvetik eine
große Rolle spielten.« Alfred Stern nennt den Aargauer Albrecht Rengger[49] (geb. 1764), der als helvetischer Minister des
Inneren dauernden Ruhm erwarb, und zitiert von ihm unter
anderem folgenden Satz: das Zeitalter, aus dessen Geist die
Französische Revolution erwachsen ist, sei »der Übergang des
werdenden Jünglings zum gereiften Jugendalter«. Außerdem
erwähnt er Albert Stapfer: »Rengger gleichgesinnt war sein
Freund, der Berner Philipp Albert Stapfer (geb. 1766), der
nachmalige ausgezeichnete helvetische Minister der Künste und
Wissenschaften. Er hatte im Sommer 1791 einige Zeit als Rei-
sender in Paris geweilt und dort die ersten Folgen der Revolution sehr optimistisch beurteilt.«[50]

Als Dritter im Bunde erschien Paul Usteri[51], der nachmals berühmt gewordene Zürcher und Schweizer Staatsmann (geb. 1768). Zu Beginn des Jahres 1792 faßte er den Plan, eine *Bibliothek der freien Franken* herauszugeben. Von einem *Tagebuch des Revolutionstribunal in Paris* erschienen im Laufe des Jahres 1794 nur drei Hefte. Aber im folgenden Jahr 1795, nach Abflauen der Schreckensherrschaft, setzte Usteris publizistische, der Geschichte der Revolution gewidmete Tätigkeit ein. Die auf den 4. Dezember 1794 datierte Einleitung zu einer Schriftenreihe *Klio* stammte aus der Feder Oelsners. Ab 1795 gab Usteri eine zweite Zeitschrift heraus: *Beyträge zur Geschichte der französischen Revolution*, später *Humaniora* betitelt. Unter diesem Titel erschienen 1796–1798 drei Bände. Den ersten Band leitete Rengger ein. Er sagte: »Sogar die Greuel der inneren Schreckensregierung haben die französische Partei im Ausland nur wenig geschwächt.«

Usteri hatte sich 1794 bei Gelegenheit von Oelsners Aufenthalt in Zürich innig mit ihm befreundet. Damals war Oelsner in Paris der Guillotine knapp entgangen. 1796 kam Oelsner als Professor und Bibliothekar nach Kolmar. Beide, Oelsner und Usteri, waren mit dem deutschen Naturforscher Johann Gottfried Ebel befreundet. Oelsner brachte eine Anzeige der Sammlung von Sieyès Schriften, die Ebel übersetzt hatte, und zu welcher Oelsner als eingeweihter Kenner des Lebens Sieyès' zwei Vorreden geschrieben hatte. Der letzte Band erschien 1798 nach dem Abschluß des Friedens von Campo Formio; er enthielt ein Gedicht des Mainzers Friedrich Lehne (1771–1836), *Dem Helden Napoleon Bonaparte*, das mit den Worten begann: »Friedegeber sei gepriesen« – das Thema von Hölderlins *Friedensfeier*.

Zu den Mitarbeitern an Usteris Zeitschriften gehörten zwei schon erwähnte Schwaben: Reinhard und Kerner, die wohl durch Oelsners Vermittlung mit ihm in Verbindung getreten waren.[52]

Johann Gottfried Ebel, der ein Freund und Mitarbeiter von Oelsner und Usteri war, stand auf der anderen Seite mit Sinclair und Hölderlin in enger, vertrauensvoller Verbindung.[53] In Hölderlins Leben hat er eine entscheidende Rolle gespielt. Kurzgefaßt[54]: Ebel und Hölderlin hatten sich in Heidelberg durch die Vermittlung Sinclairs um den 13. Juni 1795 herum kennengelernt. Ein entschiedener Anhänger der Ideen der Französischen Revolution, ging Ebel im September 1796 nach Paris. Dort trat er (vielleicht durch Vermittlung Oelsners) mit Sieyès näher in Verbindung und kehrte erst 1802 nach Frankfurt zurück. Seit längerer Zeit (1788) verband ihn eine herzliche Neigung mit Margarete Gontard, der Schwägerin Susettes. Ebel ist es, der Hölderlin, dem schnellgewonnenen Freund, die Stelle im Hause Gontard vermittelte, dem er seit vielen Jahren nahestand.

Die fünf erhaltenen Briefe Hölderlins an Ebel sind allesamt äußerst wichtig. Im ersten, vom 2. September 1795 datierten Brief[55] empfiehlt Hölderlin seinen Freund Hegel für eine ähnliche Stellung wie die, welche er bei Gontards bekleidet: »Sollten Sie einen Erzieher für die andere Familie wünschen, so würd' ich Ihnen einen jungen Gelehrten, der sich in der Schweiz aufhält [...] vorschlagen.« Im zweiten Brief[56] (9. Nov. 1795), wo er Sinclair als gemeinsamen Freund erwähnt, ist eine besonders wichtige Stelle zu finden, die sich auf das gemeinsame Ideal bezieht, nämlich die Gründung einer neuen Religion: »Sie wissen, die Geister müssen überall sich mitteilen, wo nur ein lebendiger Othem sich regt, sich vereinigen mit allem, was nicht ausgestoßen werden muß, damit aus dieser Vereinigung, aus dieser unsichtbar streitenden Kirche das große Kind der Zeit, der Tag aller Tage hervorgehe, den der Mann meiner Seele, (ein Apostel[57], den seine jetzigen Anbeter so wenig verstehen, als sich selber) die Zukunft des Herrn nennt.« Man vergleiche den Schluß von Hegels Brief an Schelling (Ende Januar 1795): »Vernunft und Freiheit bleiben unsre Losung, und unser Vereinigungspunkt die unsichtbare Kirche.«

Im letzten, nur als unvollendeter Entwurf erhaltenen Brief Hölderlins an Ebel[58] (wohl Ende 1799), der sich zu der Zeit in Paris aufhielt, lesen wir unter anderem: »Mein Theurer! [...] Ich fühlte mehr, als ich sagen mag [...] wie viel Sie mir vom ersten Augenblicke waren, wie viel ich entbehrte, seit ich Sie nicht mehr sah [...]. Ich darf es Ihnen gestehen, daß ich wenige kenne, bei denen ich mit solcher Gewißheit meinem Gemüte folgen kann, wie ich es tue, so oft ich an Sie denke, und von Ihnen spreche, und dies geschieht nicht selten.«

Ebel wußte von der Liebe Hölderlins und Susettes. 1802 aus

Paris nach Frankfurt zurückgekehrt, war er bei Susette in ihrer tödlichen Krankheit. Der Brief Sinclairs, in dem dieser Hölderlin den Tod Susettes mitteilt, schließt mit den Worten: »Freund Ebel läßt Dich grüßen [...]. Er war bei der G. in ihrer Krankheit, und ihr Trost in ihren letzten Stunden.«

Daß Hölderlin an Ebel noch andere Briefe geschrieben hat, wissen wir. Daß Hölderlin über Susette Gontard durch Vermittlung ihrer Schwägerin von Ebel in Paris hörte, dürfte keinem Zweifel unterliegen.

Wenigstens ein Brief Hölderlins an Ebel ist verlorengegangen, den Jung an den gemeinsamen Freund Ebel in Paris am 27. Messidor an VII (15. Juli 1799) vermittelte: »Sie erhalten hier, Lieber, einen Brief von unserm trefflichen Hölderlin. Unterstützen Sie ihn doch mittelbar und hauptsächlich unmittelbar mit Beiträgen zu seinem [...] Journale.«

Franz Wilhelm Jung (1757–1833), nach der Darstellung Adolf Becks[59] seit 1786 in homburgischen Diensten, Mentor des jungen Sinclair[60], war auch ein Freund des Landgrafen, mit dem er sich jedoch 1794 wegen seiner radikalen demokratischen Gesinnung überwarf. Er ging 1798 nach Mainz und trat in französische Dienste ein, legte jedoch schon 1802, enttäuscht und angewidert, sein Amt als Polizeikommissar nieder.

Seine eigenen literarischen Bemühungen galten hauptsächlich einer Übersetzung des Ossian, die er 1797 dem Verleger Cotta anbot: »Seit zehn Jahren hab' ich mich mit diesem herrlichen Dichter beschäftigt, der, wie ich mit inniger Freude erfahre, auch Buonapartes Liebling ist.«

In einem Brief an Susette im September 1799 erwähnt Hölderlin »Jung in Mainz«, »dessen Brief ich Dir beilege«, als einen der wenigen, »die mir auch wahrhaft treu in meiner Angelegenheit sich zugesellten«.

Der Darstellung Adolf Becks wäre noch folgendes hinzuzufügen: Noch bevor Hölderlin das Tübinger Stift verließ, hatte sich Hofrat Jung an Sinclair gewandt mit der Bitte, ihm einen Mömpelgarder als Hofmeister zu besorgen. Am 25. Oktober 1793 antwortete Sinclair aus Tübingen, das sei ihm nicht gelungen: »Dann habe ich an Magister Hölderlin gedacht, der wie versichert (wird), gut französisch kann. Er ist ein junger Mann von bestem Charakter und der besten Aufführung,

überdies hat er sich schon durch mehrere Gedichte gezeigt. Der Dr. Stäudlin kennt ihn sehr wohl und wird Ihnen die nähere Auskunft geben.«[61]
Dann möchte ich hier nicht unerwähnt lassen, daß etwa gleichzeitig mit Hölderlin, dessen Brief (oder Briefe) an Jung wir schmerzlich vermissen, auch Fichte an Jung nach Mainz schrieb.[62]

Es ging uns nicht so sehr darum, zu zeigen, daß auch Deutsche sich für die Ideale der Französischen Revolution begeisterten, sondern vielmehr darauf hinzuweisen:
– daß diese wenigstens der Gesinnung nach deutschen »Jakobiner«, die sich bald in Paris, bald in Deutschland, bald in der Schweiz aufhielten, sehr viel Kontakt unterhielten sowohl unter sich als auch mit den Freunden in der Heimat; daß sie in Deutschland viel veröffentlichten und anscheinend guten Erfolg damit hatten, trotz der Schwierigkeiten (und nicht zuletzt trotz der politischen Zensur);
– daß Hölderlin und Hegel nicht nur durch Schrift und Druck von den Ereignissen in Frankreich unterrichtet waren, sondern daß ihnen die Ereignisse jenseits des Rheins ziemlich unmittelbar im Gespräch mit Augenzeugen dargestellt wurden.
Daß Hölderlin und Hegel die Zeitungen, Zeitschriften und Pamphlete der Zeit eifrig lasen, steht fest. Daß sie davon, nicht zuletzt stilistisch, beeindruckt waren, daß Hölderlins Pathos dem Pathos im Stil der Jakobiner (und meinetwegen der Girondisten) entspricht, ist nicht zu leugnen. Dazu eine kennzeichnende Anekdote: Als ich eine französische Hölderlin-Forscherin beauftragte, die Zeitungen von damals, sowohl die französischen als die deutschen, zu lesen, sagte sie nach ein paar Wochen, nur halb als Scherz: »Hölderlin hat überhaupt nichts erfunden; es steht alles in den Zeitungen der Zeit.«[63]

In den Jahren, die Hölderlin und Hegel gemeinsam im Tübinger Stift verbrachten, bildete sich ihre Gesinnung. Diese Jahre 1789–1793 waren die Jahre der Revolution in Frankreich. Geschichte wurde so von den Tübinger Stiftsschülern als mittelbar oder unmittelbar erfahrene Gegenwart erlebt.
Man stelle sich das Leben im Stift vor, wie es z. B. der Brief Hölderlins an seine Schwester Rike, etwa um die Mitte No-

vember 1790 schildert: »Wie es mir auf meiner Stube gefalle? Herrlich, liebe Rike [...]. Das Zimmer ist eins der besten liegt gegen Morgen, ist sehr geräumig, und schon auf dem zwoten Stockwerk [...] (Hegel ist auf meiner Stube); und die Wenigen andern sind auch brave Leute, darunter Breier und Schelling.«[64]

Auf *einer* Stube also Hölderlin, der Stuttgarter Hegel, das Wunderkind Schelling (mit 15 Jahren, also ungewöhnlich früh im Stift aufgenommen) und »Breier«. Karl Friedrich Wilhelm Breyer (1771–1818) war »der nachmalige idealistische Historiker, Sohn des Pfarrers in Heutingsheim bei Ludwigsburg, Vetter Schellings und Neffe des Helfers Köstlin in Nürtingen, bei dem er als Knabe wie Schelling eine Zeitlang wohnte [...]. Durch seine innere Anteilnahme an der Revolution zum Historiker erweckt, ging Breyer 1797 zu seiner weiteren Ausbildung nach Jena, wo er sich Fichte anschloß.«[65] Der Pate von Friedrich Hegel war Friedrich Breyer. Mit seiner Tochter, Frau Hufnagel, verkehrte Hegel in Frankfurt.

Die Stimmung unter den Stiftschülern scheint der Revolution sehr günstig gewesen zu sein, so sehr, daß der Herzog von Württemberg daran Anstoß nahm. Seiner Regentenpflicht bewußt, geruhte Serenissimus im November 1789 das Stift zu besuchen und den Ephorus Schnurrer zu ermahnen; sein Schreiben solle sämtlichen Stipendiaten vorgelesen werden: »[...] In vorliegendem Falle ist es um das künftige Wohl des Vaterlands und der Kirche zu tun, wie könnte es also meinem für dasselbe von je her besorgten Landesväterlichen Herzen gleichgültig sein, daß diejenige, welche sich von Jugend auf an dem einen, wie dem andern, gewidmet haben, ihre Laufbahn nicht in der vorgeschriebenen Ordnung und Anständigkeit und mit dem gebührenden Fleiße fortsetzen. Meine Regentenpflichten fordern hierüber von Mir eine ununterbrochene Aufmerksamkeit [...] (und) daß (das Consistorium) wider die Ungehorsame und Ungesittete mit Ahndungen und Strafen vorgehe.«

Am 30. Januar 1790 besuchte er selbst wiederum das Stift. Man erwartete, er werde strenge, ungewöhnliche Entschlüsse fassen. Jedoch »der Herzog bezeugte sich so schonend, so herablassend, so väterlich gegen die Stipendiaten, daß diese Seine Visitation, wie Er sie zu nennen beliebte, den erwünschten, vorteilhaftesten Eindruck auf dieselben machte. Jetzt erklärte der Herzog ganz deutlich, es sei notwendig, daß die Anstalt neue Statuten, daß sie überhaupt eine verbesserte, den Zeitumständen gemäßere Einrichtung enthalte.«[66]

Am 13. Mai 1793, einige Monate vor Hölderlins und Hegels Abgang vom Stift, wurden endlich die neuen Statuten feierlich eingeführt. So lange hatte ihre Ausarbeitung gedauert.

Inzwischen hatte der Herzog das Stift wiederholt besucht, so auch im Mai 1792. Leo von Seckendorf[67], ein Freund Hölderlins und Sinclairs, berichtete an seinen Vater, der Herzog habe sich »bei Besichtigung des Stipendiums sehr geärgert, und die Stipendiaten scharf durchzogen«, besonders »zwei Mömpelgarder«. Die Grafschaft Mömpelgard (Montbéliard, bei Besançon) gehörte bis zum Vertrag von Lunéville 1801 (Anlaß der Friedensfeier) zu Württemberg. Junge Mömpelgarder kamen jedes Jahr ins Tübinger Stift.

Bei der Stiftsleitung hatten die Mömpelgarder keinen guten Ruf, da sie »im Stift Keimträger der Revolutionsideen waren«.[68] Aus einem unbekannten Grund bekamen im August 1790 die Mömpelgarder Bernard, Bouillon, Fallot und Lambercier 24 resp. 12 Stunden Karzerstrafe; Renz (eine sehr interessante Gestalt; Renz war mit Abstand der Primus von Hölderlins und Hegels Promotion) wurde ebenfalls bestraft. Mit drei Kompromotionalen wurde Hölderlin scharf gerügt. In einem Admonitionsreskript wurde die Stiftsleitung angewiesen, Hölderlin »allen Ernstes zu vermahnen, sich zuverlässig zu bessern, daß man nicht zu reellen Korrektionen genötiget werde«.

In Hillers Stammbuch[69] trugen sich die Mömpelgarder Fallot und Bernard ein:

»Klopstock. – Freiheit, Freiheit! / Silberton dem Ohre, / Dem Verstande Licht, / Dem Herzen groß Gefühl!

Tübingen, im Maienmonde 1792 – Schriebs zum Andenken Dein demokratischer Freund Bernard de Montbéliard. Vive la Liberté et la Constitution française!«

Im September 1792 trug Hölderlin ins Stammbuch Leo von Seckendorfs eine Strophe seiner Hymne an die Menschheit ein. Über dieses und das Nachbarblatt schreibt er die Worte »Ewig – – verbunden!« Auf demselben Blatt schreiben die Mömpelgarder Stiftler folgendes ein: »La meilleure leçon que j'aie à te donner, c'est de ne plus être aristocrate. Souviens-toi de ton

ami G. F. Fallot, bon patriote. Symbole: Mort ou liberté.«
Und Bernards Abschiedslosung lautet: »Egalité!«

Fallot, bon patriote: daraus ist schon ersichtlich, daß im Wort-
gebrauch der Zeit die Antithese »Aristokrat – Patriot« galt.
Das gibt den Ton an für die spätere Bedeutung des Wortes
Vaterland bei Hölderlin. Aristokraten, Untertanen haben
keine *patrie.* Nur freie Menschen haben ein Vaterland; das
stiftet erst die Revolution; die Welt der Aristokraten ist eine
internationale, unpatriotische Welt. Das kam kraß an den Tag,
als Ludwig XVI. die ausländischen Fürsten gegen Frankreich
aufhetzte und als Hochverräter an der *patrie* geköpft wurde.
Das Äußerste, was man zur Verteidigung des Königs sagen
kann, ist, daß ihm der Begriff »patrie« eine völlig fremde,
überraschende und unverständliche Neuigkeit war; daß er nie
daran gedacht hatte, die Franzosen hätten eine »patrie«. Diese
war auch erst bei der *Fête de la Fédération* am 14. Juli 1790
entstanden.

»Einer alten, zwar nicht unbezweifelbaren, aber auch nicht un-
möglichen Überlieferung nach wurde der Jahrestag der Revolution, der 1793 auf einen Sonntag fiel, auch in Tübingen von
einem Kreise revolutionär gesinnter Stiftler, darunter Hölderlin, Hegel und Schelling, durch Errichtung eines Freiheitsbau-
mes gefeiert.«[70]

Am 26. August 1793 schrieb Serenissimus an den Ephorus Professor Schnurrer, er wisse »aus sicheren Quellen«, es sollten
»democratische und anarchische Gesinnungen« im Theologi-
schen Stift zu Tübingen obwalten, und er sei von mehr als
einer Seite angegangen worden, dieser so frechen als strafbaren
Stimmung zu steuern und die Schuldigen zur Strafe zu ziehen.
Der Ephorus antwortete, alle stimmten überein, daß »nachdem
jene Bewegung um Ostern (1793) vorübergegangen, gänzliche
Zufriedenheit und Ruhe in dem Stipendium herrsche«.
Die Repetenten wurden einzeln zu Protokoll vernommen und
gefragt, ob sie gehört hätten, daß der Königsmord in Frankreich öffentlich verteidigt und die Anarchie gebilligt wurden,
ob sie Mittel wüßten, etwas herauszubringen? Die Repetenten
antworteten durchaus verneinend, der ermordete König werde
viel mehr bemitleidet und die Anarchie verabscheut ... Man
könne also dem Gerücht von demokratischer Denkungsart
unter den Stipendiaten nicht geradezu widersprechen, aber

man getraue sich zu behaupten, daß solche höchstens in Worten sich geäußert haben möge, hingegen auf Ordnung und Ruhe noch nicht den mindesten Einfluß gezeigt habe.[71]

Der Ephorus hat recht, wenn er Serenissimo schreibt, die demokratische Denkungsart habe sich bis dato höchstens in Worten geäußert. Doch gerade das ist es, was Hölderlin den Deutschen später vorwerfen wird, daß sie »tatenarm und gedankenvoll« sind.[72]

Daß die Stiftler die Hinrichtung des Louis XVI. nicht als »Vatermord«, sondern als eine historische Episode betrachteten, und zwar im Sinne der Geschichte Athens, wo der Tyrannenmord die Freiheit und die Blüte der Künste stiftete, ist aus verschiedenen Indizien ersichtlich.[73]

Als Zeugnis für die Stimmung im Tübinger Stift sei hier die Geschichte eines Stiftlers kurz wiedergegeben.[74]

1790, ein Jahr später als Hölderlin und Hegel, gleichzeitig mit Schelling, trat in das Tübinger Stift Christian Ludwig August Wetzel ein, geboren 1772 als Sohn des Mädchenschulmeisters und Hofkantors Andreas Wetzel in Ludwigsburg, Justinus Kerners Elementar-Lehrer. Wie Reinhard und Hölderlin hatte Wetzel in Denkendorf (1786) und in Maulbronn (1788) studiert.

Er schloß sich dem Freundeskreis um Hölderlin, Hegel, Schelling, Hiller und einigen Mömpelgardern an, der durch die lebhaft begrüßte französische Freiheitsbewegung eine politische Färbung erhielt.

Hiller gab er am 26. November 1791 ein Stammbuchblatt mit dem Spruch: »Vivre libre ou mourir!«

Bei Ausbruch des Krieges zwischen Frankreich und Österreich litt es August Wetzel nicht mehr in Tübingen. Am 30. April 1792 – also am Tag der Kriegserklärung – verließ er das Stift und begab sich mit 50 Gulden in der Tasche nach Straßburg, dem nächstgelegenen Brennpunkt der revolutionären Bewegung. Er trat der Gesellschaft der Freunde der Verfassung, d. h. dem Jakobinerklub bei und soll sich an den Kämpfen unter General Custine beteiligt haben. Im August 1792 ist er wieder in Tübingen und kommt gerade noch recht zum Magisterexamen, das er nun mit seiner Promotion ablegt.

Man fragt sich mit Recht, ob und wie seine lange unbefugte

Abwesenheit geahndet wurde. Tatsache ist, daß er vom August 1792 an als tätiges Mitglied eines Jakobinerklubs im Stift saß. Wahrscheinlich hat er gleichgesinnte Studenten in einen Klub zusammengeschlossen. Der Geheimbund scheint sich zunächst unter der Form einer Lesegesellschaft getarnt zu haben. Man las verbotene französische Zeitungen und verschlang die neuesten Pariser Nachrichten. Von Wetzel sind nachweislich 3 Gulden »Pränumeration« bezahlt worden. Die Genossen Johann Jakob Griesinger und Friedrich Schelling lieferten Übersetzungen der *Marseillaise*.

Im Dezember 1792 hatte Wetzel zweimal zwölf Stunden Karzer abzusitzen.

Der Geheimbund wurde jedoch verraten. In der Nacht vom 12. zum 13. Mai 1793 (am 13. sollte die Verkündigung der neuen Statuten des Stifts in Anwesenheit des Herzogs stattfinden) entfloh Wetzel zum zweitenmal und nun endgültig aus der Anstalt, »gegen deren Statuten er sich in seinem leidenschaftlichen Freiheitsdrang ebenso vergangen hatte wie gegen seine staatsbürgerlichen Pflichten«.

Die Superattendenz des Stiftes berichtete am 30. Mai an den Geheimen Rat Württembergs, »daß es uns bei aller Aufmerksamkeit nicht gelingen will, von dem heimlich entwichenen und nun gerechterweise rejicirten Magister Wetzel, von der Veranlassung und der Veranstaltung seiner Entweichung und von seinem dermaligen Aufenthalt Zuverlässiges zu erfahren«. Ein Pferd habe er nicht entlehnt, so fehle jede Spur, wahrscheinlich habe er sich in die Schweiz gewendet.

Nach Wetzels Flucht fiel wohl der Klub auseinander. Die ehemaligen Genossen hegten gewiß noch längere Zeit freiheitliche Gedanken, brachten dann aber doch, um ihrer Karriere nicht zu schaden, ihr Lebensschiff auf den herkömmlichen Kurs. Sie alle, insbesondere die am wissenschaftlichen Himmel Schwabens aufgehenden Sterne Hegel und Schelling, hatten dem Schicksal zu danken, daß ihr Aufstieg nicht durch eine Untersuchung behindert wurde. August Wetzel aber verließ als überzeugter Verfechter der revolutionären Grundsätze auf immer die Heimat. – Im Personalbuch des Stifts erinnert nur noch die ominöse Bezeichnung »democrata« und »rejectus Mai 1793« an diesen ehemaligen württembergischen Magister.

Wieder wandte sich Wetzel nach Straßburg. Er bekleidete den

Rang eines Kommissars einer kleinen besonders zuverlässigen Truppe der Armee Rhin et Moselle, die Saint Just hatte bilden lassen. Als solcher trat er in Verbindung mit dem öffentlichen Ankläger der französischen Republik, Eulogius Schneider, vormals katholischer Hofprediger des württembergischen Herzogs in Ludwigsburg, dem er Saboteure zur Bestrafung zuführte.

August Wetzel blieb in Frankreich und wurde Franzose. Später siedelte er nach Paris über und gründete eine Klavierfabrik. Als Direktor einer elsässischen Textilfabrik befaßte er sich mit maschinellen Neuerungen und nahm Patente zur Vervollkommnung des Spinnverfahrens.

Im Stammbuch Hillers, mit dem sein Kompromotionale Hölderlin die Reise in die Schweiz unternommen hatte und dem der Dichter seine Gedichte *Kanton Schweiz* und *An Hiller* gewidmet hatte, findet sich ein Schattenriß von August Wetzel und unter dem Datum »Februar 1794«, mit der Unterschrift Ernst Märklin, ein Zitat von Saint Just:

»Die, die Revolutionen in der Welt machen, die dem Menschen seine Freiheit geben wollen, dürfen nirgends ruhen – als im Grab. Der edle Saint Just lebe lang!!!«; eine freie Übersetzung aus einer Stelle von Saint Just in seinem Bericht *rapport sur la nécessité de déclarer le gouvernement révolutionnaire jusqu'à la paix*, vom 10. Oktober 1793:

»Ceux qui font des révolutions dans le monde, ceux qui veulent faire le bien ne doivent dormir que dans le tombeau.«[75]

Hölderlins Briefe aus Tübingen liefern manche Zeichen seiner freiheitlichen Gesinnung, alles Indizien, die allerdings für den weniger Eingeweihten einer Erläuterung bedürfen.

Im April 1789 berichtet er seiner Mutter, daß er bei Schubart war, der ihn freundschaftlich und mit väterlicher Zärtlichkeit aufnahm.[76] Der freiheitsliebende schwäbische Dichter war eben aus zehnjähriger Haft entlassen worden. Cotta schrieb: »Am Tage, wo Schubart endlich loskam, wurde Wekhrlin eingekerkert.«

Der nächste Brief an die Mutter ist nur verstümmelt überliefert. Adolf Beck vermutet, daß schon die Mutter selbst den ersten Teil beseitigt hat wegen empörter und verfänglicher Auslassungen über »Druck und Verachtung« im Stift.[77] Schon diese kleine Tatsache zeigt, daß die Überlieferung der Dokumente keineswegs einwandfrei ist, daß Dokumente selektiv

vernichtet oder verstümmelt wurden, um von Hölderlin ein
»frommes« Bild zu hinterlassen.[78] Der Forscher sucht nun nach
Indizien, wie etwa der Archäologe bei Ausgrabungen der Rui-
nen einer absichtlich zerstörten Stadt. Dazu gehört manchmal
etwas Geduld und ein wenig Einfühlung, die vermag, sich an
winzige, unscheinbare Hinweise zu halten und daraus doch ein
ganzes Bild zusammenzusetzen.

In einem Brief an Neuffer vom 25. August 1794 fragte Hölder-
lin: »Ist Hiller nach Amerika?« In einem früheren Brief an
Neuffer[79] hatte er geschrieben: »In einigen glücklichen Stun-
den arbeitete ich an einer Hymne auf Kolomb.« Der große
Stoff wird in einer Hymne der Spätzeit wieder aufgenommen.
Ist das nur als ein Zeugnis für des jungen Dichters »Wunsch,
Helden zu singen« zu interpretieren, wie es Adolf Beck[80] tut?
Kolomb, Amerika, demokratisch-revolutionäre Stimmung im
Stift, der Zusammenhang ist doch nicht ganz undurchsich-
tig: Gab es doch ein Gedicht von Schubart: *Freiheitslied eines
Kolonisten*, 1776 gedichtet, also im Jahr der Unabhängig-
keitserklärung der 13 britischen Kolonien; der Anfang lau-
tet:

> Hinaus! Hinaus ins Ehrenfeld
> Mit blinkendem Gewehr!
> Columbus, deine ganze Welt
> Tritt mutig daher!
> Die Göttin Freiheit mit der Fahn –
> (Der Sklave sah sie nie)
> Geht – Brüder, sehts! sie geht voran!
> . . .
> Auf, Brüder, ins Gewehr! . . .
> Herbei, Columbier, herbei!
> Im Antlitz sonnenroth!
> Hör, Brite, unser Feldgeschrei
> Ist's Sieg oder Tod.[81]

Im Brief an Neuffer vom Dezember 1789, in dem Hölderlin
seine Arbeit an einer Hymne auf Kolomb erwähnt, lesen wir
auch: »Stäudlin ist wahrlich ein herrlicher Mann.«

Gotthold Friedrich Stäudlin[82] (1758–1796), Lyriker und Herausgeber von Almanachen, der »Oberpriester der schwäbischen Musen«, war neben und nach Schubart der willigste Förderer junger Talente in Württemberg. Zu ihm hatte Hölderlin durch Neuffers Vermittlung in den Osterferien 1789 persönliche Beziehungen angeknüpft. An der herzlichen Freundschaft waren auch Stäudlins Schwestern (die eine war Neuffers Braut) beteiligt. Stäudlin veröffentlichte als erster Gedichte von Hölderlin. Am Schicksal Stäudlins, an dem Hölderlin mit Sicherheit innigst Anteil genommen hat, läßt sich die Atmosphäre der Epoche darstellen. Nach Schubarts Tod im Oktober 1791 setzte Stäudlin dessen Chronik fort, in die er einen politisch radikalen Zug brachte.[83] Am 6. August 1792 veröffentlichte Cotta in seinem *Straßburgischen Politischen Journal* die Aufzeichnung »einer sonderbaren Censur- und Justiz-Geschichte, welche sich zu Stuttgart zugetragen hat«.[84]

In der *Fortgesetzten Schubartschen Chronik* hatte Stäudlin eine Stelle aus einer Schrift von Knigge veröffentlicht: »Können die usurpirten Rechte des Adels, welche gegen die Ordnung der Natur sind, durch Verjährung geheiligt werden?« Der Zensor, Professor Schmidlin, ein liberal gesinnter Mann, hatte die Stelle genehmigt.

Die Regierung beschloß, den Zensor seines Amtes zu entheben. Und weiter: »Advokat Stäudlin soll eine vorgeschriebene Abbitte in die Chronik einrücken und darauf drei Tage Arrest bekommen, wobei ihm aber gnädigst verstattet ist, zu wählen, entweder ob er eine Wache vor sein eigenes Haus nehmen, oder aber in der Oberamtei zu Stuttgart oder in der zu Kannstadt einen Kerker beziehen will.« Stäudlin widersetzte sich; er behauptete weiter, er sei unschuldig, da der obrigkeitlich zugegebene Zensor den Text genehmigt hatte. Er wollte lieber den Weg Rechtens einschlagen und vor Gericht kommen.

Die Herzogliche Kommission (der Präsident von Taubenheim) drohte Stäudlin: wenn er seine Sache gerichtlich verfolgen würde, »so solle er nur ja an keine amtliche Versorgung mehr denken, sein Vater und seine Geschwister würden es büßen müssen; noch obendrein würde er Schubarts hinterlassene Gattin durch diesen Schritt in Verzweiflung stürzen, denn all ihr kümmerlicher Unterhalt, der Ertrag von der Chronik, würde aufhören, es würde die Fortsetzung des Zeitungsblatts in Württemberg verboten werden«. Stäudlin beharrte immer noch standhaft auf seinem Entschluß. Aber jetzt drang man zugleich mit Bitten und Drohen so sehr in seine Eltern, Geschwister, Vettern und Basen, man bestürmte und beängstigte sie von allen Seiten so stark, daß er, von Kindespflicht überwältigt, den Tag darauf nachgab.

Der Zensor, der Nachfolger von Schmidlin, machte es Stäudlin unmöglich, in Württemberg zu bleiben. Stäudlin versuchte vergeblich, sich als Schriftsteller in Baden zu behaupten; entmutigt und von Abscheu vor seinen Verfolgern überwältigt, suchte er schließlich den Tod im Rhein (September 1796).

Man kann sich wohl denken, daß Hölderlin diese Episode genau verfolgte, und daß ihn das tragische Schicksal Stäudlins zutiefst traf. Im Juli 1793 hatte Hölderlin die Absicht gehegt, nach absolviertem Studium im Stift sich am neuen Unternehmen Stäudlins zu beteiligen: dem literarischen Journal, das Stäudlin nach dem Eingehen der Schubartschen Chronik herausgeben wollte. Die Zustände in Württemberg ließen auch dieses Projekt nicht zu.

Angesichts der Tatsache, daß Stäudlin, der Freund und Beschützer Hölderlins, den dieser liebte und verehrte, der »herrliche Mann«, durch dessen Vermittlung Hölderlin dem in Ludwigsburg weilenden Schiller vorgestellt worden war und die Hauslehrerstelle bei Frau von Kalb bekommen hatte, dessen Schwester Rosine die Braut Neuffers, seines besten Freundes war, dessen Mitarbeiter zu werden er gehofft hatte – daß Stäudlin also von der Württembergischen Regierung und Zensur in den Tod getrieben worden war, wird man vielleicht besser verstehen, daß die Angst vor der Zensur die Lebensführung von Hölderlin und Hegel wohl zu beeinflussen und ihre Ausdrucksweise zu prägen vermochte – was sich die deutsche Forschung bis heute geweigert hat, zur Kenntnis zu nehmen.

Die acht Zeilen eines Briefes von Hölderlin an den Bruder, die in der Abschrift von Gustav Schlesier überliefert sind[85], haben für uns eine außerordentliche Bedeutung, und man kann nur bedauern, daß der ganze Brief, der Gustav Schlesier noch vorlag, inzwischen verschollen ist.

»Cotta schrieb aus Frankreich, wie ich von Stuttgart aus erfuhr, den 14. Julius, den Tag ihres Bundesfestes werden die Franzosen an allen Enden und Orten mit hohen Taten feiern. Ich bin begierig. Es hängt an einer Haarspitze, ob Frankreich zu Grunde gehen soll, oder ein großer Staat werden? Wirklich hab' ich 9 Bogen meiner Produkte für unser künftiges Journal vor mir liegen. Kommt es zu Stande, so werden mir die neun Louisd'ore wohl tun.«

Daraus geht hervor:

– daß sich Hölderlin am Plan Stäudlins beteiligt fühlt: »unser künftiges Journal«, sagt er; – daß er die Ereignisse verfolgt, und zwar mit dem Wunsch, es könne Frankreich gelingen, »ein großer Staat« zu werden; – daß die Nachrichten aus Frankreich nicht zuletzt über Cotta via Stuttgart ins Stift drangen; – daß die Feierlichkeiten in Frankreich, insbesondere der Jahrestag des Sturzes der Bastille, der aber auch der Jahrestag der *Fête de la Fédération* war, ebenfalls verfolgt wurden. Gerade an dem mit Spannung erwarteten 14. Juli 1793 soll die Errichtung des Freiheitsbaums in Tübingen stattgefunden haben, die wir vorhin erwähnten.

Um den 20. Juni 1792 herum schreibt Hölderlin an die Schwester, er glaube nicht an die von der *Elbischen Zeitung* gebrachte Nachricht, die Franzosen seien total geschlagen – »wohlgemerkt!! die Nachricht ist von Koblenz aus, dem man nie ganz glauben darf, sobald die Nachricht vorteilhaft lautet für die Oesterreicher [...]. Es muß sich also bald entscheiden. Glaube mir, liebe Schwester, wir kriegen schlimme Zeit, wenn die Oesterreicher gewinnen. Der Mißbrauch fürstlicher Gewalt wird schrecklich werden. Glaube das mir! und bete für die Franzosen, die Verfechter der menschlichen Rechte.«[86]

Am 20. September siegten Dumouriez und Kellermann in Valmy. Goethe, der die Schlacht beschrieb, wie er sie auf der anderen Seite gesehen hatte, behauptete später, am Abend den deutschen Offizieren gesagt zu haben: »Von hier und heute geht eine neue Epoche der Weltgeschichte aus, und ihr könnt sagen, ihr seid dabei gewesen.«

Hölderlins Begeisterung steigert sich bald ins Heroische. Die Mutter bittet er im November 1792 »wegen dem Kriege sich nicht zu viel Sorge zu machen. [...] Was auch kommen mag, so arg ist's nicht, als Sie vielleicht fürchten mögen. Es ist wahr, es ist keine Unmöglichkeit, daß sich Veränderungen auch bei uns zutragen. Aber gottlob! wir sind nicht unter denen, denen man angemaßte Rechte abnehmen, die man wegen begangner

Gewalttätigkeit und Bedrückung strafen könnte. Überall, wohin sich noch in Deutschland der Krieg zog, hat der gute Bürger wenig oder gar nichts verloren, und viel, viel gewonnen. Und wenn es sein muß, so ist es auch süß und groß, Gut und Blut seinem Vaterlande zu opfern, und wenn ich Vater wäre von einem der Helden, die in dem großen Siege bei Mons starben, ich würde jeder Träne zürnen, die ich über ihn weinen wollte. Rührend ist's und schön, daß unter der französischen Armee bei Mainz, wie ich gewiß weiß, ganze Reihen stehen von 15 und 16jährigen Buben. Wenn man sie ihrer Jugend wegen zur Rede stellt, sagen sie, der Feind braucht so gut Kugeln und Schwerter, um uns zu töten, wie zu größeren Soldaten, und wir exercieren so schnell als einer, und wir geben unseren Brüdern, die hinter uns im Gliede stehen, das Recht, den ersten von uns niederzuschießen, der in der Schlacht weicht.«[87]

Am Tag der Schlacht von Valmy fand in Paris die erste Sitzung der Convention (des Konvents) statt. Am Tage darauf dekretierte sie einstimmig die Abschaffung der Monarchie. Zwei politische Tendenzen bekämpften sich, beide von den Jakobinern ausgehend: die radikalen »Montagnards« um Marat, Danton, Robespierre, die vor nichts zurückschreckten, um die Republik zu retten, und die Girondisten, die sich als »humaner« ausgaben, denen es jedoch an Energie und Entschlossenheit fehlte. Letzteres ist schon daraus ersichtlich, daß sie noch 1792 sowohl bei den Jakobinern als auch im Konvent über eine Mehrheit verfügten, die »Montagnards« sie aber allmählich aus dem Klub der Jakobiner eliminierten und im Konvent die entscheidende exekutive Instanz, das *Comité de Salut public* (Wohlfahrtsausschuß), übernahmen, bis sie die Girondisten politisch und zum Teil physisch liquidierten.

Daß Hölderlins Sympathie den Girondisten galt, kann man verstehen. Es war ja die Tragik der Revolution, daß sie 1792 den Punkt überschritten hatte, wo man mit Schönrednerei, Begeisterung und schönen Gefühlen etwas erreichen kann. Das Entweder-Oder der Situation war von ferne kaum zu begreifen. Wer aber heute noch vom roten jakobinischen Terror spricht, müßte sich doch auch vorstellen, was geschehen wäre, wenn die Revolution geschlagen worden wäre und der weiße Terror eingesetzt hätte. Man lese nur einige Zeilen des drohenden Manifests des Herzogs von Braunschweig, als er (vor der Schlacht bei Valmy!) mit den österreichischen und preußischen Truppen vordrang. Paris sollte einer völligen Vernichtung preisgegeben werden, wenn dem König oder seiner Familie ein Haar gekrümmt werden sollte und sie nicht in Freiheit gesetzt würden.[88]

Drei Briefstellen belegen Hölderlins girondistische Einstellung: die erste, kurz nach dem 13. Juli 1793 geschrieben, an den Bruder (auch wieder, leider, ein Bruchstück!):

»Daß Marat, der schändliche Tyrann, ermordet ist, wirst Du nun auch wissen. Die heilige Nemesis wird auch den übrigen Volksschändern zu seiner Zeit den Lohn ihrer niedrigen Ränke und unmenschlichen Entwürfe angedeihen lassen. Brissot dauert mich im Innersten. Der gute Patriot wird nun wahrscheinlich ein Opfer seiner niedrigen Feinde.«[89]

Die zweite Stelle entstammt einem Brief an Neuffer aus Nürtingen, im ersten Drittel des Oktobers 1793 geschrieben, wo er übrigens auch anfragen läßt, er würde sich freuen, von Stäudlin, »dem teueren Freunde«, ein paar Worte zu lesen:

»Schreib mir's doch, wenn Du früher das nähere von dem Schicksal der Deputierten Guadet, Vergniaud, Brissot p. p. hörst. Ach! das Schicksal dieser Männer macht mich oft bitter. Was wäre das Leben ohne eine Nachwelt?«[90]

Der Prozeß der Gironde fand am 24. Oktober 1793 statt, das Urteil wurde am 30. Oktober gesprochen. Es lautete: Tod.

Der Anlaß der dritten Briefstelle ist der Sturz Robespierres und seine Hinrichtung am 9. Thermidor (27. Juli 1794): »Daß Robespierre den Kopf lassen mußte, scheint mir gerecht, und vielleicht von guten Folgen zu sein. Laß erst die beiden Engel, die Menschlichkeit und den Frieden, kommen, was die Sache der Menschheit ist, gedeihet dann gewiß! Amen.«[91]

Die Revolution hatte ihre idyllische, arkadische Periode, dann ihre blutige Periode erlebt. Nunmehr setzte eine Gegenbewegung ein, welche die französischen Historiker *la réaction thermidorienne* nennen.

Doch gerade hier ist es wohl am Platze, auf einen besonderen Aspekt des Themas *Hölderlin und die Französische Revolution* hinzuweisen. Wohl hat Hölderlin die Ereignisse verfolgt, und nicht ohne innere Beteiligung. Doch wirkt sich die Distanz des von ferne Beobachtenden darin aus, daß Hölderlins innere

61

Entwicklung vom September 1792 ab mit der Entwicklung des revolutionären Geschehens nicht mehr Schritt hält. Er ist bei der Begeisterung der arkadischen Periode stehen geblieben, hat sich da sozusagen kristallisiert und ist kaum mehr darüber hinausgewachsen; so daß wir von da ab in seinen Briefen und noch mehr in seinem Werk nicht so sehr das Echo der laufenden Ereignisse, als das lange Nachhallen des Frühlings der französischen Revolution vernehmen werden.

Als er dann später eine Revolution in Schwaben erhofft und herbeiwünscht, hat er die Tendenz, sie sich auch wieder idyllisch vorzustellen, etwa wie die ersten Jahre der Französischen Revolution – wenn er auch weiß, es sei kindische Feigheit, ewig darüber zu jammern, daß die Welt kein Arkadien ist: »Über diese kindische Feigheit bin ich aber so ziemlich weg«, wird er aus Waltershausen an Neuffer schreiben.[92]

Auch beim Frieden von Lunéville wird er hoffen, daß der langersehnte Friede nun endgültig eingetreten ist, und so feiert er ihn auch in seinem Gedicht.

Daß er kein »Realist« war, wird man nicht leugnen. Aber wer ist Realist? Soll man nur den Kurzsichtigen einen Realisten nennen? Waren Bonaparte, Metternich, Bismarck Realisten? Und was ist von ihren Reichen übrig geblieben – wo Hölderlins Ideal und Evangelium der Freiheit, der Gleichheit, der Brüderlichkeit heute noch lebendig ist.

Evangelium sagten wir. Es hat sich in ihm ein Glaube gestaltet, den er in einem gewichtigen Brief an den Bruder formuliert, einem Brief, der sozusagen die Tübinger Jahre abschließt und zugleich in die Zukunft weist. Die Themen sind die des *Hyperion*, an dem er in Tübingen viel gearbeitet hat: »Meine Liebe ist das Menschengeschlecht, freilich nicht das verdorbene, knechtische, träge, wie wir es nur zu oft finden, auch in der eingeschränktesten Erfahrung. Aber ich liebe die große, schöne Anlage auch in verdorbenen Menschen. Ich liebe das Geschlecht der kommenden Jahrhunderte. Denn dies ist meine seeligste Hoffnung, der Glaube, der mich stark erhält und tätig, unsere Enkel werden besser sein, als wir, die Freiheit muß einmal kommen, und die Tugend wird besser gedeihen in der Freiheit heiligem erwärmenden Lichte, als unter der eiskalten Zone des Despotismus. Wir leben in einer Zeitperiode, wo alles hinarbeitet auf bessere Tage. Diese Keime von Aufklärung, diese stillen

62

Wünsche und Bestrebungen Einzelner zur Bildung des Menschengeschlechts werden sich ausbreiten und verstärken, und herrliche Früchte tragen. Sieh! lieber Karl! dies ists, woran nun mein Herz hängt. Dies ist das heilige Ziel meiner Wünsche, und meiner Tätigkeit – dies, daß ich in unserm Zeitalter die Keime wecke, die in einem künftigen reifen werden.«[93]

II. Die Neue Religion

»So wäre alle Religion ihrem Wesen nach poetisch.«[1]

Hölderlin hat sich zumindest eine Zeitlang als Religionsstifter betrachtet. Er hat seinen Beitrag zur Stiftung der Neuen, der Poetischen Religion geliefert.

In den Monaten nach der Entlassung aus dem Tübinger Stift kommt bei Hölderlin ein Thema wiederholt vor: »zum Manne reifen«. Wohlgemerkt: in Hölderlins Dichtung steht »der Mann« im Gegensatz zu »den Menschen«, als der männliche Held im Gegensatz zum »schlauen Geschlecht« der Menschen, der Vielen, die sich mit einem kleinen Glück zufrieden geben. An Schiller schreibt er im März 1794: »Ich werde nie glücklich sein. Indessen ich muß wollen, und ich will. Ich will *zu einem Manne werden.*«[2]

An den Bruder am 21. August 1794: »Unter rastloser Tätigkeit *reift man zum Manne,* unter dem Bestreben, aus Pflicht zu handeln, auch wenn sie nicht viel Freude bringt, auch wenn sie eine sehr kleine Pflicht scheint, wenn sie nur Pflicht ist, *reift man zum Manne;* unter Verleugnung der Wünsche, unter Entsagung und Überwindung des selbstsüchtigen Teils unseres Wesens, dem es nur immer recht bequem und wohl sein soll, unter stillem Harren, bis ein größerer Wirkungskreis sich auftut, und unter der Überzeugung, daß es auch Größe sei, seine Kräfte auf einen engen Wirkungskreis einzuschränken, wenn Gutes dabei herauskömmt, und kein größerer Wirkungskreis sich auftut; unter einer Ruhe, die keine Schwachheit der Menschen empört, und kein eitler Prunk derselben, keine falsche Größe, keine vermeintliche Demütigung in Verwirrung setzt, die nur durch Schmerz und Freude über das Wohl oder Weh der Menschheit, nur durch das Gefühl eigner Unvollkommenheit unterbrochen wird, *reift man zum Manne* [...]; [unter der Maxime ...] ebenso wenig sich von den Toren und Bösewichtern irre machen zu lassen, die unter dem Namen der Freigeisterei und des Freiheitsschwindels einen denkenden Geist, ein Wesen, das seine Würde und seine Rechte in der Person der Menschheit fühlt, verdammen möchten oder lächerlich machen, unter all' diesem, und vielem andern *reift man zum Manne.*«3

An Neuffer schreibt er am 23. August 1794: »Durch große Freude und großen Schmerz *reift der Mensch zum Manne.*«4 Wieder an Neuffer am 10. Oktober 1794: »Der große Übergang aus der Jugend in *das Wesen des Mannes* vom Affecte zur Vernunft, aus dem Reiche der Phantasie ins Reich der Wahrheit und Freiheit scheint mir immer einer solchen langsamen Behandlung wert zu sein.«5 (Es handelt sich um die Arbeit an dem Roman *Hyperion.*)

Der jugendliche Dichter reift zum Manne, und in ihm reift das Dichten zum Werk. An Neuffer schreibt er: »Mich beschäftigt jetzt beinahe einzig mein Roman.«6 »Überhaupt hab' ich jetzt nur noch meinen Roman im Auge.«7 »Meine produktive Tätigkeit ist jetzt beinahe ganz auf die Umbildung der Materialien von meinem Romane gerichtet.«8

Ein Drittes reift auch heran, etwas das wir mit einer vielleicht überschwenglich und provokativ klingenden Vokabel als die *Neue Religion* bezeichnen möchten.

Hölderlin als Religionsstifter – vielleicht läßt sich der zunächst überraschte, wenn nicht gar befremdete Leser durch eine Gegenüberstellung einerseits der schriftlichen Zeugnisse Hölderlins und seines Freundeskreises, andererseits der Ereignisse und Zeitumstände, wie sie die Freunde durch Presse und Berichte erfuhren, mit dieser ungewohnten Vorstellung versöhnen, Hölderlin – und nicht nur er – habe sich zur Stiftung einer neuen Religion berufen gefühlt.9

Vor den Augen, vor den Händen, vor dem Denken dieser Generation der jungen Stiftler lag auf einmal die Welt offen da; und das war, wenn man es so nennen will, die *Offenbarung;* das war die Revolution. Die Revolution ist Offen-barung, und umgekehrt. Der Begriff des »Offenen« wird später in Hölderlins Dichtung eine bedeutende Rolle spielen; er kommt etwa zwanzigmal vor in der Lyrik nach 1800: das »Offene« enthält an sich schon den Inbegriff des Revolutionären, nämlich, daß die Welt nicht mehr als ein Abgeschlossenes, sondern als ein Offenes erscheint; ein Augenblick, wo plötzlich alles möglich ist oder möglich scheint, was sonst unmöglich war.

Der *Hymne an die Menschheit,* die in Tübingen im November 1791, etwa gleichzeitig mit dem Gedicht *Kanton Schweiz* entstand, stellt Hölderlin einen Spruch Rousseaus voran, der den zündenden Funken der Revolution enthält: »les bornes du possible dans les choses morales sont moins étroites que nous ne pensons. Ce sont nos faiblesses, nos vices, nos préjugés qui les rétrécissent. Les âmes basses ne croient point aux grands hommes: de vils esclaves sourient d'un air moqueur à ce mot de liberté.« (Die Grenzen des Möglichen in der moralischen Welt sind weniger eng, als wir meinen. Unsere Schwachheiten nur, unsere Laster, unsere Vorurteile ziehen sie zusammen. Die niedren Seelen glauben nicht an große Männer: gemeine Sklaven lächeln mit spöttischer Miene bei dem Worte Freiheit.)

Vor diesen Jünglingen in Tübingen öffnet sich die Zukunft als der Raum des Möglichen, als die Dimension des freien Denkens und Handelns. Eine Zukunft, die besser sein soll als das Bestehende. Das ist schon an sich Revolution, daß – wenigstens einigen – das Unmögliche plötzlich als möglich erscheint; daß, wo die Weisheit sagte: »das kann man nicht«, einer kommt und fragt: »warum denn nicht?«

So war die französische Republik unter den Augen der Stiftler entstanden: wenige Tage vor ihrer Proklamation dachte in Frankreich nur eine verschwindende Minorität, ein großer Staat könne ohne einen König auskommen. Nicht einmal die Jakobiner hatten es geglaubt.

Nichts anderes sagte der Revolutionär Che Guevara: »die Revolution, das ist, wenn das Außerordentliche gewöhnlich wird.«[10] Nichts anderes sagt auch Hölderlins spätere Abhandlung über »das untergehende Vaterland« (man lese: »die Revolution«): »Im Zustande zwischen Sein und Nichtsein wird [...] überall das Mögliche real, [...] ein furchtbarer, aber göttlicher Traum.«[11]

Die Grenzen des Möglichen in der moralischen Welt sind weniger eng als wir meinen. Hölderlin als Begründer einer Neuen Religion, als Religionsstifter – warum nicht? Hölderlin und Hegel waren nicht nur mit der Tübinger Theologie, sondern auch mit dem christlichen Dogma zerfallen. Eine neue Zeit brach an. Neue Menschen würden eine neue Religion brauchen. Wer sollte sie gestalten? Wessen Aufgabe, wessen Berufung sollte es sein? Hölderlin antwortet: es ist Beruf des Dichters; und Hegel: des Philosophen. Beide, jeder auf die ihm eigene Art, denken und tun dasselbe.

Ihre Propheten dieses »Reiches Gottes« heißen Heraklit, Spinoza, Rousseau[12] und Kant. Aus der Zeit 1790–1794 sind Briefe von Ephorus Schnurrer und von Stiftsrepetenten erhalten, die vom Leben und Treiben im Stift Kunde geben. Mit fast chronikartiger Genauigkeit berichten die Briefe von der erregenden Wirkung, die die beiden größten Ereignisse der Zeit, die Französische Revolution und die Kantische Philosophie, in den Köpfen der jungen Stiftler ausübten. So schreibt der im Kreise der Stiftler als Kantischer *Enragé* verschriene Diez, daß er mit einigen Stipendiaten (darunter Hölderlin und Hegel) in den seligen Gefilden der Befreiung von allem Aberglauben und Phantasterei wandle. In seiner Kantomanie habe sich Diez zu so entehrenden Äußerungen hinreißen lassen,wie dieser: »Kant sei der verheißne Messias, der Weltbeglücker – Jesus hingegen ein Betrüger.«[13]

Im Neujahrsbrief vom 1. Januar 1799 an den Bruder schreibt Hölderlin: »Kant ist der Moses unserer Nation, der sie aus der ägyptischen Erschlaffung in die freie einsame Wüste seiner Speculation führt, und der das energische Gesetz vom heiligen Berge bringt. Freilich tanzen sie noch immer um ihre güldenen Kälber, und hungern nach ihren Fleischtöpfen [. . .]. Von der andern Seite muß die politische Lectüre eben so günstig wirken, besonders, wenn die Phänomene unserer Zeit in einer kräftigen und sachkundigen Darstellung vor das Auge gebracht werden.«[14]

Der erste Brief Hölderlins an Hegel, der uns überliefert ist, beginnt folgendermaßen: »Waltershausen bei Meiningen d. 10. Juli 1794. Lieber Bruder! Ich bin gewiß, daß Du indessen zuweilen meiner gedachtest, seit wir mit der Losung – Reich Gottes! von einander schieden. An dieser Losung würden wir uns nach jeder Metamorphose, wie ich glaube, wiedererkennen.«[15] Ende Januar 1795 schreibt Hegel an Schelling: »(Hölderlins) Interesse für weltbürgerliche Ideen nimmt, wie mir scheint, immer mehr zu. Das Reich Gottes komme, und unsre Hände seien nicht müßig im Schoße!«[16] Der Brief schließt: »Vernunft und Freiheit bleiben unsre Losung, und unser Vereinigungspunkt die unsichtbare Kirche.«

Mit Recht vergleicht Adolf Beck[17] diese Stelle mit einer anderen in einem späteren Brief an Ebel[18]: »Sie wissen, die Geister müssen überall sich mitteilen, wo nur ein lebendiger Othem sich regt, sich vereinigen mit allem, was nicht ausgestoßen werden muß, damit aus dieser Vereinigung, aus dieser unsichtbaren streitenden Kirche das große Kind der Zeit, der Tag aller Tage hervorgehe, den der Mann meiner Seele, (ein Apostel, den seine jetzigen Nachbeter so wenig verstehen, als sich selber) die *Zukunft des Herrn* nennt.«[19]

Auch vergleicht Adolf Beck die genannte Stelle mit Hyperions begeistertem Gespräch mit Alabanda[20], wo das Gottesreich selbst die neue Kirche ist, »die Lieblingin der Zeit, die jüngste, schönste Tochter der Zeit [...] (die) hervorgehen wird aus diesen befleckten veralteten Formen«. Schon in dem in Tübingen Anfang September 1792 geschriebenen Brief an den Bruder[21] hatte Hölderlin von dem »heiligen Ziel« seiner Wünsche gesprochen, der »Bildung und Besserung des Menschengeschlechts«. Die Freiheit werde einmal kommen, und dieses Wirken werde besser gedeihen »in der Freiheit *heiligem* erwärmenden Lichte«.[22] – Warum sollte man das von Hölderlin ausgesprochene »heilig« nicht wörtlich nehmen?

Adolf Beck macht auf den Zusammenhang aufmerksam mit den Stellen aus dem *Hyperion,* wo sich der grundlegende Gedanke Hölderlins ausdrückt, die ersehnte Erneuerung der Welt und der Menschheit werde vorbereitet durch eine Art Keimzellen: im »stillen« Wirken »Einzelner« und »Weniger«. Diese »Wenigen« aber »erkennen [...] sich und Eins sind sie, denn es ist Eines in ihnen, und von diesen, diesen beginnt das zweite Lebensalter der Welt«.[23]

Wie sollte die Neue Religion aussehen?

Ich bin geneigt anzunehmen, daß in Hölderlins bewußter Absicht der Roman *Hyperion* das neue Glaubensbekenntnis, das moderne Evangelium, das in erzählender Form vorgetragene Manifest der Neuen Religion ist.[24] Um das verständlich zu machen, wollen wir zuerst zwei Schriften in Betracht ziehen, die deutlich darstellen, was Hölderlin unter »Religion« versteht.

Es gibt eine Abhandlung Hölderlins, die bis jetzt schwer datierbar ist. Im Manuskript trägt sie keinen Titel, heute ist sie unter dem ihr von den Herausgebern zugewiesenen Titel *Über Religion* bekannt. »Dieser Aufsatz beginnt in einer für den Leser stilisierten Briefform, geht dann aber in ein komplexeres

Gedankenprogramm über«, sagt Adolf Beck.[25] Wir möchten den Versuch unternehmen, den (eigentlich sehr einfachen, deutlichen und unmißverständlichen) Zusammenhang von Hölderlins Denken, seine Definition der Religion, überhaupt mit seinen eigenen Worten, zu rekonstruieren:

»Du fragst mich, warum sich die Menschen eine Idee oder ein Bild machen müssen von ihrem Geschick, von dem höheren, mehr als mechanischen Zusammenhang, der ihnen ihr heiligstes ist, in dem sie sich vereinigt fühlen. So fragst du mich, und ich kann dir nur so viel antworten: Dieser höhere Zusammenhang kann nicht bloß in Gedanken wiederholt werden. Erst in einer lebendigeren Beziehung kann der Mensch erfahren, daß mehr als Maschinengang, daß ein Geist, ein Gott ist in der Welt.«

(Es folgt eine Kritik an denjenigen, die aus einem dienstbaren Gedächtnis oder aus Profession von einer Gottheit reden, die Priester und Berufstheologen.) »Und jeder hätte demnach seinen eigenen Gott, insoferne jeder seine eigene Sphäre hat, in der er wirkt und die er erfährt. Und nur insoferne mehrere Menschen eine gemeinschaftliche Sphäre haben, [...] haben sie eine gemeinschaftliche Gottheit. Und wenn es eine Sphäre gibt, in der alle zugleich leben, [...] dann, aber auch nur insoferne, haben sie alle eine gemeinschaftliche Gottheit.«

(Dann empfiehlt Hölderlin die Toleranz und Freiheit des Glaubens:) Wie einer die beschränkte aber reine Lebensweise des anderen billigen kann, so kann er auch die beschränkte aber reine Vorstellungsweise billigen, die der andere vom Göttlichen hat. Es ist Bedürfnis der Menschen, so lange sie nicht gekränkt und geärgert, nicht gedrückt und nicht empört in gerechtem oder ungerechtem Kampfe begriffen sind, ihre verschiedenen Vorstellungsarten von Göttlichem zusammenzubringen und sich einander zuzugesellen. Ihre Freiheit ist in einem harmonischen Ganzen von verschiedenen Vorstellungsarten und Lebensweisen begriffen. Die religiösen Verhältnisse sind weder intellectuell noch historisch, sondern intellectuell-historisch, d. h. *mythisch* vorzustellen.

»So wäre alle Religion ihrem Wesen nach poetisch. Hier kann nun noch gesprochen werden über die Vereinigung mehrerer zu einer Religion, wo jeder seinen Gott und alle einen gemeinschaftlichen in dichterischen Vorstellungen ehren, wo jeder sein

höheres Leben, die Feier des Lebens mythisch feiert. Ferner könnte noch gesprochen werden von Religionsstiftern, und von Priestern, was sie aus diesem Gesichtspunkte sind; jene, die Religionsstifter (wenn es nicht die Väter einer Familie sind, die das Geschäft und Geschick derselben forterbt), wenn sie einem . . .« Hier bricht das Manuskript ab. Das nächste Blatt, das in der Überlieferung fehlt, wäre für Hölderlins Auffassung von den Religionsstiftern sicherlich sehr aufschlußreich gewesen. Daß die Problematik der Religionsstiftung und der Religionsstifter, was sie sind und was sie sein sollen, Hölderlin beschäftigt, ist an sich schon kennzeichnend genug.[26]
Ganz ähnliche Klänge und Gedankengänge findet man in einem Entwurf, dem die Herausgeber den irreführenden Titel *Das älteste Systemprogramm des deutschen Idealismus* gegeben haben.
Nach Friedrich Beißners Darstellung[27] ist der Text, dessen Anfang (vermutlich die erste Hälfte) verloren ist, in Hegels Handschrift überliefert und von Schelling formuliert, doch weitgehend von Hölderlin angeregt. Deswegen wird der Text in den Ausgaben hölderlinischer Texte im Anhang übernommen. In diesem »ungemein wichtigen Dokument« handelt es sich »um das Programm eines philosophischen Lebenswerkes« (Friedrich Beißner). Viel mehr als nur darum, handelt es sich dabei um die Gründung einer neuen Religion und einer neuen Kirche, etwa was die Tübinger Stiftler mit der Losung »Reich Gottes!« meinten.
Chronologisch betrachtet: Von Januar bis August 1795 arbeitete Hölderlin an einer Fassung seines Romans, die unter dem Titel *Hyperions Jugend* bekannt ist. Mit der Reinschrift fing er im April 1795 an, also unmittelbar vor der Begegnung mit Schelling. Beide Texte, das *Systemprogramm* und *Hyperions Jugend* stehen unter demselben Zeichen. In der Zeit zwischen dem 21. Juli 1795 und April 1796 haben sich Hölderlin und Schelling dreimal getroffen. In diese Zeitspanne fällt also die von Hölderlin an Schelling weitergegebene Inspiration, deren Niederschlag eben das *älteste Systemprogramm* gewesen ist. Aus diesem Text hier einige wenige für unseren Zweck relevante Auszüge.
»Nur was Gegenstand der Freiheit ist, heißt Idee. Wir müssen also auch über den Staat hinaus! [. . .] (er soll) aufhören. Zu-

gleich will ich hier die Principien für eine Geschichte der Menschheit niederlegen, und das ganze elende Menschenwerk von Staat, Verfassung, Regierung, Gesetzgebung – bis auf die Haut entblößen. Endlich kommen die Ideen von einer moralischen Welt, Gottheit, Unsterblichkeit – Umsturz alles Afterglaubens, Verfolgung des Priestertums, das neuerdings Vernunft heuchelt, durch die Vernunft selbst. – Absolute Freiheit der Geister, die die intellektuelle Welt in sich tragen, und weder Gott noch Unsterblichkeit außer sich suchen dürfen.

Zuletzt die Idee, die alle vereinigt, die Idee der Schönheit [...]. Der Philosoph muß eben so viel ästhetische Kraft besitzen, als der Dichter [...]. Die Poesie bekommt dadurch eine höhere Würde, sie wird am Ende wieder, was sie am Anfang war – Lehrerin der Menschheit; denn es gibt keine Philosophie, keine Geschichte mehr, die Dichtkunst allein wird alle übrigen Wissenschaften und Künste überleben.

Zu gleicher Zeit hören wir oft, der große Haufen müsse eine sinnliche Religion haben. Nicht nur der große Haufen, auch der Philosoph bedarf ihrer. Monotheismus der Vernunft und des Herzens, Polytheismus der Einbildungskraft und der Kunst, dies ist's, was wir bedürfen!

Zuerst werde ich hier von einer Idee sprechen, die soviel ich weiß, noch in keines Menschen Sinn gekommen ist – wir müssen eine neue Mythologie haben, diese Mythologie aber muß im Dienste der Ideen stehen, sie muß eine Mythologie der Vernunft werden. Ehe wir die Ideen ästhetisch, d. h. mythologisch machen, haben sie für das Volk kein Interesse, und umgekehrt: ehe die Mythologie vernünftig ist, muß sich der Philosoph ihrer schämen. So müssen endlich Aufgeklärte und Unaufgeklärte sich die Hand reichen, die Mythologie muß philosophisch werden, um das Volk vernünftig, und die Philosophie muß mythologisch werden, um die Philosophen sinnlich zu machen. Dann herrscht ewige Einheit unter uns. Nimmer der verachtende Blick, nimmer das blinde Zittern des Volks vor seinen Weisen und Priestern. Dann erst erwartet uns gleiche Ausbildung aller Kräfte, des Einzelnen sowohl als aller Individuen. Keine Kraft wird mehr unterdrückt werden, dann herrscht allgemeine Freiheit und Gleichheit der Geister! Ein höherer Geist, vom Himmel gesandt, muß diese neue Religion unter uns stiften, sie wird das letzte, größte Werk der Menschheit sein.«[28]

»Eine neue Religion stiften« – Da ist das Wort gesprochen. Wer sind die Religionsstifter? Wen trifft die Aufgabe, als Religionsstifter aufzutreten? Wer ist der »höhere Geist«? »Bist du der Mann?«[29] In den Monaten, die der Begegnung Schellings und Hölderlins unmittelbar vorangehen, schrieb Hölderlin (im Frühjahr 1795) an einer Fassung seines Romans, die unter dem Titel *Hyperions Jugend* überliefert wurde. Eine Stelle aus dem fünften Kapitel hat ebenfalls einen ausgesprochen programm-mäßigen Charakter: den Charakter eines Manifests der Neuen, der Poetischen Religion.[30] Die Botschaft, das »Evangil«, die »Predigt« wird der Griechin Diotima in den Mund gelegt, dem »*heiligen* Mädchen«:

»Ich trage ein Bild der Geselligkeit in der Seele; guter Gott! wie viel schöner ists nach diesem Bilde, zusammen zu seyn, als einsam! Wenn man nur solcher Dinge sich freute, denk' ich oft, nur solcher, die jedem Menschenherzen lieb und teuer sind, wenn das Heilige, das in allen ist, sich mittheilte durch Rede und Bild und Gesang, wenn in Einer Wahrheit sich alle Gemü-ther vereinigten, in Einer Schönheit sich alle wiedererkennten, ach! wenn man so Hand in Hand hinaneilte in die Arme des Unendlichen –

O Diotima, rief ich, wenn ich wüßte, wo sie wäre, diese gött-liche Gemeinde, noch heute wollt' ich den Wanderstab ergrei-fen, mit Adlerseile wollt' ich mich flüchten in die Heimath unsers Herzens!

Oft leb' ich unter ihr im Geiste, fuhr Diotima fort, und mir ist, als wär' ich ferne in einer andern Welt, und ich entbehre der gegenwärtigen so leicht; – wir singen andre Lieder, wir feiern neue Feste, die Feste der Heiligen in allen Zeiten und Orten, der Heroën des Morgen- und Abendlands; da wählt jedes einen aus, der seinem Herzen, seinem Leben am nächsten ist, und nennt ihn, und der herrliche Todte tritt mitten unter uns in der Glorie seiner Thaten, auch wer, geschäftig am stil-len Heerde, mit reinem Sinne das seine that, wird nie von uns vergessen, und Kronen blühn für jede Tugend; und wenn auf unsern Wiesen die goldne Blume glänzt, in seiner bläulichen Blüthe das Ährenfeld uns umrauscht, und am heißen Berge die Traube schwillt, dann freun wir uns der lieben Erde, daß sie noch immer ihr friedlich schönes Leben lebt, und die sie bauen, singen von ihr, wie von einer freundlichen Gespielin;

auch sie lieben wir alle, die Ewigjugendliche, die Mutter des Frühlings, willkommen, herrliche Schwester! rufen wir aus der Fülle unsers Herzens, wenn sie herauf kömmt zu unsern Freuden, die Geliebte, die Sonne des Himmels; doch ists nicht möglich, ihrer allein zu denken! Der Aether, der uns umfängt, ist er nicht das Ebenbild unsers Geistes, der reine, unsterbliche? und der Geist des Wassers, wenn er unsern Jünglingen in der heiligen Wooge begegnet, spielt er nicht die Melodie ihres Herzens? Er ist ja wohl eines Festes werth, der seelige Friede mit allem, was da ist! – Den Einen, dem wir huldigen, nennen wir nicht; ob er gleich uns nah ist, wie wir uns selbst sind, wir sprechen ihn nicht aus. Ihn feiert kein Tag; kein Tempel ist ihm angemessen; der Einklang unserer Geister, und ihr unendlich Wachstum feiert ihn allein.

Es ist mir unmöglich, die Begeisterung des heiligen Mädchens nachzusprechen.«[31]

Handelt es sich hierbei um Hirngespinste jugendlicher Geistlicher, um die Herzensergießungen schwärmerischer, der Galeere der Tübinger Theologie entlaufener schwäbischer Pfarrer? Handelt es sich vielleicht um ein rein philosophisches Vorhaben, dessen Endziel ein Lehrstuhl in Jena gewesen wäre? Oder bedeutet das, was hier vorliegt, nicht vielmehr die bewußte Absicht – und das ist unsere These – eine Neue Religion zu stiften; eine neue Religion, welche die »zweite Phase« der Geschichte der Menschheit einleiten sollte, nämlich eine Phase des Friedens und der Freiheit, die Zeit einer schöneren Gemeinschaft, einer regenerierten Menschheit. *Hyperion*, ein Neues Evangelium?

Das Modell des Christlichen schwebt immer noch vor; wer soll dann der Sohn Gottes sein, der Versöhnende, wer ist Cäsar, wer sind die Apostel, wer sind die Propheten, wer ist der Täufer, der das heranbrechende Reich Gottes verkündet? Ist nicht der Dreischritt der Hegelschen Dialektik als eine Abwandlung der christlichen Dreieinigkeit aufzufassen?[32]

Wenn man versucht sein sollte, die Sache nicht ernst zu nehmen und sie als Schwärmerei oder literarische Angelegenheit abzutun, so dürfen wir vielleicht darauf aufmerksam machen, daß die Neue Religion (in ihrer philosophischen, nicht in ihrer poetischen Form) sich doch weiter entwickelt hat: daß sie von Hegel überliefert, von Marx interpretiert, heute nicht mehr als poetische, nicht mehr als philosophische, sondern als politische Religion die Religion eines beträchtlichen Teils der Menschheit ist und viel mehr Anhänger hat, als alle christlichen Sekten zusammen.

Ob die »Neue Kirche« dem Evangelium der von Hölderlin und Hegel gestifteten Neuen Religion treu blieb, ist eine andere Sache. Es gehört zur Geschichte der Kirchen, daß sie ihrem Evangelium nur von ferne entsprechen. Doch hier ist die Quelle immer lebendig und der Weg zu ihr nicht versperrt. Auch da ist eine Neue Reformation immer noch möglich.

Wie dem auch sei: wer Hölderlins Werk als bloßes literarisches Phänomen bewertet, geht an ihm vorbei; es sei denn, daß ihm die Bücher Moses und das Evangelium Johannis ebenfalls »Literatur« sind. Dann war auch Jesus ein Dichter; sollte das nicht der Sinn von Hölderlins so oft zitiertem Vers sein: »Was bleibet aber, stiften die Dichter.«[33]

Doch was kann unseren Tübinger Stiftlern den Anstoß gegeben haben, eine Neue, eine Poetische Religion zu stiften? Die Antwort ist denkbar einfach: in den ersten Jahren der Revolution war in Frankreich »die Neue Religion« das Tagesgespräch; die französischen Zeitungen waren voll davon.

Gleich in den Anfängen der Revolution hatte es Mirabeau, ihr Prophet, ausgesprochen: »Ohne eine durchgreifende Entchristianisierung werdet ihr zu nichts kommen.« Mit Rebmanns Worten: »Die Nation hat sehr nötig, die katholische Religion mit der Wurzel auszurotten.« Also hieß es, gegen die Wurzel angehen. Einiges hatte man schon rationalisiert: statt der alten Provinzen gab es die neuen Départements, statt der höflichen Anrede »Monsieur« das egalitäre »Citoyen«, statt der alten Maße das Dezimalsystem. Noch blieb die Zeitrechnung ein Hort der katholischen Kirche. Hier mußte etwas geschehen. Zwei Tage nach Valmy beschloß der eben zusammengetretene Konvent, von nun an die Staatsakten vom Ersten Jahr der Republik zu datieren. So war implizite die Republik proklamiert worden. Damit war eine neue Ära angebrochen. Man rechnete nicht mehr nach *Anno Christi* oder *Anno Domini*, sondern nach *An I de la République Française*. 1793 wurde der Kalender reformiert. Zuerst wurde der Plan des Mathematikers Romme angenommen, ein äußerst nüchterner, spartanischer Plan. Die Monate erhielten abstrakte Namen: *Egalité*,

Justice (Gleichheit, Gerechtigkeit). Auch die Tage wurden egalitär behandelt, sie trugen keine Heiligennamen mehr, die zu einem Götzenkult Anlaß geben konnten, sondern wurden nur noch nach Zahlen berechnet. Auch die Wochen, eine Institution Moses, wurden abgeschafft und durch die Dekade ersetzt. Es gab keinen von Gott geheiligten Siebenten Tag mehr; Feiertag war der Zehnte Tag, der *Décadi*.

Dem Konvent schien es bald notwendig, etwas mehr Poesie in den republikanischen Kalender einzuführen, um mit dem bunten katholischen Kalender konkurrieren zu können. Die Monate wurden nach einem Vorschlag des Dichters Fabre d'Eglantine umbenannt und erhielten Namen, abgeleitet vom Wetter oder von der Bodenbestellung, wie *Prairial, Fructidor, Vendémiaire, Pluviôse*, die eine Art Handbuch des Landmannes bildeten im Stil von Hesiods *Werken und Tagen.* So sollte das Leben der Menschen, des arbeitenden Volks (95% waren Bauern) mit dem Leben der Natur verbunden werden und der Kalender das Lob der Jahreszeiten und des menschlichen Fleißes singen.

Der unglückliche Fabre d'Eglantine sollte nur vier Monate seines Kalenders erleben. Im Monat *Germinal* wurde er verhaftet, im Monat *Pluviôse* stieg er auf die Guillotine.

Die Änderung des Kalenders war ein Ereignis von ungeheurer Tragweite. Bis zur Stiftung der Republik war die Einteilung der Zeit eine Sache der Religion und der Kirche gewesen. Der neue Kalender bedeutete nichts weniger als einen Aspekt des Religionswechsels, die Säkularisierung der Zeitmessung, den Übergang zur *religion naturelle*.

Auf religiösem Gebiet hatte die Revolution mit einer Allianz zwischen der althergebrachten Religion der Kirche und der neuen Religion des Vaterlandes begonnen. Aber diese Verbindung war nicht von Dauer. Nach dem Scheitern des Versuchs einer revolutionsfreundlichen »konstitutionellen« katholischen Kirche, dann nach dem Untergang der Girondisten, versuchten die Revolutionäre für die traditionelle Kirche einen vollwertigen Ersatz zu liefern. Da der katholische Klerus an der Vaterländischen Religion nicht teilnahm, übernahm die Regierung die Religionsausübung. Ohne Klerus betete man zu Gott und feierte große Feste. Auf diese Weise setzte sich der revolutionäre Kult als Erbe an die Stelle der untergegangenen Kirche.

Der revolutionäre Kult des Vaterlandes und der Vernunft blieb als einziger in der von der Bergpartei beherrschten Republik bestehen. Die Mehrheit der damaligen Menschen konnte sich einen Staat ohne religiösen Kult gar nicht vorstellen. Das vaterländische Zeremoniell besaß schon eine eigene Tradition, Symbole, Riten und Gesänge (zum Teil von freimaurerischen Symbolen inspiriert): den Altar des Vaterlands, den Baum der Freiheit, die Trikolore, den Tisch der Verfassung, die Säule der Menschenrechte, die geschleifte Bastille, die Mütze der Freiheit, das Rutenbündel der Einheit, die Waage der Gerechtigkeit, die zum Händedruck vereinigten Hände als Bild der Brüderlichkeit, und schließlich, das Volk darstellend, Herkules mit seiner Keule.[34] Es gab die Bezeugung von Ehrerbietung und Dankbarkeit für die Helden der Revolution: überall im Land ihre Büsten, das Pantheon für ihre sterblichen Hüllen, die vielen Gedächtnisfeiern.

Der Altar des Vaterlandes wurde von einem Felsen geformt, der die Bergpartei darstellte; man sprach ganz geläufig von der *heiligen* Bergpartei. Die amtliche Sprache wurde mehr und mehr mit religiösen Ausdrücken durchsetzt: »die heilige Gleichheit«, »die heilige Freiheit«, »die geheiligten Menschenrechte«. Brutus stand in Ehren. Er war der klassische Vorläufer, aber neue Helden erschienen. Man vergöttlichte Marat und betete ihn an Stelle katholischer Heiligen, ja sogar an Stelle von Christus selber an.

Marat war am 13. Juli 1793 von Charlotte Corday ermordet worden. Am 16. wohnte ganz Paris dem feierlichen Leichenbegängnis bei, das David organisiert hatte: der Leichnam, unbedeckt auf einem Bett liegend, wurde von zehn bis zum Gürtel nackten Männern getragen. Die Cordeliers (Franziskaner) weihten mit großem Pomp im Garten ihres Klosters sein Grab in Form eines antiken Tempels und in ihrer Kapelle den Altar mit der Urne, die das Herz des Helden umschloß.

Die religiöse Verehrung Marats überlebte den Terror. Sie hatte sich auch in der Provinz verbreitet, wo man Zeremonien vor der Büste oder dem Gedenkstein des Märtyrers abhielt. Bei einer dieser Feiern wurde in Straßburg zum ersten Mal die *Marseillaise* in der Öffentlichkeit gesungen. In einem benachbarten Dorf, in Schiltigheim, hieß ein Redner es gut, daß man »Marat mit dem Sohn Mariens verglichen habe. [...] Marat liebte, wie Jesus, mit Inbrunst das Volk und liebte niemanden sonst.«

Am 10. August 1793 leitete das patriotische Fest in Paris eine neue Etappe in der Entwicklung der Religion des Vaterlandes ein. Der frühere Oratorianer Fouché (später Chef der Polizei unter Napoleon) organisierte in der Kathedrale von Nevers eine Zeremonie zu Ehren von Brutus (22. September 1793). Zum ersten Mal behauptete sich so der revolutionäre Kult als siegreicher Gegner in einem von alters her dem Katholizismus geweihten Gebäude.

Marie Joseph Chénier legte dem Konvent ein Dekret zum Beschluß vor, daß Descartes, der Begründer des modernen Rationalismus, durch Überführung ins Pantheon zu ehren sei. Chaumette stellte den Antrag, dem Fest der Vernunft einen Platz im Kalender einzuräumen. Im Klub der Jakobiner machte er den Vorschlag, dieses Fest in Notre Dame abzuhalten an Stelle des abgeschafften katholischen Kults.

Am 10. November 1793 wurde die neue Religion offiziell eingeführt. Der Dichter Marie Joseph Chénier (Bruder des berühmteren André Chénier, der, weil er die alten Griechen verehrte und nachahmte, als »der französische Hölderlin« im Gedächtnis der Franzosen lebt) hatte die Texte der neuen Kantaten geschrieben, Gossec die Musik dazu komponiert. In zwei Tagen war im Chor des Doms Notre Dame ein Tempel der Philosophie gebaut worden, den Standbilder schmückten: die Weisen und die Väter der Revolution. Der Tempel stand auf einem Berg, auf einem Felsen brannte die Fackel der Wahrheit. Zwischen den Säulen nahm der Magistrat Platz. Zwei Reihen von jungen Mädchen in weißen Gewändern, mit Eichenlaub bekränzt, bildeten den einzigen Schmuck der Feier.

Man hatte darüber beraten, wie die Vernunft zu symbolisieren sei. Zunächst hatte man an ein Standbild gedacht. Doch wurde dagegen eingewendet, ein Bild könne an die Madonna erinnern und zu einem erneuten Götzendienst verleiten. Daher entschloß man sich zu einem lebendigen Bild, zu jedem Fest ein anderes, das also nicht zum Gegenstand von Aberglauben werden konnte. Für diese hehre Rolle wurde ein Mädchen ausgewählt, deren Sittenstrenge und keuscher Blick die Herzen mit ehrfürchtigen und reinen Gedanken erfüllen sollte.

Im weißen Gewand und himmelblauen Mantel trat die Vernunft aus dem Tempel der Philosophie hervor und nahm Platz auf einem mit Laub geschmückten Sessel. Mädchen stimmten eine Hymne an, die Vernunft stand wieder auf, schenkte den Anwesenden einen sanften Blick, ein sanftes Lächeln, dann schritt sie zum Fuß des Berges. Die Feierlichkeit in Notre Dame war zu Ende, – eine keusche, karge und langweilige Veranstaltung.

Am selben Tag war der Konvent gerade dabei, über die Einführung des Revolutionären Gerichts zu beraten, woraus später die sogenannte Schreckensherrschaft hervorgehen sollte. Mitten in der Beratung trat die Vernunft in den Saal mit ihrem unschuldigen Gefolge von kleinen weißgekleideten Mädchen. Die Beratung wurde unterbrochen. Der Präsident gab der Vernunft den Bruderkuß im Namen des Konvents. Die Anhänger Dantons stellten den Antrag, der Vernunft einen Gegenbesuch abzustatten. Wie von einem Willen beseelt, erhoben sich alle und begaben sich nach Notre Dame. Es war ein schöner heller Wintertag. Einen Augenblick lang schien Einträchtigkeit aufzuleuchten. Viele nahmen freudigen Herzens am Fest teil, weil sie glaubten, der wahren Erfüllung aller Zeiten beizuwohnen. Clootz formulierte den Gedanken aller: »Zwietracht, Hader und Sektenwesen verblassen vor der Einheit und Unteilbarkeit der Vernunft.« Der Mathematiker und Stoiker Romme bestand darauf, daß der Vernunft auch ein drittes Prädikat beigesellt werde, das der Unwandelbarkeit. Der Bischof Grégoire fragte ihn: »Willst du denn die Ewigkeit dekretieren?« »Gewiß«, lautete die Antwort.

Am 16. November 1793 beschloß der Konvent, daß »alle Gebäude, die dem Kult und dem Wohnen der Priester dienten, als Armenasyle oder Stätten des öffentlichen Unterrichts zu dienen hätten«. Die stillschweigende Folge für den Katholizismus war, daß er vom öffentlichen Kult grundsätzlich ausgeschlossen wurde.

Die große Bewegung, welche die patriotische Begeisterung in religiöse Bahnen lenkte, wurde in der Provinz propagiert und stürmisch begrüßt. Allerorts wurden die Kirchen in Tempel der Vernunft umgewandelt. Im November 1793 riefen die Vertreter der Nation im Konvent: »Wir wollen keinen anderen Kult als den der Vernunft, der Freiheit und der Republik!« Wie aus einem Munde erscholl die Antwort: »Wir schwören es!«

Ein Kind trat vor und bat den Konvent, einen republikanischen Katechismus anfertigen zu lassen.

Mit der Präsidentenschaft von Clootz im Klub der Jakobiner und von Romme im Konvent hatten die beiden Körperschaften die bedeutendsten Begründer des Neuen Kults an ihre Spitze gestellt. Der deutsche Philosoph Clootz, den die Gesellschaft der Jakobiner zum Präsidenten gewählt hatte, von dem man tuschelte, er sei ein preußischer Baron und verfüge über ein Einkommen von hunderttausend Pfund (eine damals gefährliche Verleumdung), war ein guter und friedfertiger Mensch, ein Pantheist und Rationalist, der die Menschheit liebte. Mit Rührung sprach er von »unserem Herrn und Heiland, dem Menschengeschlecht«. Er sagte: »In Paris ist das wahre Rom, der Vatikan der Vernunft.« Clootz hatte den Vornamen Anacharsis angenommen, vom berühmten Roman des Abbé Barthélemy *Die Reisen des jungen Anacharsis,* ein griechischer Roman, 1788 erschienen, der dem *Hyperion* Hölderlins Modell stand.

Für die Idee des »culte de la raison« gewann Clootz einen Mann der Tat, den einfallsreichen und unermüdlichen Wortführer der Kommune, Anaxagoras Chaumette.

Doch gab es bald einen politischen Umschwung, der auch auf dem Gebiet des Religiösen Konsequenzen zeitigte. Unter den Anhängern der Neuen Religion vollzog sich eine Verschiebung vom atheistischen Kult der reinen öffentlichen Vernunft in Richtung auf eine deistische Auffassung: dem Kult des Höchsten Wesens.

Robespierre war, als Anhänger Rousseaus, Deist. Als er die Situation einmal beherrschte, gewann auch die religiöse Tendenz, die er vertrat, die Überhand. Gegen den Willen von Clootz und Romme setzte er die Freiheit der Religionsausübung durch. Damit konnte sich aber auch die katholische Kirche auf das Gesetz berufen, um die eigene Position zu verteidigen.

Am 6. April, einen Tag nach der Hinrichtung Dantons, kündigte Couthon ein nahe bevorstehendes Fest des Ewigen an. Am 14. April, einen Tag nach der Hinrichtung Chaumettes, ordnete der Konvent an, Rousseau, den Apostel der Natur, des Deismus und der Staatsreligion, durch Überführung ins Pantheon zu ehren. Am 7. Mai 1794 legte Robespierre der Nationalversammlung im Namen des Wohlfahrtsausschusses seinen berühmt gewordenen Bericht über *»die Beziehungen zwischen den religiösen und moralischen Ideen und den Grundlagen der Republik und über die Nationalen Feiertage«* vor. Hier einige Auszüge:

»Selbst wenn die Existenz Gottes und die Unsterblichkeit der Seele nur Träume wären, so wären sie dennoch die schönste Erfindung des menschlichen Geistes. [...] In den Augen des Gesetzgebers ist alles das Wahrheit, was der Welt nützt und im praktischen Leben brauchbar ist. Die Idee eines Höchsten Wesens und der Unsterblichkeit der Seele ist eine unaufhörliche Mahnung zur Gerechtigkeit. Sie ist daher der Gesellschaft förderlich und republikanisch. [...] Fanatiker, setzt Eure Hoffnung nicht auf uns! Denn den Menschen die reine Verehrung des Höchsten Wesens ins Gedächtnis zurückrufen, heißt dem Fanatismus einen tödlichen Stoß versetzen. Alle Hirngespinste verschwinden vor der Wirklichkeit, alle Ausgeburten des Wahnsinns lösen sich auf vor der Vernunft. Ohne Zwang und ohne Verfolgung müssen sich alle Sekten von sich aus in der *allgemeinen Religion der Natur* zusammenfinden.[35] [...] Ihr ehrgeizigen Priester, erwartet also nicht von uns, daß wir uns dafür einsetzen, eure Herrschaft wieder herzustellen [...].«

Der Zentrist Boissy d'Anglas sagte, wenn man Robespierre höre, meine man »Orpheus zu hören, wie er den Menschen die ersten Grundlagen der Gesittung und der Moral lehrte« (was übrigens eine wörtliche Reminiszenz aus Rousseaus *Glaubensbekenntnis eines Vikars aus Savoyen* ist).[36]

Das Dekret, das am selben Tage verabschiedet wurde, verkündete in seinem ersten Artikel, daß »das französische Volk die Existenz Gottes und die Unsterblichkeit der Seele anerkennt«; es richtete außer den vier Feiertagen zum Gedächtnis der Revolution vom 14. Juli 1789, 10. August 1792, 21. Januar und 31. Mai 1793, 36 dekadische Feiertage ein, deren erster für den 20. Prairial (8. Juni 1794) angekündigt wurde und »dem Höchsten Wesen und der Natur« geweiht war. Die folgenden galten der Verehrung des Menschengeschlechts, des französischen Volkes, der Wohltäter der Menschheit, der Freiheit und der Gleichheit, der öffentlichen und privaten Tugenden, der Lebensalter, der Landwirtschaft und Industrie, der Ahnen, der Brüderlichkeit und des Glückes.

Am 4. Juni wurde Robespierre mit 485 Stimmen zum Präsidenten des Konvents gewählt – ein Ergebnis, das durch die hohe Zahl der abgegebenen Stimmen einmalig ist in der Geschichte des von der Bergpartei beherrschten Konvents. In seiner neuen Eigenschaft führte er den Vorsitz beim Fest des Höchsten Wesens, das am 20. Prairial an II in Paris stattfand. Es war der Pfingstsonntag. Das Fest war vom Wohlfahrtsausschuß sorgfältig vorbereitet worden. Ein in vielen Exemplaren verbreitetes Programm erklärte dem Volk, das Zuschauer und Darsteller in einer Person sein sollte, die Einzelheiten. Die Feierlichkeiten machten einen tiefen Eindruck. »Niemals wird man sich ohne Rührung dieses ewig berühmten Festes erinnern können; denn es war unmöglich ihm beizuwohnen, ohne bewegt zu sein«, sagten Augenzeugen.

Hier möchte ich Auszüge aus der Beschreibung Michelets einschalten, deren Pathos zum Stil der Zeit gehört: Kein Fest erweckte jemals so süße Erwartungen, kein Fest wurde jemals mit so großer Freude gefeiert. Am Abend des 19. Prairial wurde die Guillotine abgebaut; man dachte, es sei für immer. Der Plan des Festes war vom Maler David ausgearbeitet worden. Ein Meer von Blumen überschwemmte Paris. Rosen und allerlei Blumen wurden aus zwanzig Meilen in der Runde herbeigebracht, um Häuser und Menschen dieser Stadt von 700 000 Seelen zu bekränzen. Jedes Fenster hatte seine Girlande oder seinen Fahnenschmuck. Die Mütter waren mit Rosen geschmückt, die Jungfrauen mit den verschiedensten Blüten, die Männer mit Eichenlaub, und die Alten mit grünen Weinranken. Zwischen den beiden gewaltigen Reihen der Männer zur Linken und der Frauen zur Rechten ging der Stolz der Mütter, ihre Söhne, Kinder von 15 oder 16 Jahren, die voll Freude einen Säbel oder einen mit Zweigen geschmückten Spieß trugen.

Diese lebendigen Ströme von Menschen, diese Flüsse von Blumen flossen wie ein großes Meer in den Gärten der Tuilerien zusammen. Noch nie hatte ein so anmutiger Regenbogen unter einem Himmel von solchem Blau gelächelt. Vor dem düsteren Palast öffneten sich in einem rasch errichteten Säulengang geschwungene Laubengänge. In der Mitte stieg von der Erde bis zum Balkon unter der großen Uhr ein weiträumiges Amphitheater auf, in dem der Konvent Platz nahm. Oberhalb der

Sitzreihen war eine Tribüne. Mit einem großen Strauß Blumen und Ähren in der Hand stieg Robespierre die Stufen hinab und machte am ersten Brunnen halt, bei dem eine Gruppe von Ungeheuern aufragte: der Atheismus, der Egoismus, das Nichts usw. Robespierre steckte sie mit einer Fackel in Brand, und aus den in den Flammen verzehrten Figuren trat, von ihrem Schleier befreit, die Statue der Weisheit hervor.

In langen Zügen begab man sich zum Marsfeld, Robespierre als Präsident des Konvent an der Spitze.

Auf dem Marsfeld erhob sich ein symbolischer Berg, gerade groß genug, um außer dem Konvent und den Musikern auch noch 2500 Personen Platz zu bieten, die von den Sektionen entsandt waren. Mit der Trikolore gegürtet, sangen Mütter und Töchter, Väter und Söhne die Hymne auf das Höchste Wesen. Als sie beendet war, bot sich dem Auge einen Moment lang ein entzückender Anblick. Die Mädchen warfen Blumen in den Himmel, die Mütter hielten ihre kleinen Kinder in die Höhe, die jungen Männer zogen ihre Säbel und empfingen den Segen ihrer Väter. Die Kanonen donnerten. Das Volk sang die von Desorgues verfaßte und von Gossec komponierte Hymne, die es am Abend vorher in den Sektionen eingeübt hatte:

Vater des Weltalls, höchste Vernunft,
Du Wohltäter, den die blinden Sterblichen verkennen,
Du offenbartest den Dankbaren dein Sein,
Allein der Dank erbaute Dir Altäre.

Dein Tempel ist auf den Bergen, in den Lüften, über den
Wogen,
Du hast keine Vergangenheit, noch hast Du Zukunft,
Und ohne sie zu bewohnen, erfüllst Du die Welten,
Die Dich nicht fassen können.

Auf der Spitze des Berges stand Robespierre, der Konvent zu seinen Füßen. Doch unten grollte es. Die Namen »Brutus« und »Tarquinius« wurden laut, auch der Ruf: »Der Tarpejische Felsen ist nicht weit!« Aus der ärgerlichen Menge rief ein Sansculotte: »Der Lump! Er ist noch nicht damit zufrieden, der Herr zu sein, ein Gott ist er auch noch!«

Als Robespierre nach Hause kam, soll er gesagt haben: »Ich werde nicht mehr lange unter Euch weilen.«[37] Er bekam Briefe, die ihn »den erwarteten Messias« nannten; einige behaupteten, am Himmel »das Gestirn Robespierre« erkannt zu haben, geheime Sekten sprachen von einer »Regierung der Propheten«. Man munkelte von einem Brief der »Mutter Gottes«, der an Robespierre gerichtet war und ihn »den Sohn des Höchsten Wesens« nannte, »den Erlöser, den Messias«, den »Retter, der da kommen soll«.

Nach der Zuspitzung des Terrors wurde Robespierre am 9. Thermidor gestürzt und niedergeschossen, am Tag darauf geköpft. Das war am 27./28. Juli 1794, sechs Wochen nach der Feier des Höchsten Wesens, der er präsidiert hatte.

Die Feierlichkeiten der Revolution habe ich etwas ausführlich dargestellt, um dadurch deutlich zu machen einerseits, wie konkret fundiert Hölderlins Vorstellungen sind, andererseits, wodurch sie inspiriert sind. Über die Feierlichkeiten in Frankreich berichteten Zeitungen und Reisende; die Einbildungskraft des Dichters tat das übrige. Wenn er sagt:

Feiern möcht' ich; aber wofür? und singen mit Andern,
Aber so einsam fehlt jegliches Göttliche mir . . .[38]

wenn er seinen Ottmar der *Mutter Erde* sagen läßt:

Statt offner Gemeine sing' ich Gesang.
Doch wird ein anderes noch
Wie der Harfe Klang
Der Gesang sein
Der Chor des Volks . . .[39]

und:

Wenn zum Gesange nicht hätte ein Herz die Gemeinde . . .

und im *Empedokles* (erste Fassung):

Dann o ihr Genien der
Wandelnden Natur! dann ladet euch . . .
Das freie Volk zu seinen Festen ein . . .[40]

so sollte das nicht zuletzt im Kontext der Feierlichkeiten der französischen Republik verstanden werden, die ihm zumindest ein konkretes, anschauliches Modell darboten.[41]

Diese Feierlichkeiten bedeuteten den großartigen Versuch, die katholische Religion durch eine Neue Religion zu ersetzen: die Religion der Freiheit und der Vernunft, der Natur und des Vaterlandes. Wer das nicht versteht, muß die Dimension des historischen Phänomens verkennen.

Stendhal, der 1793 zehn Jahre alt war, schrieb ein halbes Jahrhundert später: »Der Leser stelle sich eindringlich vor Augen, daß wir im Jahre 1794 keine Religion kannten. Das ernste Gefühl unserer Herzen war ganz in dieser einen Idee versammelt, dem Vaterland zu dienen. Feste wurden gefeiert und zahlreiche ergreifende Zeremonien abgehalten, die dieses Gefühl nährten, das in unserem Herzen alles beherrschte. Es war unsere einzige Religion.«

Dieses Ideal der Jakobiner hat in Hölderlins Dichtung seinen verewigenden Ausdruck gefunden. In ihr ist es heute noch lebendiges Wort.

III. Die Schwäbische Republik

»Freiheit! wer das Wort versteht – es ist ein tiefes Wort, Diotima.«[1]

»Der neue Geisterbund kann in der Luft nicht leben, die heilige Theokratie des Schönen muß in einem Freistaat wohnen, und der will Platz auf Erden haben und diesen Platz erobern wir gewiß.«[2]

Als in Württemberg der Plan entstand, den Herzog zu stürzen und eine Schwäbische Republik zu gründen, war Hölderlin zumindest als Mitwisser daran beteiligt. In dieser Perspektive schrieb er den *Empedokles* (erste Fassung).

Am 9. Thermidor (27. Juli 1794) wurde Robespierre in Paris gestürzt. Es begann eine neue Phase der Revolution. Die Klimax war überschritten. Der Name *Thermidor* bedeutet bei den Historikern Reaktion, sie sprechen von der *réaction thermidorienne*. Das ist nur zum Teil richtig. Die Errungenschaften der Revolution wurden nicht in Frage gestellt, sondern befestigt. So wurde z. B. vom Konvent einerseits die Freiheit eines jeden Kultes, also auch des katholischen, andererseits aber die Trennung von Staat und Kirche, seither eine Charakteristik des französischen Systems, beschlossen.

Als auf den Konvent das Direktorium (Directoire) folgte, traten zwei neue Züge der politischen Weiterentwicklung auf: einerseits die Tendenz zur Radikalisierung: es entstand eine (allerdings zahlenmäßig unbedeutende) kommunistische Gruppe um Gracchus Babeuf; andererseits trat ein junger republikanischer Artillerieoffizier als starker Mann auf den Plan. Er war Korse und hieß Napoleon Buonaparte.

Die einzige Äußerung Hölderlins zu den Ereignissen des Thermidor ist nicht unbedeutend. Sie lautet, am Schluß eines Briefes an den Bruder: »Daß Robespierre den Kopf lassen mußte, scheint mir gerecht, und vielleicht von guten Folgen zu sein. Laß erst die Engel, die Menschlichkeit und den Frieden, kommen, was die Sache der Menschheit ist, gedeihet dann gewiß! Amen.«[3]

Seine Meinung ist wohl die der Girondisten, die er schon bei der Ermordung Marats ausgesprochen hatte: dies ist die Rache der Götter, die Nemesis. Doch er sagte Amen dazu, ein kleines Wort, so viel wie: so sei es, so ist es; auch wenn wir es vielleicht nicht begreifen, so liegt das an uns und unserer geistigen Unzulänglichkeit. Denn, um es mit Hegel zu formulieren: alles was ist, ist vernünftig. Doch wo ist hier die Vernunft der Geschichte? Die Beantwortung dieser Frage, die Hegels Lebenswerk werden sollte, wird auch zum Thema der »poetischen Reflexion« Hölderlins.[4]

Wie gestaltete sich damals, 1795–1799, die politische Lage im Südwesten Deutschlands? Die Revolution schickte sich an, sich in der Form des Krieges über Westeuropa auszubreiten. Im Schatten der französischen wurden neue Republiken gegründet: in Holland die Batavische, in der Schweiz die Helvetische Republik. Es hat nur wenig daran gefehlt, so wäre auch eine Schwäbische Republik entstanden, in der, meinen wir, Hölderlin bereit war, eine Rolle zu spielen. Es ist nicht einmal eine gewagte Behauptung – obwohl sie bis jetzt nicht gemacht wurde – zu sagen, daß er eine Zeitlang in der Perspektive der erhofften Schwäbischen Republik gedichtet hat, etwa bis zum 16. März 1799.

Eine Woche nach den Thermidor-Ereignissen schrieb Hölderlin aus Waltershausen an die Mutter, sie um »viele Neuigkeiten« bittend: »So manches unverdiente Leid mir getan wurde in meinem Vaterlande, so nehm' ich an allem, was daher kommt, doch immer den wärmsten Anteil.«[5] Wir folgen hier des öfteren – auch im Wortlaut – der Darstellung, die Heinrich Scheel von der Lage und den Ereignissen in Schwaben gibt.[6]

Die konterrevolutionäre Koalition der Fürsten hatte die französische Republik und die errungenen Freiheiten in Gefahr gebracht, zu gleicher Zeit, als auch die Konterrevolution im Innern, besonders in der Vendée, erstarkte. Nach außen und innen mußten die Führer der Revolution Front machen – gegen die Armeen des Herzogs von Braunschweig im Osten und gegen den Feind im eigenen Land. Wenn auch wohlmeinende Patrioten, so waren die Girondisten nicht die geeigneten Leute dazu; sie mußten beseitigt werden, um die Republik zu retten. Nur ihre Gegner, die Montagnards, besaßen die nötige Energie, um die Kräfte des französischen Volkes zusammenzuraffen und einem rücksichtslosen Feind Widerstand zu leisten.

Doch in Süddeutschland, und besonders in Württemberg,

unterstützten die Volksmassen den Interventionskrieg ihrer Fürsten nicht. Ein Flugblatt vom August 1794, das in Süddeutschland verbreitet wurde, faßt die Situation folgendermaßen zusammen: »Und im schlimmsten Fall, die Franzosen kämen, eroberten unser Land, und wir würden mit ihnen vereinigt: – wir würden alsdann an die Stelle der fürstlichen Souveränität die unserige setzen, Sklaverei mit Freiheit tauschen und künftig freier und glücklicher leben.«[7]

Im selben Monat August 1794 geschah in Ulm folgendes: der Magistrat ließ fünf Kanonen abtransportieren, die der schwäbische Kreis für den Reichskrieg angefordert hatte. Hierüber aufgebracht, versammelten sich Bürger an dem Tore, spannten ohne allen Tumult mit Gelassenheit und Entschlossenheit die Pferde ab und zogen die Kanonen selbst wieder in das Zeughaus zurück. Gegenüber dieser geschlossenen Front war der Magistrat machtlos. Es war ihm nicht einmal möglich, die Rädelsführer festzustellen. Die Vorgeladenen verweigerten jede Aussage, da sie gleichsam im Auftrag aller Bürger gehandelt hätten. In diesen Tagen erschien eine Flugschrift: *Freimütige Gedanken über die höchst notwendige Staatsverbesserung der freien Republik Ulm, von wahrheitsliebenden ulmischen Bürgern.*

In Ludwigsburg, der württembergischen Residenz, protestierte die gesamte Bürgerschaft energisch gegen die Aushebung. Justinus Kerner, der Sohn des Oberamtsmanns, der befehlsgemäß eine Rekrutenauswahl durchführte, erzählt: »die jungen Leute erschienen auf dem Rathause, aber mit ihnen auch die Väter und andere Bürger. Als nun mein Vater seine Obliegenheiten als Beamter der Regierung erfüllen wollte, kam es endlich zu einem persönlichen Losgehen auf ihn.« Der Bürger und Schlosserobermeister Johann Kaspar Boleg gab mit dem Ruf »Nichts gegen die Franzosen!« dem Widerstand eine Richtung, die weit über die bloße Abneigung gegen den Militärdienst hinauswies.

Der preußische Gesandte in Stuttgart, Madewein, berichtet am 24. August 1794 über die Situation im Württembergischen in den schwärzesten Farben: »Würde man nun gar von einer neuen Auswahl hören, die das Land immer in große Bewegung setzt, so bin ich versichert, daß an vielen Orten ein Aufstand entstehen würde, den die zehn- und zwölfhundert Mann, die der Herzog in Stuttgart und Ludwigsburg noch haben mag, gewiß nicht würden dämpfen können, zumal wenn man bedenkt, daß diese vor ungefähr sechs bis sieben Monaten selbst noch Bauern gewesen, die gegen ihre Verwandten wohl nicht einmal würden fechten wollen.«[8] Den kriegsgefangenen Franzosen leistete nicht selten die Bevölkerung Beihilfe zur Flucht nach Frankreich.

Der kaiserliche Hauptmann von Sigowsky hatte 328 französische Kriegsgefangene mit einer 41köpfigen Begleitmannschaft von Tirol nach Kehl zum Austausch zu bringen. Als er sich am 8. Dezember 1795 der württembergischen Stadt Ebingen (40 km von Tübingen; zu der Zeit hielt sich Hölderlin in Nürtingen auf) näherte, stürzten dem Transport »einige hundert erwachsene Kinder mit größtem Jubel entgegen, näher an der Stadt aber sogar einige Bürger, welche in die Reihen der Franzosen drangen, diese als lange Bekannte umhalsten, solche paarweise unter die Arme nahmen und auf solche Art frohlockend der Stadt zu auf den Platz, allwo bereits mehrere hundert Bürger, Weiber und noch mehr aber Kinder versammelt waren, eilten. Ich sah diesen zu auffallenden Jubel mit nicht gleichgültigen Augen und eilte vor, um den Transport in Ordnung zu stellen; aber es war vergebens, denn die Bürger drängten sich mit einer so auffallenden Vorliebe und Begierde in die Glieder herbei, daß sie gar nicht mit der Austeilung der Billets abwarteten, sondern einige riefen: Gebt mir nur Franzosen und keine Kaiserlichen! solche sodann paarweise unter die Arme nahmen und sagten: Das sind meine Brüder; der andere wieder: Das sind meine Kinder. Ich wollte dieser so ganz unerwarteten Schwärmerei durch die Gewalt der Gewehre meiner Kommandierten Einhalt tun, aber da wurde der Lärm noch größer, und ich wurde durch den unglaublichen Zulauf des Volkes so zusammengedrängt und überschrien, daß ich es mir mußte gefallen lassen, wie der meiste Teil der Bürger die Billets dem Quartiermeister aus der Hand riß oder gar nicht abwartete, seine Franzosen untern Arm nahm und davoneilte [. . .]. Meine Leute blieben allein auf dem Platz stehen und mußten ihre Quartiere selbst suchen.«

Wurden die Kaiserlichen denkbar schlecht verpflegt, so zechte man um so ausgiebiger mit den Franzosen, sang Freiheitslieder und brachte Hochs auf die Republik aus. Am nächsten Morgen mußte der Hauptmann aus mehr als 300 Quartieren seine Kriegsgefangenen mühsam wieder zusammenholen, die »wieder auf eine ziemliche Strecke Wegs von ihren guten Freunden begleitet und auf das zärtlichste beurlaubt wurden«.[9]

Der französische Gesandte in Basel, Barthélemy, schrieb am 2. Juli 1794 nach Paris: »Es kommen hier laufend französische Gefangene an, die aus Deutschland zu entweichen vermögen dank der Erleichterung, die ihnen die Bewohner des Landes verschaffen.«[10]

Im Juni 1794 wurde in Nürnberg eine vierseitige Flugschrift verteilt, die den Titel *Republikanisches Gebet* trug und die Sache der Franzosen verherrlichte: »O höchstes Wesen! Du, der Du auf Erden den Menschen und die Freiheit schufst; Du, dessen Werk man höhnte, als man den Menschen herabwürdigte; Du, dessen Religion und heilige Lehren entweiht wurden durch die Blindheit unsinniger Jahrhunderte; Du, der von Ewigkeit her sah, daß Aberglauben den Menschen durch trügerischen Pomp von der wahren Religion, von Dir, o Gott! ableiten würde. Höre nun, Vater aller Nationen! in unseren patriotischen Gesängen die Stimme der Freiheit!«[11]

Nach Meinung des Nürnberger Polizeiamts stand hinter dieser wahrscheinlich in der Stadt gedruckten Schrift ein Jakobinerklub, der entweder in den Mauern der Reichsstadt oder in ihrer unmittelbaren Nachbarschaft seinen Sitz hatte.

Im August wurde in Nürnberg eine weitere Flugschrift verteilt: »Wiederholter Aufruf an die deutsche Nation. 1794: Erbebt, ihr Tyrannen der Erde! Erbebt, ihr Despoten der Völker! Das Volk steht auf! ! ! – Furchtbar, schrecklich, grausenvoll ist sein Aufstand, wenn ihr es dazu zwingt, wenn ihr noch länger den Krieg gegen die Franken-Nation, gegen die Freiheit, gegen die Menschenrechte fortsetzen wollt. Endigt den Krieg, ihr Tyrannen! Macht Frieden, ihr Despoten! Das Volk will Frieden haben – wird Frieden machen, wenn ihr nicht Frieden macht.«[12]

Die Fürsten Süddeutschlands hatten daran gedacht, gegen die »enthusiastische Masse« der französischen Armee auch in Deutschland »eine enthusiastische Masse« zu bewaffnen. Es wurde der Plan eines allgemeinen Volksaufgebots erörtert. Fürstliche Proklamationen riefen zu einem »Streit für Religion, Ordnung und Verfassung« auf.[13] Doch mit dieser Zielsetzung waren keine Massen gegen die Franzosen zu mobilisieren. Wie es eine anonyme Flugschrift aus dem Jahre 1797 formulierte, um den Vorwurf der Kriegsuntüchtigkeit der Schwaben abzulehnen: »Die Franzosen haben mir nichts Leides getan, was soll ich mich entgegenstellen? sprach dieser; auf meiner Wanderschaft bin ich lange in Frankreich herumgeloffen, es ist mir nichts als Liebes und Gutes widerfahren, versicherte jener.«[14]

Die im Württembergischen mit Mühe aufgestellte Landmiliz taugte nichts. Oberamtmann Kerner, der von Ludwigsburg nach Maulbronn versetzt war und sich sehr um die Entwicklung der Miliz bemühte, meinte, »die Miliz« sei »nicht zur Erhaltung der Ordnung, wenigstens nicht ohne Beihilfe des herzoglichen regulären Militärs« zu gebrauchen.[15]

Im August 1794 konnte Bacher, französischer Gesandtschaftssekretär in Basel, nach Paris melden: »Das Massenaufgebot, womit der Kaiser die französische Republik hat bedrohen wollen, ist eine Chimäre.«

Tatsächlich wagten und vermochten die süddeutschen Fürsten nicht, gegen die Heere Moreaus und Jourdans 1796 das bewaffnete Volk aufzubieten. Als am 24. Juni 1796 Moreau den Rhein überschritt, gab es nirgendwo einen badischen oder schwäbischen Widerstand.

»Frankreich wußte den Wert der antifeudalen Bewegung in Süddeutschland zu schätzen und tat das seinige, sie zu entwickeln und zu stärken. Es knüpfte Verbindungen mit oppositionellen Gruppen in Süddeutschland, schickte Emissäre aus, um solche Gruppen zu gründen, gab ihnen Aufträge, unterstützte sie ideell und, wenn nötig, auch materiell.«[16]

Der 9. Thermidor an II (27. Juli 1794), das Ende der Herrschaft Robespierres und des Terrors, war zwar ein prinzipieller Wendepunkt, führte aber zu keinem entscheidenden Umschwung in dieser Praxis. Ein Dekret des Wohlfahrtsausschusses (21. Nov. 1794) ermächtigt den citoyen Barthélemy, Gesandten der Republik in der Schweiz mit Sitz in Basel, Geheimagenten ohne Vollmacht und ohne offiziellen Charakter in die Länder der Koalition zu schicken. Zweck der Mission dieser Agenten war es, einerseits Auskünfte zu sammeln, andererseits die Agitation zu unterstützen.

Barthélemy war ein überzeugter Girondist geblieben. Der

eigentliche Kopf der französischen Propaganda- und Nachrichtenzentrale in Basel hieß Théobald Bacher und war der Gesandtschaftssekretär Barthélemys. Bacher berichtete am 19. Juni 1794 nach Paris: »Ich habe Emissäre, die (in den der Schweiz benachbarten Gebieten Deutschlands) mit vollen Händen die revolutionären Erzeugnisse verbreiten, die nacheinander in Frankreich erscheinen. Es gibt eins, das großen Eindruck machen würde, wenn es in großer Zahl in deutscher Sprache gedruckt wäre, das ist der Bericht Robespierres über die Existenz des Höchsten Wesens und die Unsterblichkeit der Seele. Ich bitte dich, *Citoyen Commissaire*, mich zu bevollmächtigen, davon in Basel 2 000 Exemplare in deutscher Schrift drucken zu lassen.«[17]

An verschiedenen Stellen in Deutschland gab es revolutionäre Gruppen, die wenig oder keine direkte Verbindung mit der französischen Republik hatten. So der Kreis um den Medizinstudenten Popp in Würzburg, der mit einem gewissen Damm in Gießen engere Fühlung hatte.

Anfang März 1795 übersandte Damm an Popp einen Aufruf *An die deutschen Jünglinge!*, der den bewaffneten Kampf gegen die fürstliche Tyrannei verkündete: »Eilt zum Sammelplatze, deutsche Jünglinge – *Hermanns Söhne* soll unser Losungswort sein.«[18]

Damm teilte mit, »daß er in einer Gesellschaft von Gelehrten stehe, worunter viele Schriftsteller wären«. In einem anderen Brief heißt es: »Unsere Reisenden sind zurück, und ihr letzter Aufenthalt war *Jena*.[19] Sie brachten die tröstlichsten, die besten Nachrichten mit.« Als Hauptbeteiligte wurden den Behörden Anfang April 1795 neben Damm die ebenfalls in Wetzlar als Hofmeister tätigen Ebel, Wittenbach und Holzmeister denunziert. (Ebel könnte mit dem Freund Hölderlins, der ihm die Stelle bei Gontards verschaffte, identisch sein.)[20]

Wenige Tage bevor er verhaftet wurde (9. April 1795), schrieb Popp an Damm: »O wäre ich nicht auf Würzburg itzt hieher geheftet, ich würde eine Reise, die gewiß interessant wäre, nach *Tübingen*[21] vornehmen und da ein paar Monate verweilen, denn da hätte ich Aussichten.« Eine Woche vorher hieß es in einem Briefe: »Ich habe auch die Hoffnung, die besten jungen Köpfe Württembergs in etlichen Wochen zu meinem Zwecke zu gewinnen.«[22]

Der Sammelplatz für alle deutschen Freiheitskämpfer war Mainz. Doch die Verhaftung Popps im April 1795 und die Entdeckung der geheimen Verbindungen durch die Polizei setzte dem Projekt und dem Unternehmen, das auf einer studentischen Verschwörung beruhte, ein Ende.

Jena, Tübingen – es ist vielleicht nicht ganz abwegig zu vermuten, daß Hölderlins »Jenaer Schiffbruch«, die Tatsache, daß Hölderlin Jena etwa Mitte Juni 1795 verließ und ins mütterliche Haus zurückkehrte, nicht nur mit »metaphysischen Luftgeistern«, die ihn in Jena plagten, nicht nur mit der erdrückkenden »persönlichen Nähe der Titanen von Jena, Fichtes und Schillers«[23] zu tun hat. Gerade in dieser Zeit, also im Sommer 1795, ist er in Korrespondenz mit Ebel, mit Hegel. An Ebel schreibt er, es würde ihm wehe tun, »meinen Sinclair« nicht mehr zu sehen, – Sinclair, mit dem Damm in Jena gewiß Fühlung aufgenommen hatte. »Sie werden mit mir überzeugt sein, daß eine so frühe Reife des Verstandes, wie sie diesem Menschen eigen ist, und noch mehr eine so unbestechliche Reinigkeit des Gemüts in unsrer Welt ein seltner Fund ist.« Dies schreibt Hölderlin an Ebel am 9. November 1795. Im Brief an Hegel vom 25. November schreibt er: »Sinclair ist jetzt in Homburg bei seinen Eltern. Er läßt Dich herzlich grüßen; er ehrt Dein Andenken wie immer.«
Adolf Beck kommentiert die Stelle: »Sinclair und Hegel kannten sich von Tübingen her als Studenten. – Am 23. Oktober war der junge Edelmann (Sinclair) in Jena wegen Teilnahme an den Studentenunruhen im Sommer mit dem *consilium abeundi* bestraft worden.«[24]

Die französische Regierung ging davon aus, nach dem Baseler Frieden nun auch die Reste der Koalition sprengen zu können. Am 1. April 1796 erhielt ein Marquis Poterat den Auftrag, die süddeutschen Fürsten von der Koalition abzusprengen. Dieser Poterat war ein Hochstapler und übler Hasardeur, ein Doppelspion. Er hatte Verbindungen zu süddeutschen Revolutionären angeknüpft mit dem angeblichen Ziel, überall Aufstände zu erregen und in ihrem Verlauf ganz Süddeutschland zu republikanisieren. Eine französische Armee sollte den Anstoß geben und entsprechende Hilfe leisten. Mit der Absicht, jede

Möglichkeit der Revolutionierung zu benutzen, wurde Poterat vom Direktorium bevollmächtigt, den mächtigsten Beistand der französischen Republik zu versprechen.[25]

Der bedeutendste Kopf und die treibende Kraft unter den süddeutschen Revolutionären war damals Georg Friedrich List (1752 in Durlach geboren), Angehöriger des Illuminatenordens, ein aufrichtiger Jakobiner, und zwar über den 9. Thermidor hinaus. Er hatte engsten Kontakt mit den Mainzer Revolutionären angebahnt und war 1800 französischer Kommissar in Speyer. Dem Doppelagenten Poterat brachte List mit Recht kein echtes Vertrauen entgegen. Er denunzierte Poterat, der dann auch auf Befehl des Direktoriums verhaftet wurde. Ohne Poterat wurde der Plan eines Umsturzes von List weiter verfolgt, in Verbindung mit dem zu erwartenden Einmarsch der französischen Truppen.

Doch das Direktorium ließ, nach erfolgtem Einmarsch, die revolutionären Demokraten in Süddeutschland im Stich. General Moreau empfing nicht einmal ihren Vertreter List, der vom Generalstabschef Regnier mit einer zynischen Erklärung abgefertigt wurde: »Als man euren Projekten Gehör schenkte, rechnete man auf Erleichterung des Rheinübergangs; dieser fand ohne jene Hilfsmittel statt, und im Rücken der Armee duldet man keine Revolution!«[26]

Unter dem Direktorium ist die Armee nicht mehr, was sie war: wo ist die Jakobinerarmee geblieben, die das Beispiel der höchsten militärischen Tugenden gegeben hatte? Ein deutscher Augenzeuge schreibt am 26. August 1796: »Ich möchte wohl sagen, daß etwa ein Zehntel der französischen Armee aus gröberen und feineren Räubern, Spitzbuben und Beutelschneidern besteht. Ein Zehntel mögen dann rechtliche, edle Leute und wahre Republikaner sein. Die übrigen acht Zehntel aber sind Egoisten und sinnliche Menschen, die zwar nicht rauben und niemanden mißhandeln, aber sich doch im Übermaß auf Kosten der Einwohner der eroberten Länder wohlsein lassen und für ihren Nutzen sorgen.« Die Soldaten hatten das Recht verloren, an der Wahl ihrer Offiziere teilzunehmen, sie verschwanden als Geschworene bei den Militärgerichten. Der sichtbarste Ausdruck des gründlichen Wandels, der sich in der Armee durchsetzte, ist die Tatsache der massenhaften Desertion. Die systematische Plünderung wird organisiert: Spezialisten stehen der Sambre-Maas-Armee zur Verfügung, »um eine Auswahl der Kunstschätze zu treffen, an denen sich die Republik auf Grund des Rechts der Eroberung zu bereichern willens ist«. Man erzählte viel – mehr als billig – von den Plünderungen und Ausschreitungen der französischen Truppen im Feldzug 1796.[27]

Als die von Erzherzog Karl in die Flucht geschlagene Armee Bernadottes und Jourdans sich zurückziehen mußte und gezwungen wurde, das gesamte rechtsrheinische Deutschland zu räumen, wurden die Franzosen insbesondere im Fränkischen Jura, im Spessart und im Odenwald von den Bauern angegriffen. Am 31. August berichtete Jourdan aus Schweinfurt an das Direktorium: »Ich darf Ihnen nicht verheimlichen, daß die von der Armee begangenen Greuel aller Art alle Einwohner gegen uns bewaffnet haben. [...] Die Einwohner halten jeden an, der einzeln reist, und schlagen ihn tot. [...] Eine Menge Nachzügler oder Plünderer sind von den Bauern totgeschlagen worden [...]. Die Städte und Dörfer sind verlassen. [...] Ich habe schreckliche Exempel statuieren lassen, Dörfer sind verbrannt, Einwohner, die mit der Waffe in der Hand gefangen wurden, erschossen worden; aber das verschlimmert lediglich die Stimmung.«[28]

Wohl wurden auch manchmal die Greuelnachrichten etwas übertrieben. Später gab der Historiker Max Lenz zu, daß das düstere Bild vom Hausen der Franzosen in Baden »nach unseren Akten wenigstens einigermaßen der Korrektur bedurfte.«[29] Wie dem auch sei, solche Nachrichten waren im Umlauf und nicht zuletzt auch in der *Minerva*, der Zeitschrift von Archenholtz, die nachweislich Hegel und sehr wahrscheinlich auch Hölderlin lasen. Im Septemberheft des Jahres 1796 steht: »[...] (es) wird der gemeine Mann, der ruhige Bürger und Bauer, der an dem schrecklichen Unheil des Kriegs unschuldig ist, am Ende ganz allein dabei leiden müssen. Wer hierin nicht erkennt, daß die französische Revolution, die eigentlich anfangs zum Besten des unterdrückten Teils der Menschheit geschah, ihre Natur gänzlich umgeändert hat, der muß wirklich sehr blöde sein.«[30]

Kann es auf einen Zufall zurückzuführen sein, daß gerade in der Zeit dieses unglücklichen Feldzuges von Mai bis Dezember 1796 Hölderlin an der Vorstufe der endgültigen Fassung des *Hyperion* arbeitete, wo Hyperion den Volksaufstand der Griechen gegen die Türken beschreibt, an dem er sich als Befehlshaber einer kleinen Truppe von Aufständischen beteiligt? Anscheinend hat sich der Dichter in mehr als einem Zug von der Aktualität inspirieren lassen:

»Es geht gut, nur gehts uns allen zu langsam. Unsere Leute sind, wie ein angezündeter Kienwald, seit es zum Gefechte gekommen ist.« Dann aber macht die Belagerung von Misistra die Truppen ungeduldig. Da die Besatzung kapituliert, brechen die Truppen herein und plündern und machen alles nieder, was sich widersetzt. Die Szene der Plünderung hat Hölderlin in der späteren Fassung weggelassen. Doch blieb mit einigen Änderungen die Stelle: »Es ist aus, Diotima; unsere Leute haben geplündert, zerstört, gemordet, ohne Unterschied, auch unsre guten Brüder, von ihnen erschlagen sind sie, die Griechen in Misistra, die Unschuldigen oder irren hülflos herum, und ihre todte Jammermiene ruft die Erde und den Himmel zur Rache wider die Barbaren, an deren Spitze ich war. Nun kann ich hingehn und von meiner guten Sache predigen. O, nun fliegen alle Herzen mir zu! [...] In der Tat! Es war ein außerordentlich Project, durch eine Räuberbande mein Elysium zu pflanzen.«[31]

Doch auch in den kommenden Jahren wünschten die süddeutschen revolutionären Demokraten stets den französischen Waffen den Sieg.

Ein oberrheinischer Revolutionär, dessen Bericht der *Pariser Zuschauer* am 7. November 1796 abdruckte, charakterisierte die Situation mit den Worten: »Ohngeachtet der Greuel, welche in Deutschland verübt wurden, ohngeachtet die Bauern in Masse gegen die Franken aufgestanden sind, so glüht dennoch das Revolutionsfeuer allenthalben unter der Asche.«[32]

Die militärische Entscheidung fiel nicht in Deutschland, wo der Erzherzog Karl im Sommer 1796 siegreich gewesen war, sondern in Italien, wo der gewaltige Siegeszug des jungen Generals Bonaparte die Niederlagen auf deutschem Boden wettmachte. Doch wußte er, daß der Vorstoß auch gewaltige Gefahren barg. In Leoben schloß er selbständig einen Präliminarfrieden mit den Vertretern Wiens (18. April 1797). Inzwischen hatten die französischen Armeen von Hoche und Moreau den Rhein von neuem überschritten. Auf dem linken Ufer des

Rheins entstand die cisrhenanische Bewegung mit dem Ziel, eine deutsche Cisrhenanische Republik zu bilden. Am 17. Oktober 1797 konnte der Friede von Campoformio geschlossen werden. In Rastatt sollte ein Kongreß stattfinden, auf dem mit dem Deutschen Reich der Frieden ausgehandelt werden sollte. Am 13. November 1797 hatte General Bonaparte vom Außenminister Talleyrand die Vollmacht erhalten, als Vorsitzender der französischen Deputation in Rastatt zu fungieren.

In seiner *Laterne bei Tag für die mittlere Volksklasse*, Paris 1797, schrieb Rebmann, der über die französische Deutschlandpolitik enttäuscht war: »Es gibt immer noch in Frankreich Leute von Einfluß, deren kleinliche Politik es lieber sieht, wenn sie kleine fürstliche Insekten und ausgemergelte Völker zu Nachbarn hat, als wenn sich nahe bei ihr eine mächtige Republik bildet. [...] Ihr (Süddeutschen) sollt keinen fremden Beistand haben, ihr selbst müßt eure Freiheit erkämpfen, oder ihr verdient das Schicksal, das sonst eurer wartet. [...] Es muß in Süddeutschland eine Revolution ausbrechen.«[33]

Ist es unbillig, den wohl 1798 geschriebenen Aufruf Empedokles' an das Agrigentiner Volk zu vergleichen:

Euch ist nicht

Zu helfen, wenn ihr selber euch nicht helft.[34]

Von einem Vergleich mit Hölderlins bitteren Seiten über die Trägheit der Deutschen, die er 1797 im *Hyperion* schrieb, wollen wir in diesem Kontext absehen. Es sei nur folgende Aussage zitiert: »Ich suchte unter diesem Volke nichts mehr.«[35]

In Württemberg begann eine Reformbewegung, die vom ständischen Landtag ausging. Das liberale Bürgertum verlangte eine verbesserte, oder wenigstens verbesserungsfähige Verfassung. Bei dieser Gelegenheit schrieb Hegel seine erste politische Schrift, die nicht publiziert wurde. Die Originalüberschrift hieß: »Daß die Magistrate vom Volk gewählt werden müssen.« Das Titelblatt trug die Widmung: »An das württembergische Volk«. Hegel schreibt: »Bei dem Gefühl eines Wankens der Dinge sonst nichts tun, als getrost und blind den Zusammensturz des alten, überall angebrochnen, in seine Wurzeln angegriffnen Gebäudes zu erwarten und sich von dem einstürzenden Gebälke zerschmettern zu lassen, ist ebensosehr gegen alle Klugheit als gegen die Ehre.«[36]

Die Ständeversammlung war einberufen worden. Eine frankreichfreundliche Flugschriftenpublizistik verlangte die Umwandlung der Landstände nach dem Modell der französischen Nationalversammlung von 1789 in eine parlamentarische Volksvertretung. Im Landtag selbst regten sich Kräfte für eine Schwäbische Republik.

Unter dem Druck Frankreichs wurde am 22. März 1798 in der Schweiz eine Helvetische Republik gegründet. Rebmann war an den Vorbereitungen und den Umsturzplänen beteiligt gewesen: »Mit Wonne sage ich jetzt, daß der erste Schritt zur Schweizer Revolution [...] auf meinem Zimmer in Paris geschah [...].« »*Württemberg!* Merke auf die Stimme, welche dir ruft!«[37]

Tatsächlich wurde ein Aufstandsplan von den deutschen Revolutionären in Offenburg mit dem Stab General Augereaus konkret abgesprochen. Erfüllt von Optimismus und Kampfesfreude planten sie einen Marsch auf Rastatt, um den Kongreß zu sprengen.

Doch das Direktorium und Bonaparte hatten die Entwicklung verfolgt und meinten, »es sei Zeit, diesen Umtrieben ein Ende zu setzen.« Augereau wurde vom Armee-General faktisch zum Divisions-General degradiert (29. Januar 1798) und in letzter Minute nach Perpignan in den Pyrenäen geschickt. Augereau hätte die Möglichkeit gehabt, in das Geschehen einzugreifen und das Direktorium vor vollendete Tatsachen zu stellen. Doch unterwarf er sich dem Spruch des Direktoriums. Von deutscher Seite wurde die Sache unternommen; doch als die bewaffneten Bauern am ausgemachten Sammelort ankamen, waren die französischen Truppen, die helfen sollten, vom Chef des Augereauschen Generalstabs kurz vor der verabredeten geheimgehaltenen Stunde nach Straßburg kommandiert worden. Wieder einmal waren die deutschen Revolutionäre getäuscht worden.

Trotzdem nahm die Gärung in Schwaben zu. Die preußische Gesandtschaft in Rastatt schrieb in einem Bericht an den König vom 13. März: »Württemberg ist ein Land, wo der erste Ausbruch am meisten zu befürchten ist.«

Anfang April 1798 schrieb der preußische Resident in Stuttgart: »Ich habe [...] Schweizer Briefe gelesen, die es als gar nichts Unmögliches ansehen, daß es auch in Schwaben noch zu einer Revolution kommen könnte, und die sogar äußerten, daß der bekannte Oberzunftmeister Ochs in Basel, der an den unglücklichen Ereignissen seines Vaterlandes einen so wesentlichen Anteil hat, solche sehr betreibe.«[38]

Ein Berner Professor, Ludwig von Tscharner, schrieb am 30. April 1798 an den Grafen Metternich in Rastatt: »Im Herzogtum Württemberg muß man sich auf alles gefaßt machen; die Explosion wird erst erfolgen, wenn der Sieg sicher ist.«[39]

Drei Wochen früher hatte Hölderlin am Ostersamstag, 7. April 1798 seiner Mutter geschrieben: »Sie werden recht vergnügte Feiertage haben. Und ich freue mich in Gedanken mit daran. Wenn nur die Sorgen Sie nicht stören, die Sie sich machen über die Unruhn in Württemberg. Ich denke aber, es soll gut gehn. Wenn die Württembergischen Herren Deputirten etwas mehr Mut und Geist, und weniger Kleinheitssinn und Verlegenheit in Rastatt zeigten, besonders bei Personen, von denen die Entscheidung ausgeht. Aber der Herr gibts den Seinen schlafend. Es wird auch mit den Unruhen so arg nicht werden. Und wenn die Bauern übermütig werden wollen, und gesetzlos, wie Sie fürchten, so wird man sie schon beim Kopf zu nehmen wissen.«[40]

Der Widerstand des Herzogs von Württemberg gegen jede Reform, wie zum Beispiel die Aufhebung der Leibeigenschaft, zwang die führenden Köpfe radikalere Wege zu beschreiten. Die entschiedensten Reformer schlossen sich in einem »Zirkel edler freier Menschen« zusammen, dem Baz, der Bürgermeister von Ludwigsburg, angehörte.[41]

Die Revolutionäre profitierten von der Verschärfung des Gegensatzes zwischen dem Herzog und der ständischen Vertretung. Doch hatte die französische Regierung Grund, mit der Haltung des Herzogs von Württemberg in Rastatt unzufrieden zu sein. Talleyrand hielt es für angebracht, auf ihn einen stärkeren Druck auszuüben und schickte einen Sonderbeauftragten namens Théremin im Oktober 1798 nach Stuttgart.

Théremin, ein ehemaliger Deutscher, war ein überzeugter Republikaner. Als die preußische Gesandtschaft in Rastatt von seiner Entsendung nach Stuttgart erfuhr, war sie alarmiert: »Sein revolutionärer Kopf soll dort zweifellos dafür sorgen, daß die Keime des Jakobinismus, die da so allgemein verbreitet sind, Früchte tragen.« In verschiedenen Denkschriften an

Talleyrand, den französischen Außenminister (und Beschützer Reinhards), darunter in der Schrift vom September 1798, empfahl Théremin im Falle der Wiederaufnahme der Feindseligkeiten die Errichtung einer schwäbischen Republik: »Die Universität Tübingen ist voller Schüler Kants, spekulativer Philosophen, denen es aber nicht leid täte, sich ein wenig mit den Realitäten zu beschäftigen, und die nützlich sein könnten, da die Basis ihrer Spekulation die Freiheit ist. [...] Der Bürger Frey aus Basel, vor einigen Monaten Gesandter beim Direktorium, hat mir während der Zeit vieles über eine nahe Insurrektion in Schwaben und von einem Kern erzählt, der dort bestand, um eine Republik zu errichten, wovon er mit großer Freude sprach. Diese Insurrektion ist inzwischen im Keim erstickt worden, aber [...].«

Théremin traf in den ersten Oktobertagen 1798 in Stuttgart ein. Der batavische Gesandte in Stuttgart, Strick van Linschoten, stellte sein Haus für Zusammenkünfte zur Verfügung.

Strick van Linschoten[42], ein eifriger Republikaner, der später unter dem Pseudonym Eleutherophilos (Freiheitsfreund) schrieb, war ein Freund von Hölderlins Freund Neuffer. Hölderlin kannte ihn von Frankfurt her; im Juli 1799 schreibt Hölderlin an Neuffer: »Empfiehl mich besonders Deinem edlen Freunde, mit dem Du den Tacitus liesest. Die Stunde ist mir unvergeßlich, die ich in seiner Gesellschaft zu Frankfurt zugebracht habe.«[43]

Théremins Aufenthalt in Stuttgart wirkte radikalisierend auf die Reformer wie Baz; sogar er war jetzt bereit, den Weg der Revolution zu gehen. Der gemäßigte Georgii wurde als landschaftlicher Vertreter in Rastatt durch Baz ersetzt, der dort nach dem Zeugnis der preußischen Gesandtschaft bei den französischen Deputierten »vielen Zutritt« erhielt. In Rastatt nahm Baz weiterhin Verbindung zu dem Kreis der Revolutionäre um den hessen-homburgischen Gesandten Sinclair, den Freund Hölderlins, auf. Der Dichter besuchte ihn dort etwa eine Woche (21.–28. Nov. 1798). »Man findet hier mancherlei Menschen beisammen«, schreibt er von Rastatt aus an seinen Bruder. »Nur ist es schade, daß die diplomatische Klugheit die Gesichter und Gemüter alle in Banden hält und wenig offne gesellschaftliche Äußerung zu Stande kommt. Übrigens stechen, trotz der gemeinschaftlichen Vorsicht, der Franzose und Oesterreicher und Schwabe und Hannoveraner und Sachse etc. noch genug ab.« Dann gibt er eine Reihe Namen von Leuten an, mit denen er dort verkehrte, den Pommeraner Muhrbeck und den Preußen Horn – beide hatten in Jena studiert und daselbst dem geheimen »Bund der freien Männer« angehört.[44]

Théremin mußte im Dezember 1798 Stuttgart verlassen, weil er die Polizei auf sich aufmerksam gemacht hatte. Nach Paris zurückgekehrt, trat er als Anwalt der Stuttgarter Revolutionäre auf. So schrieb er in einer Denkschrift für Talleyrand vom 19. März 1799: »Ich habe in Karlsruhe, Stuttgart, Bruchsal, Heilbronn die Bekanntschaft mit den Häuptern der künftigen Insurrektion gemacht; ich habe in ihnen Männer gefunden, die mit mehr oder weniger Ungeduld den Einmarsch einer französischen Armee und die Erlaubnis zum Losbrechen erwarten. Sie alle neigen zu einer Vereinigung mit der helvetischen Republik. Es ist dasselbe Volk wie das in Schwaben, spricht dieselbe Sprache, hat dieselben Gewohnheiten, dieselbe Religion, ist vermischt und verbunden durch zahllose Handelsbeziehungen, durch Nachbarschaft und Verwandtschaft.«

Die preußische Gesandtschaft in Rastatt meldete am 30. Januar 1799: »Zuverlässige Berichte aus Paris berichten, daß es dort mehr als dreißig Württemberger gibt, die das Direktorium für ihren Plan zu gewinnen versuchen, die bestehende Regierung zu stürzen.«[45]

Der sächsische Gesandte meldete, daß dieselben württembergischen Revolutionäre in Paris auf einen Zusammenschluß wenigstens eines Teils von Schwaben mit der Schweiz abzielten.[46]

Ein Jugendfreund Schillers, der Ludwigsburger Arzt Friedrich Wilhelm von Hoven meinte später: »Auch mitten im Kriege selbst, wo wir alles Ungemach desselben erfuhren, verteidigten wir die Sache der Franzosen so gut wir konnten.« In Württemberg waren die Sympathien der Masse immer noch auf seiten der Franzosen.[47] Ein französischer Offizier soll gesagt haben: »Man haßt unsere Soldaten wegen ihrer schlechten Aufführung, aber man liebt gleichwohl unsere Grundsätze.«

Anfang März 1799 wurde in Basel eine über hundert Seiten starke Flugschrift gedruckt, die den Titel trug: *Entwurf einer republikanischen Verfassungsurkunde, wie sie für Deutschland taugen möchte. Im siebenten Jahr der Mutterrepublik.* Der anonym gebliebene Verfasser des auch als *Suevische Konstitution* bezeichneten Dokuments soll sich in Stuttgart befunden haben. Am 11. März meldete ein Spitzel und Augenzeuge, daß von dieser Konstitution »ganze Ballen auf Güterwagen von Basel ins Württembergische geschickt« wurden. Auch wurden deutsche Nationalkokarden von Basel aus verteilt.

Doch war die Aktion eines Agenten wie Théremin von der französischen Regierung, die Frieden brauchte und wollte, also einen friedlichen Fürsten einer unruhigen Republik vorzog, nur als Druckmittel auf den württembergischen Herzog gedacht. Weiter als bis zur bloßen Drohung wollte das Direktorium nicht gehen. Von einer tatsächlichen Revolutionierung Süddeutschlands wollte Talleyrand nichts wissen. Die Revolutionsdrohung war dem Direktorium nur Mittel zum Zweck. Der wirkliche Zweck aber war die Lösung der kleinen und mittleren Fürsten vom österreichischen Einfluß und ihre enge Bindung an Frankreich.

Anfang 1799 schickte das Direktorium seinen offiziellen Gesandten, Trouvé, nach Stuttgart, um mit dem Fürsten zu einem Einvernehmen zu gelangen. In Stuttgart ließ Trouvé den Revolutionären erklären, daß er zum Revolutionieren keinen Auftrag besitze. Einer der Führer der revolutionären Bewegung in Schwaben, Kämpf, der Freund Cottas, schrieb am 20. Februar an Baz in Rastatt: »Was sagst Du dann zu Trouvés Benehmen? Was sagt Freund Sinclair dazu?«[48]

Friedrich Cotta versicherte einem Freund (Kämpf) in einem Brief vom Februar 1799[49], daß der französische Gesandte in Stuttgart, Trouvé, »die Instruktion zur Revolutionierung Schwabens erhalten würde [...] sobald Jourdan weit genug in Schwaben vorgedrungen sei«.

Noch klammerten sich die schwäbischen Revolutionäre an die Hoffnung, daß mit dem Wiederbeginn des Krieges ihre Pläne dennoch realisiert werden konnten. Der preußische Gesandte in Paris, Sandoz-Rollin, war ebenfalls überzeugt, daß »beim ersten Kanonenschuß, den Oesterreich abfeuert, eine Revolution (in Schwaben) ausbrechen wird«.

Die offizielle Politik ging jedoch, wie ein Dekret an General Jourdan, den französischen Oberbefehlshaber beweist, in andere Richtung: »Das vollziehende Direktorium [...] erwartet von Ihrer Klugheit, daß Sie bei allen Regierungen, wo Sie freundschaftliche und friedfertige Gesinnungen finden, anstatt die Aufwiegler zu begünstigen, im Gegenteil mit allen Ihren Mitteln beitragen ihre Hoffnungen und ihre Bemühungen zu enttäuschen.«[50]

General Jourdan gab in Württemberg bekannt, daß eventuelle revolutionäre Bewegungen von den französischen Truppen unterdrückt würden. Die schwäbischen Revolutionäre standen nun allein. Die Revolution wurde abgeblasen. Eine Schwäbische Republik würde es nicht geben (16. März 1799).

Inzwischen hatte der Krieg wieder angefangen. Da der Vormarsch der russischen Truppen, ungeachtet aller französischen Proteste, auf dem Boden des Reichs fortgesetzt wurde, hatten Jourdan bei Kehl und Basel und Bernadotte bei Mannheim am 1. März den Rhein überschritten. Erzherzog Karl hatte dies zum Anlaß genommen, die Ausweisung des französischen Gesandten Trouvé aus Stuttgart durchzusetzen. Am 12. März war die Kriegserklärung Frankreichs an Österreich erfolgt. Trotz beträchtlicher zahlenmäßiger Unterlegenheit erhielt Jourdan den Befehl zum Angriff. Am 25. März wurde er von Erzherzog Karl bei Stockach geschlagen. Die französische Armee zog sich über den Rhein zurück. Sehr schnell geriet ganz Süddeutschland unter die Kontrolle der österreichischen Armee, und damit in die Gewalt der Kaiserlichen.

Die schwäbischen Revolutionäre standen allein. Aus Rastatt schrieb Baz an den Ausschuß: »Ich glaube, man hat keine Ursache, das französische Gouvernement zu tadeln, daß es in dem gegenwärtigen Augenblick keine Revolution in Deutschland begünstigen will. Es werden sich vielleicht in der Folge Mittel finden, das Schicksal der Völker ohne Revolution zu verbessern.«

»In der Folge Mittel finden, das Schicksal der Völker ohne Revolution zu verbessern« – genau das wird von nun an für Hölderlins Dichten und Trachten richtungweisend sein.[51]

Am 30. November 1799 dekretierte der Herzog von Württemberg die Auflösung des Reformlandtages. Im Januar 1800 ließ er etwa ein Dutzend Verdächtige auf den Hohenasperg führen, darunter die ständischen Reformer und einige Mitglieder der revolutionären »Gesellschaft«. Baz wurde Ende Februar auf Ersuchen des Herzogs in Wien verhaftet und ebenfalls auf den Hohenasperg gebracht.

Doch schon war ein militärischer Umschwung im Gange. Die Serie der französischen Niederlagen war durch den Sieg Masšénas bei Zürich beendet worden. Die österreichische Armee räumte den Kampfplatz. Am 9. November 1799 fand der Staatsstreich Bonapartes statt (18. Brumaire), der das unfähige und korrupte Direktorium stürzte. Die Macht übernahm als erster Konsul General Bonaparte. Drei Armeen wurden für eine neue Offensive bereitgestellt. Die neue französische Offensive begann am 1. Mai 1800 mit dem Übergang Moreaus bei Schaffhausen über den Rhein. Bei Hohenlinden brachte Moreau den Österreichern eine vernichtende Niederlage bei. Der Kaiser mußte am 25. Dezember einen Waffenstillstand eingehen, der ihn zu einem baldigen Friedensschluß ohne Rücksicht auf seinen englischen Bündnispartner verpflichtete.

General Moreau ließ dem Herzog sagen, »daß für ihn nur eine Partei zu ergreifen übrig bleibe, diese nämlich, menschlich und gerecht zu sein, mit einem Worte, sein bisheriges Betragen gegen seine Untertanen gänzlich zu ändern, die nie die Behandlung verdienen, die er sich gegen sie erlaubt hat«. Unter Gewaltandrohung verlangte der General, daß man ihm zwölf Arrestanten, die auf dem Hohenasperg waren, unverzüglich vorführe. Durch einen General seines Stabes ließ er diesen dann erklären: »Ihr seid frei und Ihr könnt gehen, wohin Ihr wollt.«[52]

Am 2. Februar 1801 wurde der 2. Koalitionskrieg durch den Frieden von Lunéville beendet. Am 28. Mai wurde Baz aus der Haft entlassen. (Ins Frühjahr 1801 fällt die erste Konzeption von Hölderlins *Friedensfeier*, die vermutlich im Herbst 1802 ausgeführt wurde.[53])

Was hat Hölderlin von den Plänen einer Revolutionierung Schwabens gewußt, inwiefern war er beteiligt? Daß er informiert war, dürfte keinem Zweifel unterliegen. Wir haben gesehen, daß Hölderlin seinen Freund Sinclair in Rastatt besucht[54], da »interessante Bekanntschaft gemacht«[55] hatte, »junge Männer voll Geist und reinen Triebs«[56] – die meisten von ihnen Geheimbündler und Verschwörer.

Als Sinclair viel später (Februar 1805) verhaftet wurde, kam der Denunziant Blankenstein auf die revolutionäre Tätigkeit Sinclairs auf dem Rastatter Kongreß wiederholt zurück. Die

Untersuchungskommission erfuhr, daß Sinclair zu Blankenstein gesagt habe: wenn Jourdan 1799 nicht so schnell zurückgeschlagen worden und der französische Gesandte nicht so unentschlossen gewesen wäre, so wäre damals schon eine Revolution in Deutschland ausgebrochen.[57]

Anschließend vernahm die Kommission einen ehemaligen Universitätsgefährten Sinclairs, den Advokaten Dr. Weishaar, der Sinclair als Betreiber des Plans schilderte. Er versicherte, Sinclair habe ihm damals mehrmals angetragen, für die Stände in Paris zu verhandeln. Seckendorff, der ebenfalls verhaftet worden war, gab manches zu; er berichtete von der mit Sinclair in Jena zugebrachten Universitätszeit, von ihrer gemeinsamen Idee einer Veredlung des Menschengeschlechts durch eine besondere Gruppe reformierter Anhänger der »Mauerey«.

Im Verhör bezeichnete Leo von Seckendorff sich und Sinclair als Republikaner, er selbst mehr in Träumen auf die Zukunft, Sinclair mehr auf die Gegenwart gerichtet.[58] Später hat Sinclair mit außerordentlich harten Worten Seckendorffs Versagen gekennzeichnet: dieser gutmütige Tropf, dieser neumodische Don Quixote, ein egoistischer Poltron, ein Phantast usw. Zwischen den Schwärmereien Seckendorffs und den Schurkereien des Denunzianten Blankenstein komme er sich vor, »wie Christus zwischen dem guten und bösen Schächer«.[59]

Zum Bunde der freien Männer in Jena hatte übrigens ein Franzose gehört: Claude Camille Perret[60], 1769 in Dijon geboren, in Jena als Student mit Sinclair befreundet, 1797 als diplomatischer Sekretär von Bonaparte tätig. Er war einer der ganz wenigen, denen Bonaparte den Plan seines ägyptischen Feldzuges anvertraute. Horn hatte in Jena als Mitglied des Bundes der freien Männer Perret nahegestanden. Im Februar 1798 hatte Sinclair an Perret geschrieben, sich auf ihre Bekanntschaft in Jena berufend, doch weniger als Vertreter Hessen-Homburgs denn als Bewunderer des Generals Bonaparte; er, Sinclair, begehrte eine ähnliche Laufbahn wie Perret in der Nähe »des großen Mannes, nicht des Jahrhunderts, sondern aller kultivierten Jahrhunderte«.

Am 16. März 1798 hatte Perret von Rastatt aus an Fichte geschrieben mit der Anfrage, ob sein verehrter Lehrer von damals in Jena den Plan für ausführbar halte, auf dem französisch gewordenen linken Rheinufer Schulen mit deutschen Professoren zu errichten, »damit den in Deutschland verfolgten Freunden der Freiheit ein Zufluchtsort geboten und die Freiheit Germaniens vorbereitet werde«; Perret wünschte sich Fichte selbst an eine neu zu gründende Universität Mainz. »Kein Zweifel«, schreibt Werner Kirchner, der die Akten des Prozesses gegen Sinclair gesehen hat, »daß Perret unter den Freunden Hölderlins im November 1798 in Rastatt eine wichtige Rolle gespielt hat und daß auch der anwesende Dichter um Perret wußte.«[61]

Wen kann es erstaunen, Hölderlin in einem Kreis von Revolutionären, von Umstürzlern zu sehen, ihn, der im *Hyperion* schrieb: »der neue Geisterbund kann in der Luft nicht leben, die heilige Theokratie des Schönen muß in einem Freistaat wohnen, und der will Platz auf Erden haben und diesen Platz erobern wir gewiß.«[62]

Warum glaubt man dem Dichter nicht, wenn er so etwas ausspricht – hat er doch ausdrücklich gesagt, daß er nicht zu den Dichtern gehört, die »nur spielen«. Man soll ihn ernst nehmen, heilig ernst – jedes Wort.

Es ist also schon von vornherein höchst unwahrscheinlich, daß Hölderlin von dem Plan einer Revolutionierung Württembergs nicht gehört und ihm nicht begeistert zugestimmt hätte. Auch schreibt er an Sinclair nach seiner Rückkehr in Homburg: »Ich habe sehr an Glauben und Mut gewonnen, seit ich von Rastatt zurück bin. Ich sehe Dich selbst klarer und fester, seit ich Dich mit meinen neuen Freunden zusammendenke.«[63] Im selben Brief schreibt er weiter: »Ich habe dieser Tage in Deinem Diogenes Laertius gelesen. Ich habe auch hier erfahren, was mir schon manchmal begegnet ist, daß mir nämlich das Vorübergehende und Abwechselnde der menschlichen Gedanken und Systeme fast tragischer aufgefallen ist, als die Schicksale, die man gewöhnlich allein die wirklichen nennt.« (Diogenes Laertius ... die Quelle zum *Empedokles*. Doch davon später.)

Sechs Tage später schreibt er an den Bruder: »[...] und wenn das Reich der Finsternis mit Gewalt einbrechen will, so werfen wir die Feder unter den Tisch und gehen in Gottes Namen dahin, wo die Not am größten ist, und wir am nötigsten sind.«[64]

Am 19. Januar schreibt Sinclair an Zwilling und Muhrbeck:

»Ich hoffe, daß der Sommer den wir miteinander Hölderlin, Ihr beide und ich zubringen werden, *époque* in unserm Leben machen soll.«[65]

Anfang Februar 1799 schreibt Hölderlin an die Schwester: »[...] die stürmischen Zeiten, die vielleicht von unserem Vaterlande nicht mehr ferne sind [...]. Ich mag nicht davon sprechen, wie viel mir der neue Krieg und das übrige Sorge für die Meinigen eingibt.«[66]

Schließlich das wichtigste, entscheidende Dokument, das den Beweis erbringt, nicht nur, daß er von den Plänen der Revolutionierung weiß, sondern daß er daran beteiligt ist, und nicht bloß als Mitwisser, ist ein Brief an die Mutter, in einem Ton geschrieben, der ganz anders klingt als die übrigen Briefe Hölderlins, vor allem als die an die Mutter: atemlos und beschwörend zugleich, läßt dieser Brief durchblicken, daß große Ereignisse bevorstehen, »Veränderungen«, die es »in unserem Vaterlande« geben könnte. Und auch, daß er sich dann »vielleicht nicht ohne Nutzen« für die Seinen verwenden könnte:

»Homburg vor der Höhe. Liebste Mutter!
Ich kann Ihnen diesmal nur wenig schreiben. Ich bin zu sehr okkupiert [...].

Es ist wahrscheinlich, daß der Krieg, der nun eben wieder ausbricht, unser Württemberg nicht ruhig lassen wird, wiewohl ich von sicherer Hand weiß, daß die Franzosen die Neutralität der Reichsländer, also auch Württembergs, so lange wie möglich respektieren werden, weil Preußen sich dafür aufs äußerste verwendet, und die Franzosen Ursache haben, einen Krieg mit dieser Macht zu vermeiden. Im Falle, daß die Franzosen glücklich wären, dürfte es vielleicht in unserem Vaterlande Veränderungen geben.

Ich bitte Sie bei aller meiner ungeheuchelten kindlichen Ergebenheit, beste Mutter! nehmen Sie alles Edle, was in Ihrer vortrefflichen Seele liegt, und allen Glauben, der uns über die Erde erhebt, zu Hülfe, um so ruhig wie möglich, mit dem stillen Sinne einer Christin, unsern Zeiten zuzusehn, und das Unangenehme, was Sie dabei betrifft, zu tragen. Es könnte mich unmännlich machen, wenn ich denken müßte, daß Ihr Herz den Sorgen unterliege. Denken Sie, daß ich keinen Vater habe, der mir mit Mut im Leben vorangeht, und geben Sie mir in der schönen Gestalt des ruhigen Duldens, ein Beispiel des Muts.

Ich brauch' ihn auch, wenn ich nicht lässig werden will, in dem, was meine Sache ist. Daß Sie unter gewissen möglichen Vorfällen kein Unrecht leiden, dafür würd' ich mit allen meinen Kräften sorgen, und vielleicht nicht ohne Nutzen. Doch ist alles dies noch sehr entfernt.«[67]

Dieser Brief, wohl im ersten Drittel des März 1799 geschrieben, ist nur als Bruchstück überliefert worden. Doch so, wie er vorliegt, ist er eindeutig genug. Nicht nur, daß Hölderlin die Ereignisse verfolgt, daß er an den Plänen beteiligt war, sondern auch, daß er in dieser Perspektive gedichtet hat, dürfte wohl keinem Zweifel unterliegen. Ein Beispiel dafür wollen wir anführen: die große Tirade in der ersten Fassung des *Empedokles,* wo der Philosoph dem Volk der Agrigentiner sein politisches Vermächtnis mitteilt. Die Agrigentiner bieten ihm die Krone an; er lehnt sie schroff ab:

Dies ist die Zeit der Könige nicht mehr ...

Hegt

Im Neste denn die Jungen immerdar
Der Adler? Für die Blinden sorgt er wohl,
Und unter seinen Flügeln schlummern süß
Die Ungefiederten ihr dämmernd Leben.
Doch haben sie das Sonnenlicht erblickt,
Und sind die Schwingen ihnen reif geworden,
So wirft er aus der Wiege sie, damit
Sie eignen Flug beginnen. Schämet euch,
Daß ihr noch einen König wollt; ihr seid
Zu alt; zu eurer Väter Zeiten wärs
Ein anderes gewesen. Euch ist nicht
Zu helfen, wenn ihr selber euch nicht helft ...

Ihr botet

Mir eine Kron', ihr Männer! nimmt von mir
Dafür mein Heiligtum. Ich spart' es lang ...
Und freudig ungeduldig rief ich schon
Vom Orient die goldne Morgenwolke
Zum neuen Fest, an dem mein einsam Lied
Mit euch zum Freudenchore würd, herauf.

... Menschen ist die große Lust

Gegeben, daß sie selber sich verjüngen.
Und aus dem reinigenden Tode, den
Sie selber sich zu rechter Zeit gewählt,

Erstehn, wie aus dem Styx Achill, die Völker.
O gebt euch der Natur, eh sie euch nimmt!
Ihr dürstet längst nach Ungewöhnlichem,
Und wie aus krankem Körper sehnt der Geist
Von Agrigent sich aus dem alten Gleise.
So wagts! was ihr geerbt, was ihr erworben,
Was euch der Väter Mund erzählt, gelehrt,
Gesetz und Brauch, der alten Götter Namen,
Vergeßt es kühn, und hebt, wie Neugeborne,
Die Augen auf zur göttlichen Natur . . .
                              . . . dann reicht die Hände
Euch wieder, gebt das Wort und teilt das Gut,
O dann ihr Lieben teilet Tat und Ruhm
Wie treue Dioskuren; jeder sei
Wie alle, – wie auf schlanken Säulen, ruh
Auf richt'gen Ordnungen das neue Leben
Und euern Bund befest'ge das Gesetz.
Dann o ihr Genien der wandelnden
Natur! dann ladet euch . . .
Das freie Volk zu seinen Festen ein,
Gastfreundlich! fromm! denn liebend gibt
Der Sterbliche vom Besten, schließt und engt
Den Busen ihm die Knechtschaft nicht . . .
Wenn dann die glücklichen Saturnustage
Die neuen männlichern gekommen sind,
Dann denkt vergangner Zeit . . .
. . . o, Vergessenheit! Versöhnerin!
Voll Segens ist die Seele mir, ihr Lieben!
Geht nur und grüßt die heimatliche Stadt
Und ihr Gefild' am schönen Tage, wenn
Den Göttern der Natur ein Fest zu bringen,
Vom Tagewerk das Auge zu befrein,
Ihr einst heraus zum heilgen Haine geht,
Und wie mit freundlichen Gesängen euchs
Empfängt, antwortet aus den heitern Höhn,
Dann wehet wohl ein Ton von mir im Liede,
Des Freundes Wort, verhüllt ins Liebeschor
Der schönen Welt, vernimmt ihr liebend wieder,
Und herrlicher ists so . . .
Und ihr gedenket meiner![68]

In diesen Versen kommt unmißverständlich eine jakobinische Botschaft zum Ausdruck, noch dazu vorgetragen in einem lyrisch-jakobinischen Stil.[69]

Die Themen des Jakobinismus klingen in der Rede des Empedokles alle mit: Freiheit, Gleichheit, Brüderlichkeit, die Themen eines atheistisch orientierten Jakobinismus, wie ihn die Girondisten gegenüber Robespierre vertraten: in der Rede des Empedokles ist vom Höchsten Wesen nicht die Rede.

Hölderlin geht sogar einen Schritt weiter als der Jakobinismus, einen nicht unbedenklichen sogar, mit den vier Worten: »[...] und teilt das Gut.« Das geht weit über den Jakobinismus hinaus, der das Eigentum heiligte, und läßt vermuten, daß Hölderlin in den Zeitungen vom Frühjahr 1797 den Prozeß von Gracchus Babeuf in Paris teilnehmend verfolgt hatte. Babeuf, der dem seinen den Namen Gracchus beigesellt hatte, predigte in seiner Zeitung *Le Tribun du Peuple* (Der Volkstribun) eine Form von Agrarkommunismus und die Abschaffung des Eigentums des Bodens. Er sagte: »Die Früchte des Bodens gehören jedem und allen, der Boden selbst gehört niemandem.« Gracchus Babeuf wurde im Mai 1797 zum Tode verurteilt und hingerichtet – einige Monate, bevor Hölderlin die angeführten Zeilen schrieb. Sein Prozeß hatte Schlagzeilen in der Presse gemacht.[70]

Die Frage ist: als Hölderlin diesen Text niederschrieb, d. h. wohl Ende 1798 bis Anfang 1799 (wie oben erwähnt wurde, nennt Hölderlin den Diogenes Laertius, die Hauptquelle zum Drama, in einem Brief an Sinclair in Verbindung mit dem Aufenthalt in Rastatt), konnte er denn die Illusion haben, einen solchen Text in Württemberg drucken, geschweige aufführen zu lassen – wenn sich nicht inzwischen etwas, nämlich die Regierungsform Württembergs, geändert haben sollte? »Dies ist die Zeit der Könige nicht mehr« läßt er seinen Empedokles sagen. Doch genau einen solchen Satz in einer Vorlesung ausgesprochen zu haben, war Fichte damals in Jena verdächtigt worden, etwa in der Zeit, wo Hölderlin in Jena bei ihm hörte. Fichte wurde beschuldigt, vom Katheder herab für Demokratie und Revolution Propaganda gemacht zu haben. Er sollte u. a. gesagt haben, in zwanzig Jahren würde es nirgends mehr Könige und Fürsten geben. Zur Widerlegung der Beschuldigung gab Fichte den Text seiner Vorlesung in Druck; dieser gedruckte Text enthielt den beanstandeten Satz nicht (oder nicht mehr); und damit war der Fall – vorläufig – erledigt.

Es ist, meines Erachtens, nur eine Antwort möglich: nämlich, daß Hölderlin seinen *Empedokles* (erste Fassung) in der Perspektive der erwarteten Schwäbischen Republik schrieb, als Festspiel etwa, in der Art des *Fénelon*-Dramas, das Marie Joseph Chénier 1793 in Paris hatte aufführen lassen.

»Wann Hölderlin die erste Fassung verworfen und die zweite begonnen hat, läßt sich nicht genau feststellen«[71], meint Friedrich Beißner. Philologisch wohl nicht. Aber historisch. Es ist doch wohl einleuchtend, daß, als am 16. März 1799 offenkundig wurde, es werde, nach dem Dekret des Direktoriums an Jourdan, keine Schwäbische Republik geben, die unternommene Tragödie, der nur noch ein Akt fehlte, so wie sie bis dato der Dichter verfaßt hatte, weder veröffentlicht noch gespielt werden konnte. Sie konnte nur noch als Beweisstück in einem Prozeß dienen, um Hölderlin einer jakobinischen Gesinnung zu überführen.

Es ist also, wenn nicht philologisch, so doch historisch möglich zu sagen, wann und warum Hölderlin die erste *Empedokles*-Fassung plötzlich aufgab, und zwar am 17. März 1799, weil die vorausgesetzten und erhofften Ereignisse nicht eingetreten waren, die einzig und allein dem so aufgefaßten Drama einen konkreten Sinn gaben. Dann rafft sich der Dichter wohl zusammen und versucht, das Thema in einer abgeänderten Fassung doch brauchbar zu gestalten. Doch gleich tritt ein Thema auf, das ganz anders klingt. Von Hermokrates, dem Priester der ersten Fassung, sagte Empedokles:

> Hinweg! ich kann vor mir den Mann nicht sehn,
> Der Heiliges wie ein Gewerbe treibt.
> Sein Angesicht ist falsch und kalt und tot,
> Wie seine Götter sind ...

Derselbe Hermokrates gewinnt in der zweiten Fassung eine ganz andere Bedeutung. Er vertritt, wohl nicht die Weisheit an sich, doch eine Form der Weisheit:

> ... Drum binden wir den Menschen auch
> Das Band ums Auge, daß sie nicht
> Zu kräftig sich am Lichte nähren.
> Nicht gegenwärtig werden
> Darf Göttliches vor ihnen.

> Es darf ihr Herz
> Lebendiges nicht finden ...
> ... lerne dies:
> Verderblicher, denn Schwert und Feuer ist
> Der Menschengeist, der götterähnliche,
> Wenn er nicht schweigen kann.[72]

Das neuangeschlagene Thema lautet: verderblich ist der Geist, wenn er nicht schweigen und sein Geheimnis nicht bewahren kann. Hölderlin war von jeher in der Sprache sehr frei, er war es gewöhnt, sich unvorsichtig auszudrücken. Man kann sich einen Begriff davon machen, wenn man bedenkt, daß er im Hause des Banquier Gontard, in dem er als Lehrer angestellt war, folgende Zeilen schrieb:

> Tief im Herzen haß ich den Troß der Despoten und Pfaffen
> Aber mehr noch das Genie, macht es gemein sich damit.[73]

Es half wenig, daß er die Überschrift vorausschickte: *Advocatus Diaboli*. Auch Hegel war entsetzt über die unkontrollierten freimütigen Äußerungen seines Freundes, und er versuchte, ihn zu warnen.

Als Warnung nämlich ist wohl Hegels einziges Gedicht *Eleusis*[74] zu interpretieren, das eigentlich keine poetisch-philosophische Komposition, sondern ein Brief an Hölderlin ist.

Man stelle sich zuerst die Situation vor, in der Hegel das »Gedicht« schrieb. Im Jahre 1796 verkehren die beiden Freunde Hölderlin und Hegel engstens miteinander. Hölderlin verwendet sich dafür, Hegel in eine ähnliche Stellung wie die seine nach Frankfurt zu ziehen. Doch im Sommer droht der Krieg. Im August ist Hölderlin auf der Wanderung irgendwo zwischen Kassel und Bad Driburg. Hegel will ihm eine dringende Warnung zukommen lassen. Doch wer weiß, wo sein Brief den Adressaten erreichen wird, in welche Hände er geraten mag. Um sich vor einer Postzensur oder einer Indiskretion zu bewahren, benutzt Hegel, dem es auch gelegentlich an Humor nicht fehlt, eine doppelte Verschlüsselung, die dem Empfänger, und nur ihm, ohne weiteres verständlich ist: einmal die poetische Form, und zweitens die Behandlung eines griechisch-klassischen Themas. Verse, dazu über ein griechisches Thema: jeder Zensor wird das als unbedenklich ansehen. So trägt der Brief Hegels die Überschrift: *Eleusis. An Hölderlin. August 1796.* Er ist in Versen verfaßt; etwas unbeholfene Verse, hat man gesagt, doch nicht einmal so schlecht, wenn man bedenkt, daß sie an einem Abend aufs Papier gebracht wurden – und wohl zweckentsprechend, denn bis heute scheint niemand die Absicht gemerkt zu haben. Was ist der Sinn der dringenden, doch getarnten Warnung? Hegel beschwört Hölderlin, ihre gemeinsame Herzensmeinung (das Reich Gottes komme!) nicht so frei und offen vorzutragen; er warnt ihn davor, unvorsichtig zu schreiben und zu reden; er empfiehlt ihm so dringend wie möglich mit dem Ausdruck seiner Gesinnung und intimen Überzeugung zurückhaltender zu sein. Man höre:

Dem Sohn der Weihe war der hohen Lehre Fülle,
Des unaussprechlichen Gefühles Tiefe zu heilig,
Als daß er trockne Zeichen ihrer würdigte . . .
Wer gar davon zu Andern sprechen wollte,
Spräch er mit Engelzungen, fühlt' der Worte Armut . . .
. . . daß er lebend sich den Mund verschließt.
Was der Geweihte sich so selbst verbot, verbot ein weises
Gesetz den ärmern Geistern . . .
Es trugen geizig deine Söhne, Göttin,
Nicht deine Ehr' auf Gass' und Markt, verwahrten sie
Im innern Heiligthum der Brust.
Drum lebtest du auf ihrem Munde nicht.
Ihr Leben ehrte dich. In ihren Thaten lebst du noch.[75]

Hölderlin, ein Jakobiner? Es muß auf die Denkgewohnheiten der Deutschen Rücksicht genommen werden, denen beim Wort »Jakobiner« eher Karikaturen einfallen (z. B. diejenige von Goethe im *Bürgergeneral*), als das »schöne« Ideal, das noch ein halbes Jahrhundert später Michelet beseelte.

Das verzerrte Bild, das der Jakobinismus hinterlassen hat, ist durch die historischen Umstände bedingt. Es wurde damals in Frankreich der Versuch unternommen, das Ideal in die Wirklichkeit umzusetzen; ein nicht übliches, nicht ungefährliches Versuch. Rücksichtslose Feinde im Inneren und an Frankreichs Grenze wollten diesen Versuch vereiteln. Entweder verzichteten die Revolutionäre (oder akzeptierten de facto die Niederlage) – oder sie erkämpften die Freiheit des französischen Volkes. Barrikaden und Guillotine waren ihnen nicht obligates Dekor der Revolution; ihre Feinde zwangen sie dazu.

Das von Hölderlin verherrlichte »zeitige Wachstum«, das »Heranreifen einer schöneren Welt«, das wußten die Jakobiner nicht weniger zu schätzen – wenn es nur die Gegner der Freiheit erlaubt hätten.

Deswegen entspricht es dem jakobinischen Ideal, wenn Hölderlin seinem Freund Ebel in Paris schreibt: »Ich glaube an eine künftige Revolution der Gesinnungen und Vorstellungsarten, die alles bisherige schamrot machen wird.«[76]

Es ist auch nicht unjakobinisch, daß er sich für Deutschland andere Wege wünscht, als die der damaligen Französischen Republik, und fortfährt: »Und dazu kann Deutschland vielleicht sehr viel beitragen. Je stiller ein Staat aufwächst, um so herrlicher wird er, wenn er zur Reife kömmt. Deutschland ist still, bescheiden, es wird viel gedacht, viel gearbeitet, und große Bewegungen sind in den Herzen der Jugend, ohne daß sie in Phrasen übergehen wie sonstwo. Viel Bildung, und noch unendlich mehr! bildsamer Stoff! – Gutmütigkeit und Fleiß, Kindheit des Herzens und Männlichkeit des Geistes sind die Elemente, woraus ein vortreffliches Volk sich bildet. Wo findet man das mehr, als unter den Deutschen?«

Wie man weiß, geht der Streit schon lange um den Punkt, ob man zuerst die Menschen ändern solle (das Goethesche Ideal der Bildung), dann würden sich die Strukturen von selbst ändern – oder ob man die Strukturen ändern solle, damit dann in den neuen Strukturen neue, bessere Menschen heranwachsen.

Für Hölderlin war entscheidend erstens die Überzeugung, daß nur im Klima der Freiheit eine schönere Menschheit erwachsen kann (und das ist rein jakobinisch), so daß die Freiheit unbedingt errungen und wenn nötig erkämpft werden muß; und zweitens, daß die Änderung der Strukturen in kürzester Zeit (und nicht erst im Laufe von Generationen) den Charakter der Menschen ändert. Er hatte bei Archenholtz lesen können, daß dieser, als er nach zwei Jahren Abwesenheit 1791 wieder nach Paris kam, staunen mußte, »den Charakter der Franzosen ganz umgeschaffen« gefunden zu haben.

IV. In verschwiegener Erde

»alle Heiligtümer
Begraben dem Feind in verschwiegener Erde.«[1]

doch
»andre werden es hören das Lied, das gleich
der Rebe, der Erd' entwachsen ist.«[2]

Von nun an – März 1799 – vertraut der Dichter sein Heiligstes
der verschwiegenen Erde an, daß sie es für keimende Tage der
Zukunft aufbewahre. »Törig göttlich« redend, den Guten verständlich, doch den Unverständigen nicht, verschlüsselt er seine
Botschaft.
Wie Hegel, dessen Werk eine mythologische Spekulation genannt wurde, versucht Hölderlin in seinem Spätwerk, die
Weltgeschichte als Prozeß zu begreifen und im Mythos darzustellen.

Die deutsche Hölderlin-Forschung hat nie verkannt, daß die
Jahrhundertwende in Hölderlins Leben eine Zäsur bedeutet.
»Man muß sich schon dazu verstehen, daß Hölderlin im ersten
Jahre des neuen Jahrhunderts durch ein entscheidendes Erlebnis zu einer ganz anderen Auffassung der Zeit und der Zeiten
gedrängt wird«[3], schreibt Friedrich Beißner sehr richtig. Auf
die Frage aber, was dieses Erlebnis gewesen sei, ist uns die Hölderlin-Forschung die Antwort bis jetzt schuldig geblieben,
einfach weil sie verkannt hat, wie sehr Hölderlin in den politisch-historischen Ereignissen der Zeit verstrickt war und was
sie für ihn bedeutet haben.[4]
Die Vermutung liegt nahe, Hegel habe damals in Hölderlins
Entwicklung eine bedeutende, gar entscheidende Rolle gespielt.
Im Herbst 1796 hatte Hölderlin, der eben seine Funktion als
Hauslehrer bei Gontard in Frankfurt angetreten hatte, seinem
lieben Hegel eine ähnliche Stelle bei Gogel vermittelt. »Du
wirst an Herrn und Frau Gogel anspruchslose unbefangne,
vernünftige Menschen finden«, die trotz ihres Reichtums »mit
den Frankfurter Gesellschaftsmenschen und ihrer Steifigkeit,

und Geist- und Herzensarmut nicht sich befassen und verunreinigen.«⁵ Johann-Noë Gogel (1758–1825) war seit dem Tode seines Bruders, Johann David Gogel (1756–1793), dessen Kinder er an Kindes Statt angenommen hatte und die von Hegel erzogen werden sollten, Alleinbesitzer der bedeutendsten Weinhandlung in Frankfurt und vielleicht in ganz Deutschland. Sein Onkel hatte eine Tante von Cobus Gontard zur Frau.⁶

Sein Vater, Johann Peter Gogel (1729–1782), war ab 1761 Meister vom Stuhl der Frankfurter Loge »Einigkeit« gewesen. Er hatte in der Geschichte der Freimaurerei in Deutschland eine bedeutende Rolle gespielt. Der älteste Sohn Johann David war Schatzmeister derselben Loge gewesen, der auch der jüngere Johann-Noë angehörte. Im schönen Haus am Roßmarkt, in dem Hegel drei Jahre verbrachte, stand ihm ohne Zweifel eine umfangreiche freimaurerische Bibliothek zur Verfügung. Wie man ihn kennt, hat er von dieser Gelegenheit Gebrauch gemacht. Auch hat Hegel in den freimaurerischen Kreisen Frankfurts verkehrt. Prof. Hufnagel, der Schwiegersohn von Breyer, dem Paten Hegels, war, wie die Gogels Mitglied der Loge »Einigkeit«. Sinclair war ebenfalls Freimaurer; er blieb noch lange im Briefverkehr mit Hegel. In seinem Brief vom 16. August 1810 an Hegel macht Sinclair Gebrauch von freimaurerischen Symbolen wie »das flammende Schwert«, und er erinnerte an den »Bund der Wahrheit«, der sie früher verband. (Der »Bund der Nemesis«, der in Hölderlins *Hyperion* vorkommt und dem Alabanda angehört, ist von den Geheimbünden, mit denen Sinclair verkehrte, inspiriert worden.) Ob Hegel selbst aufgenommen wurde, scheint noch zweifelhaft. Auf jeden Fall war er jedoch mit den freimaurerischen Gedankengängen, war er mit dem Stil und Lebensstil der Freimaurer sehr vertraut. Jacques d'Hondt interpretiert Hegels Gedicht *Eleusis. An Hölderlin* als ein freimaurerisches Gedicht⁷ (allerdings weicht meine Interpretation des Gedichts von der d'Hondts in gewissen Punkten ab). Daß bei Hölderlin des öfteren freimaurerische Symbole und Ausdrücke vorkommen, kann auf die diffuse Thematik der Aufklärung, aber auch auf seinen Umgang mit Sinclair und Hegel zurückzuführen sein. Das Testament der Diotima: »wir sterben um zu leben« entspricht der freimaurerischen Devise: pereat ut vi vat!⁸

Worauf es hier ankommt, ist folgendes: zwei Themen, wohl

durch Hegel vermittelt oder von ihm betont, werden nach dem Scheitern der revolutionären Pläne im Frühjahr 1799 in Hölderlins Welt vorrangig werden, das Thema der Mutter Erde und das Thema der notwendigen Verschwiegenheit. Die beiden Themen waren im Gedicht *Eleusis* das erste implizite (durch die Nennung der Göttin Ceres), das zweite ausdrücklich erwähnt worden. Bei Hölderlin werden die beiden Themen in dem kürzenden Ausdruck *verschwiegene Erde* verschmolzen.

Die Mutter Erde: der Ausdruck war ein Topos der Freimaurerei.⁹ Als einige Jahre später Caroline von Günderode freiwillig aus dem Leben schied, setzte man auf ihren Grabstein den Vers Herders: »Erde, du meine Mutter, und du, mein Ernährer, der Lufthauch.«

Die Verschwiegenheit: das Gedicht *Eleusis* interpretiere ich als eine an Hölderlin gerichtete beschwörende Mahnung, nicht vorlaut zu sein. Als wäre Hölderlin des tiefen Sinns der Mahnung erst nach dem Fehlschlag vom Frühjahr 1799 gewahr geworden, werden beide Themen von nun an die Richtlinien seines sowohl dichterischen, als auch essayistischen Schaffens abgeben.

Die Wende ist in der Folge der drei *Empedokles*-Fragmente deutlich vollzogen und nachzuvollziehen.

In der *ersten* Fassung ist der Gegner des Empedokles, der Priester Hermokrates, nichts als ein »kalter Heuchler«: »Ich kenn dich und deine schlimme Zunft«, ruft Empedokles aus.

In der *dritten* Fassung dagegen ist der Gegner eine dem Dichter Empedokles ebenbürtige Figur: »Manes, der Allerfahrne, der Seher«. Er ist es auch, der nach dem Selbstopfer des Empedokles diesen vor den Agrigentinern rühmen, der ihnen seine Botschaft vermitteln wird: er wird dem Volk am Saturnusfeste verkünden, was der letzte Wille des Empedokles war, er wird sagen, Empedokles sei »der Berufene, der tödte und belebe, in dem und durch den eine Welt sich zugleich auflöse und erneue. Auch der Mensch, der seines Landes Untergang so tödtlich fühlte, könnte so sein neues Leben ahnen.« Daß dieser Manes, der Allerfahrene, der Seher, Züge Hegels trägt, ist längst erkannt worden. Schon in der Schule wurde Hegel mit dem Spitznamen »alter Mann« gekennzeichnet. Selbstverständlich wäre es wiederum nicht richtig, Manes »schlechterdings gleich Hegel zu setzen«.¹⁰

Meines Erachtens ist der Schlüssel in der Übergangsfigur der *zweiten* Fassung zu finden. Da heißt der Gegner immer noch Hermokrates, wie in der ersten Fassung, er hat jedoch schon Züge der Manes-Figur der dritten Fassung angenommen. Er steht dem Empedokles sehr nahe:

> Ich sag'
> Es dir und glaube mir, wär' er zu schonen,
> Ich würd' es mehr tun, wie du. Denn näher ist
> Er mir, wie dir.

Dieser Hermokrates spricht dem Sinn und vielleicht dem Wortlaut nach das aus, was Hegel in den Gesprächen mit Hölderlin während der Frankfurter Zeit und bis zu den Ereignissen von 1799 äußerte. Dieser Hermokrates II nimmt das Thema des Hegelschen Gedichts *Eleusis* in den Mund:

> Doch lerne dies:
> Verderblicher denn Schwert und Feuer ist
> Der Menschengeist, der götterähnliche,
> Wenn er nicht schweigen kann, und sein Geheimnis
> Unaufgedeckt bewahren . . .
> Hinweg mit ihm, der seine Seele bloß
> Und ihre Götter gibt . . .
>   schlimmer ists
> Wie Mord . . .
> . . . Sein Schicksal ists. Er hat
> Es sich gemacht und leben soll
> Wie er, und vergehen wie er, in Weh und Torheit jeder,
> Der Göttliches verrät, und allverkehrend
> Verborgenherrschendes
> In Menschenhände liefert![11]

Damit wird auch deutlich, warum Hölderlin diese zweite Fassung aufgab: es war schon zuviel, die Notwendigkeit der Verschwiegenheit so deutlich auszudrücken; schon das war eine Indiskretion.

Man glaubt die Stimme Hegels zu hören, welche die Pläne der Verschwörer kommentierte: alles Schwätzer, hat er wohl gesagt, die ihre Geheimnisse ausplaudern, mit solchen Leuten will ich und solltest du nichts zu tun haben, es wird schiefgehen und es geschiehet ihnen recht!

Nach den Ereignissen vom Frühling 1799 muß Hölderlin davon überzeugt sein, daß Hegels Weisheit recht gehabt hat.

Um wie Hegel dem Ideal der Jugend treu zu bleiben, muß er neue Wege finden, Wege, die denen Hegels parallel laufen. Schon einmal hat sich Hölderlin seinen lieben Hegel zum *conductor* der Gedanken gewählt[12]; das war 1794 in Jena. Jetzt tut er es wieder. Auch er wird sich von nun an der Verschwiegenheit der Mutter Erde weihen; auch er wird seine Botschaft verschlüsseln. Doch wenn auch Manes, der Allerfahrene, der Seher, recht behält und überlebt, so bleibt doch die größere, vom Weisen selbst als größer anerkannte Figur, die des Dichters, der sich opfert: Empedokles.

Sehr richtig erkannte Friedrich Beißner, daß das »unerhört kühne Silbenmaß« dieser zweiten Fassung zu der Versgestalt der späten Hymnik hinüberleitet.[13] Was für das Versmaß gilt, gilt auch für die Thematik.

Wir neigen der Auffassung zu, daß die späten Hymnen nur die Bruchstücke eines großartig angelegten Unternehmens darstellen, demjenigen Hegels nicht unähnlich, das Weltgeschehen mythisch darzustellen.

Es würde den Rahmen dieser Abhandlung sprengen, wenn wir versuchten, eine durchgehende Deutung von Hölderlins späterer Dichtung zu bieten. Es sei bloß auf einige Themen hingewiesen, die jedoch als Markierungen genügen dürften, um sich in der Welt der späten Hymnen zurechtzufinden und ein besseres Verständnis ihrer esoterischen Aussage zu gewinnen.

Am Wendepunkte von Hölderlins dichterischem Schaffen steht das nie völlig ausgeführte Gedicht *Der Mutter Erde*. In ihm – und besonders in dem Prosaentwurf – wird die Wende in mythisch-lyrischer Sprache gekennzeichnet, – die Wende vom Vater (Zeus, der Gott der Geschichte, der reißenden Zeit) zur Mutter (die Erde, die *Gaia* der Griechen; siehe Hesiods *Theogonie*).

Schon 1796, in der älteren, unter dem Eindruck der Begegnung mit Susette Gontard entstandenen Fassung des Gedichts *Diotima,* die in Susette's Abschrift erhalten ist, steht:

Da ich ...

Einsam, wie ein Blinder, ging ...

Vor der Mutter Erde stand ...

Drangst du da in meine Nacht.[14]

So im *Hyperion* (II, 1): »die schweigende Erde«.[15] Dann aber,

nach dem März 1799, erscheint der Ausdruck häufiger. So in
der Ode *Gesang des Deutschen* (Herbst 1799):
> Allduldend, gleich der schweigenden Mutter Erd'.[16]

In der Ode *Der Frieden* (Spätherbst 1799):
> Du aber wandelst ruhig die sichre Bahn
> O Mutter Erd im Licht. Dein Frühling blüht,
> Melodischwechselnd gehn dir hin die
> Wachsenden Zeiten, du Lebensreiche![17]

Dann in der Ode *Die Heimat* (Sommer 1800):
> Ein Sohn der Erde
> Schein' ich; zu lieben gemacht, zu leiden.[18]

In der (etwa gleichzeitigen) Ode *Ermunterung* (erste Fassung):
> Blüht denn, wie sonst, die Mutter, die Erde dir.[19]

In der zweiten Fassung desselben Gedichts:
> Und blüht die alte Mutter, die Erde nicht?[20]

In der Elegie *Der Wanderer:*
> und törig sprach ich: o Mutter
> Erde, verlierst du denn immer, als Witwe, die Zeit? . . .
> Aber vielleicht erwarmst du dereinst . . .
> Daß, wie ein Saamkorn, du die eherne Schale zerspren-
> gest . . .[21]

In *Archipelagus* gleich zweimal: »die Muttererde, die treue«
und »der Muttererd' und dem Gott der Woge zu Ehren«.[22]
In der früheren Fassung der *Friedensfeier,* mit dem Anfang
»Versöhnender, der nimmergeglaubt«:
> . . . uns, den Söhnen der liebenden Erde.[23]

In der Hymne *Der Rhein:*
> . . . es hörten ihn, wie er tobt'
> Und die Mutter Erd' anklagt'

Weiter:
> Die Söhne der Erde sind, wie die Mutter,
> Alliebend, so empfangen sie auch
> Mühlos, die Glücklichen, Alles.[24]

In der Hymne *Germanien:*
> O nenne Tochter du der heiligen Erd'
> Einmal die Mutter.[25]

Doch gleich danach wird die Mutter Erde »die jungfräuliche«
genannt.
In der Hymne *Patmos:*
> Wir haben gedienet der Mutter Erd'.[26]

In einer Variante wird die Erde die »allversöhnende« genannt
– allversöhnend, sehr konkret: weil sie (wie in Hesiods Theogonie) die Mutter von allen ist, weil alle ihre Söhne sind.

In einem Fragment wird »der Erde Vergessenheit«[27] gelobt,
in einem anderen Fragment »das Eingeweid der Erde«[28] genannt. Noch in einem anderen Fragment: »der müde Sohn /
der Erde«.[29]

Im ganzen wird in der späten Dichtung (nach März 1799) die
Erde über hundertmal erwähnt, die Lesarten nicht einberech-
net, und sehr oft unmittelbar oder indirekt als Mutter dargestellt.

Der Begriff der Mutter Erde entstammt der griechischen Mythologie. Von dorther hat Hölderlin ihn übernommen. Aber
er gewinnt bei ihm eine besondere Bedeutung, die mit dem
Umschwung um 1799 zu tun hat.

Es läßt sich nämlich der Gedankengang genau verfolgen, der
Hölderlin zu solcher Intensivierung des Begriffes führte. Der
Übergang geschieht in zwei Phasen.

Die erste Phase ist in der dritten Fassung des *Empedokles* verzeichnet. Wenn Hölderlin darangeht, die Tragödie umzuge-
stalten (ein Versuch, der ihm nicht gelingen will), greift er
wiederholt das Thema der Erde auf. So gleich im ersten Mo-
nolog des Empedokles:

> Und wenn . . . ihren Arm
> Die Mutter um mich breitet, o was möcht'
> Ich auch, was möcht' ich fürchten.[30]

(Die »Mutter« ist die Mutter Erde.)

Dann:

> O sieh! es glänzt der Erde trunknes Bild,
> Das göttliche, dir gegenwärtig.[31]

Dann:

> Und wagtest dich ins Heiligtum des Abgrunds,
> Wo duldend vor dem Tage sich das Herz
> Der Erde birgt und ihre Schmerzen dir
> Die dunkle Mutter sagt.[32]

Dann sieht er »den Jugendtag der stillen Erde« sich an der
Sonne entzünden.

Weiter:

> Und du, o Licht! und du, du, Mutter Erde! . . .
> Das Herz der Erde klagt, und eingedenk

Der alten Einigkeit die dunkle Mutter
Zum Aether aus die Feuerarme breitet.[33]
Und schließlich sagt Empedokles:
Von dieser grünen guten Erde soll
Mein Auge mir nicht ohne Freude gehen.[34]
Im nur entworfenen Schlußchor des ersten Aktes lesen wir:
. . . die stärkenden, die erfreuenden
Gaben der Erde sind, wie Spreu, es
spottet unser, mit ihren Geschenken, die Mutter
und alles ist Schein.[35]
Im *Empedokles*-Fragment (III. Fassung) ist »die Mutter Erde«
eindeutig die Trösterin, der sich das Kind in seinem Leid an-
vertraut, und die es mit Bildern tröstet. (Der Schlußchor ist
als Antithese gedacht.) Sie ist die gute, gegenwärtige, duldsame
Mutter.

Von hier scheint in einer zweiten Phase die neue Inspiration
auszugehen, die zu den späten Hymnen führt. Diese hymnische
Lyrik hat von der Hölderlin-Forschung den Namen »Vaterländische Gesänge« zugewiesen bekommen, weil Hölderlin in
Briefen an den Verleger Wilmans meldet, er wolle ihm »ein-
zelne lyrische größere Gedichte« schicken, deren Inhalt »das
Vaterland angehen soll oder die Zeit«[36]; im nächsten Brief
spricht er vom »hohen und reinen Frohlocken vaterländischer
Gesänge«.[37]

Doch mir scheint der unternommene lyrische Zyklus vielmehr
unter dem Zeichen der Mutter Erde zu stehen. (Den Begriff
Vaterland werden wir später zu klären versuchen.)

Denn gleich das erste Gedicht der Reihe heißt *Der Mutter
Erde*, sozusagen im unmittelbaren Anschluß an den nicht wei-
ter fortsetzbaren Versuch einer Umarbeitung des *Empedokles*-
Themas. Nicht nur das Tröstende, das Allesversöhnende der
Mutter Erde, sondern »das dunkle« spielt mit: das Verborgene,
Geheime, Aufbewahrende, Verhüllende wird betont. Im
Prosaentwurf ist das noch deutlicher zu erkennen als in der
Ausführung:
O Mutter Erde! du allversöhnende, allesduldende!
hüllest du nicht so und erzählest
. . .
Gemildert ist seine Macht, verhüllt in den Strahlen
und die Erde birgt vor ihm die Kinder

ihres Schoßes (in) den Mantel, aber wir erfahren ihn doch . . .
und im Verborgnen
haben, sich selbst geheim, in tiefverschlossener Halle dir
auch verschwiegne Männer gedienet, die Helden aber,
die haben dich geliebet, am meisten, und dich die Liebe
genannt,
oder sie (haben) dunklere Namen dir, Erde, gegeben . . .
und siehe mir ist, als hört' ich den großen Vater sagen,
dir sei von nun an die Ehre vertraut, und
Gesänge sollest du empfangen in seinem Namen,
und sollest indeß er fern ist und alte Ewigkeit
verborgener und verborgener wird,
statt seiner sein den sterblichen Menschen, wie
du Kinder gebahrest und erzogst für ihn, so will er wenn
die erkannt ist, wieder senden sie und neigen
zu die Seele der Menschen.[38]

Diese Worte enthalten eine Anspielung auf die griechische Le-
gende der Mutter Erde, die nicht nur Kinder gebiert, sondern
sie vor der Gefräßigkeit des Vaters Uranos in ihren Tiefen
verbirgt. Sie vertritt das Zeitlose des Weiblichen. Ihr haben
die Menschen viele Namen gegeben; sie haben sie auch die
Liebe genannt; oder auch in »mittleren Zeiten«, im Mittel-
alter, die Mutter Gottes. In einem Fragment des *Hyperion*
nennt sie Hölderlin Panagia, die Allheilige, der moderngrie-
chische Name der Mutter Gottes. Sie, die der Dichter in einem
Atemzug (siehe oben) »die Mutter«, dann »die jungfräuliche«
nennt – sie ist es, die in dem Hymnenentwurf an die Madonna
genannt wird, auf Grund dessen man zu Unrecht, wie etwa
Romano Guardini es getan hat, den Dichter für den christlichen Glauben zurückzugewinnen versucht. Die Madonna ist
die Mutter Erde mit anderem Namen.
Doch das war nur die Einleitung zu dem, was im Gedicht selbst
gesagt wird: Der Mutter Erde werden in böser Zeit die Heiligtümer anvertraut, in »Tagen der Not«; wenn die Tempel verlassen sind, werden sie von den Elementen betreut, sie verschwinden im Schutz des Bodens:

Und der Regen machte sie rein,
Und Moos wächst und es kehren die Schwalben
In Tagen des Frühlings, namlos aber ist
In ihnen der Gott, und die Schale des Danks

Und Opfergefäß und alle Heiligtümer
Begraben dem Feind in verschwiegener Erde.[39]

Hier ist das Hauptthema der späten Hymnik angeschlagen:
die »Heiligtümer begraben dem Feind in verschwiegener
Erde«. Im Entwurf dienten ihr »verschwiegene Männer« in
»tiefverschlossener Halle«, hier ist die Erde selbst verschwie-
gen.

Die geschichtliche Periode, die um die Jahrhundertwende 1800
einsetzt, ist dem Kult der »verschwiegenen Erde« geweiht.
Vom obenerwähnten Spruch des Hermokrates: verderblich ist
der Geist, »wenn er nicht schweigen kann, und sein Geheimnis /
Unaufgedeckt bewahren«, und untergehen soll der Mann, der
»seine Seele bloß / Und ihre Götter gibt, verwegen / Aussprechen will Unauszusprechendes« – führt eine gradlinige und
eindeutige Entwicklung zur absichtlichen Verschlüsselung, welche die dichterische Sprache der Hymnen kennzeichnet.

Nicht etwa die Umnachtung des Dichters, sondern seine eindeutige, wohlkalkulierte Absicht, »törig göttlich« zu reden,
»verständlich den Guten«, aber »die Achtlosen mit Blindheit«
schlagend, die »entweihenden Knechte«[40], spricht aus den späten Hymnen. Daß er seine Botschaft von nun an verschlüsselt,
hat er ausdrücklich gesagt:

Dreifach umschreibe du es,
Doch ungesprochen, wie es da ist,
Unschuldige, muß es bleiben.[41]

Das sagt er im Gedicht *Germanien*. Schon hofft er für sein ge-
liebtes Germanien auf eine schöne Zukunft; aber wie die Umstände zur Zeit sind, »wie es da ist«, muß das heilige Wort
un(aus)gesprochen bleiben.

Dem Gebot des *nefandum* – des Nichtsauszusagendem – ge-
horchend, drückt sich der Dichter nur noch periphrastisch oder
symbolisch aus, wenn er von dem spricht, was ihm im tiefsten
Herzen heilig ist. »Vom Höchsten will ich schweigen.«[42]

So wird z. B. die Freiheit, die er früher so oft anrief, nach
1799 aus seinem Vokabular verschwinden, mit einer einzigen
bitter-ironischen Ausnahme: der Mensch kenne »die Freiheit, /
Aufzubrechen, wohin er will«[43], worunter man den Freitod
verstehen soll. Doch ist zu vermuten, daß – da ihm die Freiheit
noch immer so heilig ist – sie unter anderen Namen erscheint.
Darauf werden wir später zurückkommen.

Um den Unverständigen den Zugang zum Gedicht zu verbauen, benutzt Hölderlin auch das Mittel eines verschränkten, nicht »normalen« Satzbaus. Dafür gibt es den an sich gültigen poetischen Grund:
»Man hat Inversionen der Worte in der Periode. Größer und wirksamer muß aber dann auch die Inversion der Perioden selbst sein. Die logische Stellung der Perioden [...] ist dem Dichter gewiß nur höchst selten brauchbar.«[44]
Aber die eigenartige Konstruktion des poetischen Satzes hat auch den Nutzen, den prosaisch gesinnten Leser abzuschrecken: den Leser, der nur mit den Augen liest, um durch Schnellektüre einen Informationsgehalt zu gewinnen.

Daß die heiligen Namen, die auch gefährliche Namen sind, nicht ausgesprochen, sondern nur noch periphrastisch ausgedrückt werden, dafür kann eine Abhandlung als Schulbeispiel dienen (und vielleicht ist sie auch wirklich vom Autor als Stilübung gedacht), nämlich diejenige, die von den Herausgebern den Titel *Das Werden im Vergehen* bekam.

Man weiß, daß nach dem Scheitern der Hoffnungen der Gruppe um Baz und Sinclair, Hölderlin eine Zeitlang den Plan hegte, eine Zeitschrift herauszugeben. Am 4. Juni 1799 schreibt er an Neuffer: »Ich habe im Sinne, eine poetische Monatsschrift herauszugeben. [...] Das Journal wird wenigstens zur Hälfte wirkliche ausübende Poesie enthalten, die übrigen Aufsätze werden in die Geschichte und Beurteilung der Kunst einschlagen.«[45] Er denkt an den Titel *Journal für Damen, ästhetischen Inhalts*. Als Probe schickt er seinem Freund, der die Vermittlung zum Verleger Steinkopf übernehmen soll, einige Aufsätze. Ob er diejenigen, die wir besitzen, als druckreif betrachtete, ist sehr unwahrscheinlich. Manche waren wohl als Essays im striktesten Sinne aufgefaßt, nämlich als Versuche, die eigenen Gedankengänge zu klären – vielleicht auch als Verschlüsselungsexperimente.[46] Zu der Reihe der damals verfaßten Aufsätze gehört der oben genannte, *Das Werden im Vergehen*. Die Interpretation scheint nicht schwierig und kann kaum einem Zweifel unterliegen: was da beschrieben wird, ist der historische Prozeß der Revolution – selbstverständlich ohne daß das Wort »Revolution« ausgesprochen wird.

Selbst dem unbefangensten Leser muß es auffallen, daß das Wort *Auflösen, Auflösung* in 174 Zeilen 44mal vorkommt; es liegt also die Vermutung nahe, daß *die Auflösung* das Thema der Abhandlung darstellt. Doch die Auflösung wovon? Die Auflösung des Vaterlandes. Der Aufsatz beginnt mit Angabe des Themas: »das untergehende Vaterland«. Der zweite Paragraph beginnt mit den Worten: »Dieser Untergang oder Übergang des Vaterlandes.«

Was ist aber »das Vaterland«? Dafür gibt er im *Grund zum Empedokles* eine genaue Definition: »So ist Empedokles ein Sohn seines Himmels und seiner Periode, seines Vaterlandes, ein Sohn der gewaltigen Entgegensetzungen von Natur und Kunst in denen die Welt vor seinen Augen erscheint.«[47].

Und hier, im *Werden im Vergehen* definiert er das Vaterland: »Natur und Menschen, insofern sie in einer besonderen Wechselwirkung stehen.« Eine besondere Verbindung der Dinge, eine (kleine) Welt; heute würden wir sagen: die Umwelt des einzelnen, insofern sie zusammenhängend ist – und insofern sie vom Individuum, das in ihr lebt, als zusammenhängend erlebt wird, ohne unlösbare innere Widersprüche und Konflikte.

So eine kohärente, innerlich zusammenhängende Welt war die der alten Griechen, die wir bewundern. Die Gesellschaft des *ancien régime* in Frankreich war keine solch kohärente Welt; die Gegensätze und Spannungen hatten sich im Laufe der Entwicklung so sehr zugespitzt, daß das System auseinanderbrach.

Aber am 14. Juli 1790, als sich die Franzosen beim Föderationsfest als zusammengehörend erkannten, hatten sie als sich selbst erkennende Nation ein Vaterland wiedergefunden, *une patrie*. Von hier aus versteht man vielleicht den Unterschied zwischen Patriotismus und Nationalismus etwas besser. Man vergesse nicht den revolutionären Spruch, nur freie Menschen hätten eine *patrie*.[48]

Der Zeitpunkt, wo sich das alte Vaterland auflöst und untergeht, ist »furchtbar«, d. h. daß sich die Menschen vor dieser Zerstörung des Bestehenden fürchten. Doch ist es auch der Augenblick, wo das Mögliche in die Wirklichkeit tritt und real wird, ein göttlicher Augenblick. Dieser Übergang aus Bestehendem ins Bestehende, wo das Neue vor dem Menschen als auflösende, als unbekannte Macht auftritt, das ist die (hier nicht beim Namen genannte) Revolution, »ein furchtbarer, aber göttlicher Traum« – vor dem die Deutschen zurückschreckten.

Obwohl im Text von Hölderlin angeblich ein poetisches Problem behandelt wird, nämlich die Kunstnachahmung des Vorgangs in lyrischer, epischer und tragischer Form, so ist das eigentliche Objekt der Abhandlung eine dialektische Analyse der Situation einer Gesellschaft in der Übergangsperiode von einer gewissen in eine andere gewisse Gestalt, mit ausdrücklicher Referenz auf Heraklit: »das harmonisch entgegengesetzte Eine«, das *in nuce* die Hegelsche Dialektik enthält. Hölderlin gebraucht das Wort *aufheben*.

Ein weiteres Thema von Hölderlins Dichtung und theoretischen Abhandlungen (insbesondere im *Grund zum Empedokles*) ist dasjenige des Opfertodes. Die Verbindung mit dem Thema der Revolution ist folgende: Wenn in einer gewissen Gesellschaft (»Agrigent«, Frankreich in der Periode der Revolution) die Zeit des Untergangs des Alten und des Übergangs zu Neuem gekommen ist, so individualisiert sich das Schicksal der Zeit in Männergestalten wie Empedokles (oder in Frankreich den Helden der Revolution, Bonaparte usw.). Eine solche Zeit ergreift alle Individuen so lange und fordert sie zur Lösung auf, bis sie eines findet, in dem sich ihr noch unbewußtes Bedürfnis und ihre geheime Tendenz sichtbar darstellt. Aber je mehr sich die Zeit in diesem einen Menschen individualisiert, je glänzender und konkreter und sichtbarer in ihm das Rätsel der Zeit aufgelöst wird, um so notwendiger wird sein Untergang. Er kann nur eine tragische Figur sein und untergehen.
Als theoretisch-abstraktes, niemanden namentlich kompromittierendes Modell stellt Hölderlin die Gestalt des Empedokles dar: ein Dichter und Denker, ein großer Mann in einer Zeit, in der sich sein Vaterland auflöst. Was kann, was soll er tun, wie soll er sich verhalten? Er ist Dichter, aber seine Zeit fordert nicht Gesang. Er könnte ein Staatsmann sein, aber die Situation fordert auch nicht Handeln, fordert keine Tat – z. B. eine Reform –, die zwar unmittelbar wirken und helfen würde, doch nur begrenzt und einseitig. Was die Zeit von ihm fordert ist das Selbstopfer: ein Opfer, worin sich exemplarisch das Schicksal seiner Zeit in einer einzigen Person zu formulieren und aufzulösen scheint. Das Selbstopfer ist die idealische Tat, in der das untergehende Individuum – eben durch seinen Untergang – ins Allgemeine wirkt. Als religiöser Reformator,

als politischer Mensch hätte Empedokles den Seinen nicht so viel bringen können, als durch den freiwilligen Opfertod.

Man versteht, daß hier nicht an Empedokles als an eine Fiktion gedacht wird, sondern an die »tragischen Personen der Geschichte«, die alle mehr oder weniger Versuche darstellen, die Probleme des Schicksals zu lösen, doch es am vollkommensten tun, wenn sie als Opfer fallen. Das sind die großen Helden der Revolution, aber auch die noch größeren Gestalten und Helden anderer Revolutionen: Sokrates und Christus, die beide den Untergang einer Gesellschaft und den Übergang zu anderen Formen der Gesellschaft in ihrer Person darstellen, mußten untergehen, um ihre ganze Wirkung, um die Wirkung ins Ganze zu erreichen.

Das Thema des Opfertods kommt so oft in Hölderlins Dichtung vor, daß man es unmöglich als eine Spielerei, als »Poesie« (wenn man sich darunter »Literatur« vorstellt) abtun kann. Hölderlin ist ernst zu nehmen. Der Opfertod ist eine Tat, die er wirklich als persönliches Schicksal erwogen hat.

Doch wie konnte der freiwillige Tod eines Dichters als symbolische Tat einen allgemeinen Sinn und einen exemplarischen, belehrenden Wert bekommen?

Eine solche Tat hat ihn von Jugend auf beschäftigt: die Ermordung des Tyrannen. Wohl war der Tyrannenmord ein literarischer Topos des Sturm und Drang, doch die deutsche Lyrik *in tyrannos* zog keine praktischen Folgen nach sich. Hölderlin dagegen *spielt* nicht.

Er ist bereit, für das, was er sagt, einzustehen. Ich weiß wohl, daß gerade das der Punkt ist, an dem sich die Polemik unter Hölderlin-Forschern immer wieder entfacht. Manche neigen zu der Meinung, daß Hölderlin mit solchen Vorstellungen nur liebäugelte, daß ihm im Grunde seine Ruhe lieber war. Ich bin dagegen der Überzeugung, Hölderlin sei von einer anderen Art als die Literaten. Er ist Zeit seines Lebens der Maxime treu geblieben, die er in einem Brief an Neuffer (Jena, November 1794) formulierte:

»Wenn's sein muß, so zerbrechen wir unsre unglücklichen Saitenspiele, und *tun*, was die Künstler *träumten*! Das ist mein Trost.«[49]

Daß er von Jugend auf den Tyrannenmord als entscheidende idealische Tat verherrlichte, dafür bringen wir einige Belege:

1790 im Tübinger Stift: »Zwei junge Helden Harmodius und Aristogiton warens, die zuerst das große Werk der Freiheit begannen. Alles war durch die kühne Tat begeistert. Die Tyrannen wurden ermordet oder verjagt, und die Freiheit war in ihre vorige Würde hergestellt. Nun erst fühlte der Athener seine Kraft ganz.«[50]

1793, noch im Stift, übersetzt Hölderlin ein Gedicht von Alkaios:

Schmücken will ich das Schwert mit der Myrte Ranken!
        Wie Harmodius einst und Aristogeiton
            Da sie bei Athenes
                Opferfest den Tyrannen
                    Hipparch den Tyrannen ermordeten.[51]

In einem wohl gleichzeitig am Nebentisch geschriebenen Entwurf bedauert Hegel, daß in Deutschland keine ähnliche Tradition wie bei den Griechen lebendig sei: »Es ist kein Harmodius, kein Aristogeiton, die ewiger Ruhm begleitete, da sie den Tyrannen schlugen und gleiche Rechte und Gesetze gaben ihren Bürgern, die in dem Munde unsers Volks, in seinen Gesängen lebten.«[52]

Später, doch vor Dezember 1796 (Druckvorlage des ersten Bandes des *Hyperion*) folgende Stellen aus dem Roman: »Die Harmonie der Geister wird der Anfang einer neuen Weltgeschichte sein. [...] Ideal ist, was Natur war. Daran, an diesem Ideale, erkennen die Wenigen sich und Eins sind sie, denn es ist Eines in ihnen, und von diesen, diesen beginnt das zweite Lebensalter der Welt – ich habe genug gesagt, um klar zu machen, was ich denke.

Da hättest du Diotima sehen sollen, wie sie aufsprang, und die beiden Hände mir reichte und rief: ich hab' es verstanden, Lieber, ganz verstanden, so viel es sagt.«

Was aber hatte Hyperion vorher gesagt, das wenigstens einigen »Guten« genug sein sollte, um klar zu machen, was er denkt? Folgendes: »Ich hatte wenig mitgesprochen, ich hütete mich seit einiger Zeit, viel Worte zu machen von Dingen, die das Herz zunächst angehn, meine Diotima hatte mich so einsilbig gemacht.

Da Harmodius und Aristogiton lebten, rief endlich einer, da war noch Freundschaft in der Welt. Das freute mich zu sehr, als daß ich hätte schweigen mögen.

Man sollte dir eine Krone flechten um dieses Wortes Willen! rief ich ihm zu; hast du denn wirklich eine Ahnung davon, hast du ein Gleichnis für die Freundschaft des Aristogiton und Harmodius? Verzeih mir! Aber beim Aether! man muß Aristogiton sein, um nachzufühlen, wie Aristogiton liebte, und die Blitze durfte wohl der Mann nicht fürchten, der geliebt sein wollte mit Harmodius Liebe, denn es täuscht mich alles, wenn der furchtbare Jüngling nicht mit Minos Strenge liebte. Wenige sind in solcher Probe bestanden, und es ist nicht leichter, eines Halbgotts Freund zu sein, als an der Götter Tische, wie Tantalus, zu sitzen. Aber es ist auch nichts herrlicheres auf Erden, als wenn ein stolzes Paar, wie diese, so sich untertan ist.«[53]

In dem vor 1799 vollendeten zweiten Band des *Hyperion* lesen wir: »Ich bin zu müßig geworden, . . . zu friedenslustig, zu himmlisch, zu träg! . . . Ja! sanft zu sein, zu rechter Zeit, das ist wohl schön, doch sanft zu sein, zur Unzeit, das ist häßlich, denn es ist feig! – Aber Harmodius! deiner Myrthe will ich gleichen, deiner Myrthe, worin das Schwert sich verbarg . . . Ich will nicht zusehen, wo es gilt.«[54]

Das etwa 1801 vollendete Gedicht *An Eduard* nimmt das Thema des Tyrannenmords durch das heroische Paar wieder auf. Hier die ersten Strophen der zweiten Fassung:

Euch alten Freunde droben, unsterbliches

Gestirn, euch frag' ich, Helden! woher es ist,
    Daß ich so unterthan ihm bin, und
      So der Gewaltige sein mich nennet?

Nicht vieles kann ich bieten, nur weniges
    Kann ich verlieren, aber ein liebes Glück,
      Ein einziges, zum Angedenken
        Reicherer Tage zurückgeblieben,

Und diß, so ers geböte, diß Eine noch,
    Mein Saitenspiel, ich wagt' es, wohin er wollt'
      Und mit Gesange folgt' ich, selbst ins
        Ende der Tapfern hinab dem Theuern.

Mit Wolken, säng' ich, tränkt das Gewitter dich,
    Du dunkler Boden, aber mit Blut der Mensch;

So schweigt, so ruht er, der sein Gleiches
 Droben und drunten umsonst erfragte.

Wo ist der Liebe Zeichen am Tag? wo spricht
 Sich aus das Herz? wo ruhet es endlich? wo
  Wirds wahr, was uns, bei Nacht und Tag, zu
   Lange der glühende Traum verkündet?

Hier, wo die Opfer fallen, ihr Lieben, hier!
 Und schon tritt hin der festliche Zug! schon blinkt
  Der Stahl! die Wolke dampft! sie fallen und es
   Hallt in der Luft und die Erde rühmt es!

Wenn ich so singend fiele, dann rächtest du
 Mich, mein Achill! und sprächest, er lebte doch
  Treu bis zuletzt! das ernste Wort, das
   Richtet mein Feind und der Todtenrichter![55]

Wie ist dieses Gedicht zu deuten? Ist es bloß ein verspätetes
Stück Sturm und Drang-Literatur *in tyrannos*, nur poetische
Spielerei?
Hier, wie so oft bei Hölderlin, kann kaum ein unbezweifel-
bares Resultat durch zwingende Beweisführung erreicht werden; jedoch kann durch das Zusammentragen von Indizien eine
große Wahrscheinlichkeit für eine bestimmte Deutung erarbei-
tet werden. Jedem steht es dann frei, sich – sozusagen in An-
betracht der vorliegenden Akten – seine eigene Meinung zu
bilden.
In der oben angeführten Stelle des *Hyperion* wurde gesagt:
»es ist nichts herrlicheres auf Erden, als wenn ein stolzes Paar,
wie diese (Harmodius und Aristogiton), so sich *untertan* sind«.
Aus Homburg, wo ihn Sinclair aufgenommen hat, schreibt
Hölderlin an die Mutter: »Sinclair läßt sich Ihnen empfehlen
[...] Es wird auch wirklich wenig Freunde geben, die sich
gegenseitig so beherrschen und so *untertan* sind.«[56]
Den seltenen Ausdruck finden wir in dem Sinclair gewidmeten
Gedicht *An Eduard*[57] wieder, und zwar in Verbindung mit
dem Thema der heroischen Freundschaft zwischen Castor und
Pollux (oder der nicht genannten, aber im Hintergrund stehen-
den Gestalten von Harmodius und Aristogiton):

> . . .unsterbliches
>
> Gestirn, euch frag' ich, Helden! woher es ist,
>   Daß ich so *unterthan* ihm bin . . .

Es gibt also eine eindeutige, wiederholte Verbindung zwischen Hölderlins Freundschaft mit Sinclair, dem Thema der heroischen Freundschaft, die unsterblich macht, und dem Thema des Tyrannenmords. Alle drei Themen klingen im späten Gedicht *An Eduard* mit: wenn der Freund es gebietet (»so ers geböte«), wird unter Beteiligung des Dichters der Mordanschlag ausgeführt.

Es könnte sich beim Tyrannenmord um »die eine idealische Tat« handeln, in der das Individuum »untergeht und untergehen muß« als »Opfer«, von der im *Grund zum Empedokles* die Rede ist.[58] (Man denke auch dabei an das Schicksal der Charlotte Corday.) Wie die »kühne Tat« des Harmodius und Aristogiton die Freiheit in ihrer vorigen Würde wieder herstellte und die Blüte der griechischen Kultur einleitete[59], so soll eine gleichartige, mit einem Selbstopfer verbundene »kühne Tat« in Deutschland eine schönere Zeit einleiten.

Von wohlmeinenden Hölderlin-Experten wird immer wieder versucht, das »fromme« Bild des »unschuldigen« Dichters von jedem Verdacht zu reinigen, er hätte je die wirkliche Absicht gehabt, sich an einer revolutionären Aktion konkret zu beteiligen, geschweige denn an der abscheulichen Tat der Ermordung des Landesvaters.[60] Diese rührenden Versuche einer Verharmlosung und Verniedlichung des dichterischen Wortes bleiben uns jedoch die Erklärung für die unmißverständlichen Verse schuldig:

> Wenn ich so singend *fiele*, dann rächtest
>   Du mich, . . .

Man erinnere sich, daß vom Paar Harmodios-Aristogiton auch der eine fiel, der andere aber die Tat überlebte (genau wie im Paar Kastor-Pollux der eine sterblich, der andere unsterblich ist, doch beide die Unsterblichkeit als Gestirn teilen).

Die Versuche einer »Ehrenrettung« Hölderlins (die er nicht braucht), die sich auf die letzten Strophen stützen möchten:

> Doch weilen wir in Ruhe, du Lieber, noch;
>   Uns birgt der Wald . . .

verkennen, daß bei Hölderlin jedes Wort etwas zu sagen hat, und auch durch seinen Stellenwert etwas besagt. Hier: »Doch weilen wir in Ruhe, du Lieber, *noch*« – dieses *noch* bedeutet gerade, daß der Zustand nicht immer dauern wird, daß sich etwas ändern soll und wird. Auch den Ausdruck »Uns birgt der *Wald*« kann man nicht einfach als Staffage abtun; er hat eine konkrete Bedeutung: der Wald, der die Verschwörer *birgt,* ist (wie wir es bei Gelegenheit einer ganz parallelen Stelle der *Rhein-Hymne* zeigen werden) geradezu ein Symbol der *clandestinité,* der heimlichen Aktion im Dunkel des deutschen Eichwalds als Symbol der reaktionären Zustände in Württemberg nach 1799.

Tatsache ist, daß einer, der Sinclair und Hölderlin gut kannte, der berüchtigte Blankenstein, am 29. Januar 1805 eine Denunziation an den Kurfürsten von Württemberg schickte, die Kirchner im Wortlaut wiedergibt. Hier einige Zeilen daraus: »Damals schon (in Rastatt) sprach Sinclair von weitaussehenden Entwürfen, von deutscher Republik usw. [. . .] Die Mitteilung, daß er in Rastatt einen Plan zur Revolution Schwabens gemacht [. . .], daß er Mitglied eines Württembergischen Comité gewesen sei [. . .] erregte meine ganze Aufmerksamkeit [. . .]. In der Mitte des Monats Juni (1805) trafen wir beide in Stuttgart ein [. . .]. Die eigentliche Absicht seiner Reise war [. . .] sich mit Baz, Gros, Weishaar, Seckendorff und Hofacker [. . .] zu besprechen, eine geheime Verbindung [. . .] in Worms zu stiften und die Fahne der Empörung aufzupflanzen [. . .]. Sinclair sprach damals davon, daß ein großer entscheidender Coup gewagt werden müsse, und er und Baz waren nur in der Auswahl eines fähigen Subjects streitig. [. . .]

Als ich von dem teuflischen Plan, der die höchste Person Ew. Churfürstl. Durchlaucht und die des Herrn Grafen Wintzingerode selbst betraf, Spuren bekam, entschloß ich mich, solche persönlich Ew. Churfürstl. Durchlaucht zu entdecken. [. . .] Ich habe gegründete Ursache zu befürchten, daß die Plane dieses Menschen der Ausführung nahe sind.«[61]

Sinclair witterte etwas. Es kam ihm zu Ohren, daß man in Homburg davon sprach, er habe eine Verschwörung angezettelt, um den Kurfürsten von Württemberg umzubringen. Durch Seckendorff ließ er alle Freunde in Stuttgart warnen, wahrscheinlich auch durch Landauer, den Freund und Gastgeber Hölderlins, der ebenfalls in der Denunziation genannt wurde: »(ich) beobachtete Sinclair immer und sah, daß sehr viele

Briefe von ihm nach Stuttgart unter der Adresse an Landauer und Söhne gingen«, schrieb Blankenstein.

Sinclair wurde verhaftet und später wieder entlassen, jedoch nicht für unschuldig erklärt. Wenn sich auch verschiedene Dokumente unter den bei Sinclair beschlagnahmten Papieren befanden – wie der nun verschollene Brief Hölderlins an Sinclair vom 2. August 1802, der offenbar die Antwort des Dichters auf den Brief Sinclairs enthielt, der ihm den Tod von Susette Gontard mitteilte – so kann man von Glück reden, daß Hölderlins Gedicht *An Eduard* nicht darunter war. Hätte die Untersuchungskommission dieses Gedicht in den Akten vorgefunden und wäre sie fähig gewesen, die Anspielungen zu entschlüsseln und den Zusammenhang mit dem Thema des Tyrannenmords philologisch zu ergründen, so hätte sie dieses Gedicht zumindest als höchst gravierendes Dokument, wenn nicht als Beweisstück, erachtet. Schon an diesem Fall ist ersichtlich, daß die verschlüsselte Sprache der Hymnen ihren guten Grund hatte.

Daß dieses Gedicht gefährlich war, wußte niemand besser als die Person, die es damals aufbewahrte, die Prinzessin Auguste von Hessen-Homburg, eine Tochter des Landgrafen, auf deren Person wir kurz eingehen wollen (nach Kirchner[62]): Zu ihrem Geburtstag (28. Nov. 1799) dichtete Hölderlin eine Ode, in der er sich an die »Freigeborne« wendet. Damit spielt er keineswegs auf die fürstliche Abkunft Augustens an. Wie Kirchner sehr richtig sagt, ist »freigeboren« ein Kennwort der Jüngeren dieser Zeit, »in welchem die revolutionären Wünsche eines ganzen Jahrhunderts mitschwangen«. Kirchner zeigt auch an verschiedenen Beispielen, wie Hölderlin in diesem Gedicht von einer Art Geheimsprache Gebrauch machte, die nur den Eingeweihten deutlich sein sollte – doch nicht so verhüllt, daß die Prinzessin Hölderlins Gedicht vor ihrem Vater nicht verbergen zu müssen glaubte. Doch war der Landgraf selbst viel eingeweihter als seine Tochter es glauben konnte (und wohl auch als Kirchner es weiß). Sie wußte nicht, daß ihr Vater ein Mitglied des Illuminatenordens gewesen war[63], also ein radikaler Freimaurer, der Radikale und Freimaurer beschützte, wie u. a. Leuchsenring, der ein begeisterter Anhänger der Französischen Revolution war und in Paris mit Oelsner und Schlabrendorff bekannt war. Auch vom guten Landgrafen von Hessen-Homburg gibt es ein »frommes« Bild, das der Wirklichkeit nicht entspricht.

Zurück zur Prinzessin Auguste, der »Freigeborenen«. Sehr viel später (20. Dezember 1816) fragte ihre Schwester Marianne: »Wage ich zu viel, wenn ich nun noch um etwas bitte [...] wo nicht, antworte nicht darauf. Wie hattest Du Hölderlin geliebt?«

Die Frage traf Prinzessin Auguste mit ungeheurer Wucht. Sie antwortete mit einem ausführlichen Schreiben, das sie ihr »Testament« nannte, schickte es erst am 2. März 1817 an Marianne, die es dann als ein Heiligtum in tiefstem Geheimnis aufbewahrte. Erst 1952 – nach 135 Jahren – wurde es erstmals von Kirchner veröffentlicht.

Sie beschreibt, wie sie beim Lesen des *Hyperion* ergriffen wurde, der ihr in die Hände fiel. »Er (Hölderlin) wohnte bald darauf einige Jahre hier. Ich hörte von seinem Freunde (Sinclair), wenn ich wollte von ihm reden. (Dieser selbst hatte keine Ahnung meines Interesses.) Gesprochen habe ich ihn in diesen paar Jahren drei oder viermal, eigentlich *gar nicht* – gesehen vielleicht sechs Mal. Aber die Einbildungskraft hatte freies Spiel – und was sie leisten kann, das hat sie treulich geleistet! – Daß ich nicht übergeschnappt bin, bei dieser Überspannung, ist allein eine Gnade Gottes.«

Als 1821 ein Leutnant Diest in Berlin die erste Sammlung der Gedichte Hölderlins ins Werk setzte, bekam er von der Prinzessin Auguste die Abschriften von sechs der schönsten Gedichte Hölderlins, darunter die Ode *An Eduard*. Die Prinzessin vermerkte jedoch, daß sie dieses Gedicht wegen verschiedener ihr aufgefallenen Stellen nicht mit abgedruckt zu sehen wünsche. »Uns« – sagt Kirchner – »erscheint ihr Bedenken nicht so unverständlich wie dem jungen Leutnant Diest, der in dem Gedicht nicht das geringste Verfängliche oder politisch Gefährliche entdecken konnte. [...] Auguste war mit dem Leben Hölderlins zu vertraut gewesen, um nicht zu wissen, daß diese Verse sich an Sinclair richteten. Sie allein sah, daß der Dichter sich hier bereit erklärte, auf Leben und Tod dem Freunde zu revolutionärer Tat zu folgen, und dachte an die Verhaftung Sinclairs, die sie in Homburg miterlebt hatte. [...] Man begreift, daß die Erbgroßherzogin (Auguste) in der Zeit nach den Karlsbader Beschlüssen, da die Zensur allenthalben nach demagogischen Äußerungen fahndete, die Veröffentlichung des Gedichtes untersagte, um dem fern vom Tagesbetrieb in Tübingen dahindämmernden kranken Dichter nicht zu schaden. [...] Es gehört zu den eigentümlichen Fügungen im Leben Hölderlins, daß Sinclair, das Urbild seines Alabanda, wegen eines versuchten Tyrannenmordes belangt wurde und vor Gericht kam, und daß dem Dichter als Helfer beinahe ein Gleiches widerfahren wäre.«[64]

Das höchste Lob, das sich der Dichter wünscht, ist in der Ode *An Eduard* dem Überlebenden in den Mund gelegt: »er lebte doch *treu* bis zuletzt.« Diese Treue an das Ideal ist es, die dem Dichter am wichtigsten ist. Schelling hat er seine »Abtrünnigkeit« vorgeworfen.[65] Auch lobt er die »Treue« des Rheins mit folgenden Worten:

Doch nimmer, nimmer vergißt ers.
Denn eher muß die Wohnung vergehn,
Und die Satzung und zum Unbild werden
Der Tag der Menschen, ehe vergessen
Ein solcher dürfte den Ursprung
Und die reine Stimme der Jugend.[66]

Hölderlins volksfreundliche Gesinnung ist, trotz aller Ereignisse, immer die gleiche geblieben; er sagt es ausdrücklich in der Ode *Stimme des Volks,* an der er von 1798 bis 1801 arbeitete:

Du seiest Gottes Stimme, so glaubt' ich sonst
    In heilger Jugend; ja, und ich sag' es noch!
        Um unsre Weisheit unbekümmert
            Rauschen die Ströme doch auch, und dennoch
Wer liebt sie nicht?[67]

Kann ein unwandelbares, unbeirrbares Vertrauen in das Volk prägnanter, eine Treue an das Ideal der Jugend ergreifender und klarer dokumentiert werden, als durch die Worte: »ja! und ich sag' es *noch*!« *Ja noch* bedeutet hier nicht etwa: ich sage es noch einmal, sondern: ich sage es immer noch, trotz allem, was inzwischen geschah.

An einem letzten Beispiel möchte ich zeigen, daß Hölderlins politische Gesinnung und Einstellung zu den Ereignissen nicht nur an sich beachtenswert ist, sondern daß ihre Berücksichtigung zum Verständnis seiner Dichtung nicht wenig beiträgt. Die letzte Strophe der Hymne *Der Rhein* lautet:

Dir mag auf heißem Pfade unter Tannen oder
Im Dunkel des Eichwalds gehüllt
In Stahl, mein Sinklair! Gott erscheinen oder
In Wolken, du kennst ihn, da du kennest, jugendlich,
Des Guten Kraft, und nimmer ist dir
Verborgen das Lächeln des Herrschers
Bei Tage, wenn
Es fieberhaft und angekettet das
Lebendige scheinet oder auch
Bei Nacht, wenn alles gemischt
Ist ordnungslos und wiederkehrt
Uralte Verwirrung.[68]

Eine wirklich befriedigende Interpretation dieser Schluß-
strophe ist bis jetzt, selbst von einsichtigsten Kommentatoren,
nicht geliefert worden. Was man weiß, ist folgendes: Die
Hymne wurde im Frühjahr 1801 zu Hauptwil konzipiert,
vollendet wohl erst im Sommer. Ursprünglich war sie *An Vater Heinze* gewidmet, dann wurde die Widmung gestrichen
und durch die *An Isaak von Sinclair* ersetzt. Die frühere Fassung der letzten Strophe wurde ebenfalls gestrichen und durch
eine andere, durch den endgültigen, hier angeführten Text ersetzt.[69]

Wenn man mit uns annimmt, daß Hölderlin in den späten
Hymnen eine absichtlich verschlüsselte symbolische Sprache
spricht, so liegt es nahe zu versuchen, sie zu entschlüsseln. Am
Erfolg soll sich zeigen, ob erstens der Versuch berechtigt war
und zweitens, ob er gelungen ist. (Das eine könnte auch ohne
das andere sein.)

Wenn man weiter annimmt, daß der Plan eines Anschlags gegen den Kurfürsten wirklich bestand und daß Hölderlin und
Sinclair zumindest als Mitwisser Komplizen waren – dann
leuchtet ein, daß die drei ersten Zeilen auch etwas genaues aus-
sagen und daß die Landschaft nicht bloß malerisches Dekor
oder metaphysische Szenerie ist.

Unsere Deutung würde lauten: »Auf heißem Pfade unter Tannen«, das ist eine schweizerische Gebirgslandschaft in mittäg-
licher Stunde, wenn die Sonne hoch am Himmel steht. Die
Sonne ist das Symbol der Freiheit, des »Lichts« im aufklärerischen Sinne des Wortes. In der Schweiz, die ein freies Land
ist, steht die Sonne der Freiheit oben am Himmel. (In diesem

Gedicht wird übrigens der Strom der »freigeborene« genannt; das will sagen, daß er in freiem Lande, in der Schweiz, seine Quelle hat.)

»Im Dunkel des Eichwalds«, das ist die deutsche Eiche, der dunkle Wald der Reaktion, der (wie in *An Eduard*) »uns (die Verschwörer) birgt«.

»Die Wolken«, das ist das Erträumte, die Zukunft, das Ideal. Dir, Sinclair, mag Gott in irgendeiner dieser drei verschiedenen Landschaften oder Situationen, unter jeweils entsprechender Form, erscheinen, du weißt ihn doch zu erkennen.

Was ist aber »Gott«? Das ist nicht der Gott der Christen, nicht der Vater, nicht Christus oder der Geist. Dieser »Gott« ist das Jugendliche, »des Guten Kraft«, »das Lächeln des Herrschers«. Dieser Gott trägt für diejenigen, die dasselbe Ideal in der Brust hegen, auch einen anderen Namen, der jetzt, »wie es da ist«, nicht mehr genannt werden darf und also umschrieben wird; in freiem Lande heißt der Gott: die Freiheit.

Du, Sinclair, weißt die Freiheit in dreifacher Form zu erkennen, sei es da, wo sie herrscht wie in der Schweiz, wo man eine Republik hat, sei es in Deutschland, wo sie nur »gehüllt«, z. B. in der Form eines Geheimbundes, anzutreffen ist, sei es in dem Ideal der künftigen, schöneren Gesellschaft, von der wir gemeinsam träumen.

Nun die zweite Hälfte der Strophe: »Gott«, »des Guten Kraft«, das Jugendliche, »das Lächeln des Herrschers« (das Lächeln ist, wie bei den archaischen Griechen und auch heute noch bei den Stämmen des inneren Afrika, ein Zeichen der Gunst des Höheren) ist in zwei Arten von »Zeiten« – zwei verschiedenen Geschichtsphasen – zu erkennen; in der Zeit der Revolution, »wenn es fieberhaft und angekettet das Lebendige scheinet«, oder auch in der Zeit der Reaktion, der Rückkehr zum ursprünglichen Chaos, zur ewigen Wildnis, die in den Tiefen des Abgrunds das Lebendige ist.

Man vergleiche in dem Hymnenentwurf *Die Titanen:* »gewaltig dämmerts / Im ungebundenen Abgrund / Im allesmerkenden auf.«[70]

Noch bleiben die Worte »In Stahl« zu deuten. In unserem Zusammenhang können wir dafür eine Erläuterung bieten. Man mache nur die Probe: beim Vortragen der Strophe mit lauter Stimme lese man die Worte »In Stahl, mein Sinklair!«

mit geflüsterter, vertraulicher Stimme, sozusagen als einen Wink an Sinclair, als eine Anspielung, die von anderen nicht verstanden werden soll: »*Du, mein* Sinclair, *du* weißt, was ich damit meine.« Was meint er aber mit dem *Stahl*?

In der Dichtung nach 1800 kommt das Wort Stahl nur zweimal vor: das zweite Mal hier, und das erste Mal im Gedicht *An Eduard* bei der Beschreibung des Tyrannenmords:

Jetzt, wann die Opfer fallen, ihr Freunde! jetzt!
    Schon tritt hinzu der festliche Zug, *schon blinkt*
        Der Stahl, die Wolke dampft, sie fallen, und es
            Hallt in der Luft, und die Erde rühmt es![71]

Im Zusammenhang mit dem Gedicht *An Eduard* ist »der Stahl« der Dolch der Mörders, das Schwert, das sich in der Myrte verbarg, als Harmodios und Aristogiton den Tyrannen erdolchten.

Man mag diese Interpretation gewagt finden. Wir erachten sie solange als stichhaltig, als man keine bessere und stichhaltigere anbietet.

Worauf es uns ankam, war, an *einem* Beispiel zu zeigen, daß die »politische« Interpretation der Dichtung Hölderlins auch – und nicht zuletzt – einen gültigen Beitrag zu einem besseren Verständnis leisten kann und diese Dichtung wieder aufleben läßt in ihrer Aktualität, als laufenden Kommentar zum Problem der Revolution und des Mannes im Zeitalter der Revolutionen.

Das letzte, von Hölderlin selbst veröffentlichte Werk, die 1804 erschienene Übersetzung des Sophokles, ja, die allerletzte Seite dieses Textes, zeugt in ergreifender Weise von des Dichters Treue zum Ideal der Jugend. In den *Anmerkungen zur Antigone* schreibt er: »Vaterländische Umkehr ist die Umkehr aller Vorstellungen und Formen.« In der »vaterländischen Umkehr« (lies: Revolution!) ändert sich die *ganze Gestalt* der Dinge; die Natur und Notwendigkeit neigt sich zu einer anderen Gestalt, sie geht in Wildnis über oder in neue Gestalt. Die Revolution, das ist nicht nur ein Wechsel des politischen Regimes, sondern eine tiefgreifende Änderung aller Vorstellungen und Verhältnisse, eine »unendliche Umkehr«. »Die Art des Hergangs in der Antigone« – sagt Hölderlin – »ist die bei einem Aufruhr. [...] Die Vernunftform, die hier tragisch sich bildet, ist politisch, und zwar republikanisch. [...] Besonders zeigt sich dies am Ende, wo Kreon von seinen Knechten fast gemißhandelt wird.«[72]

Sophokles als Republikaner: das war das letzte, was Hölderlin vor der Umnachtung, im Jahr der Krönung Napoleons öffentlich aussprach. Es zeugt nicht nur von seiner Treue, sondern auch von seinem Mut.[73]

Anmerkungen

Anmerkungen zur Einleitung

1 Im deutschen Sprachraum bildete Georg Lukács eine Ausnahme. Er sprach vom »Leidensweg und Untergang Hölderlins, dessen Bild völlig verzerrt in der deutschen Literaturgeschichte lebt. Von seinen Genossen wurde er verkannt, die späteren haben ihn mißverstanden oder gar verfälscht.« Lukács nennt Hölderlin einen verspäteten Jakobiner und seinen *Hyperion* den Entwurf eines Citoyen-Romanes. (Georg Lukács, *Skizze einer Geschichte der neueren deutschen Literatur. Fortschritt und Reaktion in der deutschen Literatur*. Berlin 1945). Aber Georg Lukács ist kein Deutscher.

In der DDR erschienen in der Wissenschaftlichen Zeitschrift der Karl-Marx-Universität Leipzig zuerst im Heft 9/10 des Jahrgangs 1952/53 ein Aufsatz von Claus Träger, *Hölderlins Hyperion als Widerspiegelung der progressivsten Tendenzen der Französischen Revolution*, dann im Heft 2 des 12. Jahrgangs (1963) ein Aufsatz von Klaus Pezold, *Zur Interpretation von Hölderlins Empedokles-Fragmenten*. Letztlich, im *Hölderlin-Jahrbuch* 1967/68, der Aufsatz von Adolf Beck, *Hölderlin als Republikaner*.

Ansonsten – nichts über Hölderlin als Jakobiner, oder sehr wenig. Hier, am Gegenpol, einige Stichproben des um Hölderlin organisierten Mißverständnisses:

1921: Im Band III (1. Aufl., S. 489 f.) der sonst so verdienstvollen Hellingrath-Ausgabe schreibt Ludwig von Pigenot:
»Die Frage nach Hölderlins politischer Gesinnung wurde bisher fast immer zu klein gestellt, und sie scheint mir überhaupt gegenstandslos zu sein. Wie wenig ist im Grunde gesagt, wenn man ihn nach dem Zeitgeschmacke einen Royalisten oder Jakobiner nennt, da bei ihm doch alles und jedes einem innersten Quell entspringt und auch sein äußerliches Reagieren immer nur vom Grundstoße eines metaphysischen Wissens her begriffen werden darf.« Dieses »darf«, als Verbot verhängt, ist um so köstlicher, als dieser Ausspruch bei Gelegenheit des Kommentars zu einem Gedicht gemacht wird, das eine »deutsche Marseillaise« ist, die im ersten Entwurf folgenderweise anfing:

O Morgenrot der Deutschen, o Schlacht! du kömmst
   Flammst heute blutend über den Völkern auf,
      Denn länger dulden sie nicht mehr sind
         Länger die Kinder nicht mehr, die Deutschen. (StA, V, 606)
Vielleicht »darf« auch die französische Marseillaise »nur vom Grundstoße eines metaphysischen Wissens her« begriffen werden!

1919–1923: Eduard Spranger formuliert es so:
»Hegel war geborener Politiker. Hölderlin scheint neben ihm zu
stehen als der schönheitstrunkene Schwärmer, als die zarte Seele, die
bestimmt war, mit ihrer inneren Traumwelt am Schicksal zu zerbrechen. Er scheint zu denen zu gehören, die das Politische von sich
schieben, weil sie fürchten, daran innerlich unrein zu werden: der
Staat ist nur für die ehernen Naturen, nicht für die stillwachsenden
blütenhaften Seelen.« Eduard Spranger, *Hölderlin und das deutsche
Nationalbewußtsein,* in: *Neue Jahrbücher f. Philologie und Pädago-
gik* 1919. – Auch: *Hölderlin, Beiträge zu seinem Verständnis in unserem Jahrhundert,* Tübingen 1961.
Dieser Verbrämung fällt auch Thomas Mann zum Opfer. 1928
schließt er einen Aufsatz über *Kultur und Sozialismus* mit folgenden
Worten (abkürzend zitiert):
»Was nöt täte, was endgültig deutsch sein könnte, wäre ein Bund und
Pakt der konservativen Kulturidee mit dem revolutionären Gesell-
schaftsgedanken. [...] Ich sagte, gut werde es erst stehen um Deutschland, und dieses werde sich selbst gefunden haben, wenn Karl Marx
den Friedrich Hölderlin gelesen haben werde.« (Th. Mann, *Werke
in 12 Bänden,* Berlin 1955, Bd. 11, S. 714) Hölderlin – von Thomas
Mann zum Vertreter der konservativen Kultur ausersehen. Doch ist
es auch eine Familienangelegenheit: Wenn Hegel der »geistige Bruder« Hölderlins war, und Karl Marx der »geistige Sohn« Hegels ...
Von hier ist es nur ein Schritt bis zur bewußten Fälschung, die 1936,
drei Jahre nach der Machtergreifung, begangen wird. Eugen Gottlob
Winkler behauptet, bei seiner Rückkehr aus Bordeaux sei Hölderlin
»auf die Spuren der tierischen Kämpfe (gestoßen), welche die Truppen der französischen Revolution in der Vendée der aufständischen
Bevölkerung geliefert hatten. Mit Sensen und Dreschflegel waren die
Bauern vorgerückt, um die fromme, ihnen seit alters vertraute, von
den Vätern überlieferte und von Gott beglaubigte Ordnung ihrer
Wirklichkeit gegen das unheimliche, unirdische Dreigestirn einer
illusorischen Freiheit, einer tödlichen Gleichheit und einer Brüderlichkeit im Gemeinen zu verteidigen. Hölderlin sah die »traurige, einsame Erde«, und erschüttert im Grund seines Wesens, in der Seele
verstört, langte er im Spätsommer 1802 bei seinen Verwandten an«.
Ein schwer zu übertreffendes Stück Fälschung, das sich wohl dadurch
erklärt, daß Winkler im Dritten Reich seine Ansichten unverhüllt
glaubte darstellen zu können. Weniger verständlich ist es allerdings,
daß sein Aufsatz noch 1961 in dem Sammelband *Hölderlin. Beiträge
zu seinem Verständnis in unserm Jahrhundert* Aufnahme fand.
In diesem Sammelband, das Beste vom Besten, von Stefan George
bis Heidegger, wird auf 400 Seiten die Französische Revolution als
von Hölderlin-Forschern in Betracht zu ziehender Faktor nur einmal

erwähnt, und zwar im Aufsatz von Karl Reinhardt, wo dieser zu Hölderlins Kommentar der Antigone sehr richtig sagt: »(es ist) kaum möglich, sich hierbei nicht an die französische Revolution erinnert zu fühlen. Es ist dies um so unmöglicher, als Hölderlin an den französischen Ereignissen den allerlebhaftesten Anteil nahm.« Damit erschöpft sich aber im erwähnten Band der Hinweis auf das historische Ereignis, das Hölderlins Leben entscheidend gestaltete.

2 *StA*, IV, S. 154 ff.
3 Hölderlins Neujahrsbrief, *StA*, VI, S. 303.
4 *Geschichte der schönen Künste in Griechenland; StA*, IV, S. 190.
5 *StA*, IV, S. 201–204.
6 Hegel, Vorrede zu: *Grundlinien der Philosophie des Rechts*, 1818–1820. Hervorhebung von Hegel.
7 *StA*, II, S. 88.
8 *StA*, VI, S. 229.
9 *StA*, I, S. 300.
10 *StA*, I, S. 300.
11 An Landauer, *StA*, II, S. 85.

Anmerkungen zu I. *Deutsche Jakobiner*

1 *StA*, VI, S. 77.
2 Staatsarchiv des Landes Württemberg, Stuttgart.
3 Als Fichte in Jena 1799 des Atheismus beschuldigt wurde, glaubte er in seiner »Verantwortungsschrift« behaupten zu dürfen: »Die Triebfeder (meiner Gegner) ist klar; sie ist notorisch. [...] *Ich bin ihnen ein Demokrat, ein Jakobiner,* dies ist's. Von einem solchen glaubt man jeden Greuel ohne weitere Prüfung.« (Alfred Stern, S. 173).
4 Rebmann, *Holland und Frankreich in Briefen, geschrieben auf einer Reise von der Niederelbe nach Paris im Jahre 1796*, Bd. 2, S. 253.
5 Nach Hedwig Voegt, S. 112.
6 Das meiste ist hier aus dem sehr wichtigen Buch des Zürcher Historikers Alfred Stern entlehnt und zum Teil wörtlich übernommen worden. Am Ende des Buches befindet sich eine sehr gute Bibliographie und Hinweise auf die Möglichkeit neuer Funde. Alfred Stern erwähnt besonders Adolf Wohlwill, *Weltbürgertum und Vaterlandsliebe der Schwaben*, Hamburg 1875, und Adolf Wohlwill, *Georg Kerner*, Hamburg 1886.
7 Ludwig Wekhrlin, *Anselmus Rabiosus Reise durch Oberdeutschland*, Salzburg und Leipzig, 1778.
8 Alfred Stern, a.a.O., S. 105.

9 Ibid., S. 163.

10 Diese Zeitschrift *Minerva* hat Hegel gelesen. Sie hat ihn außerordentlich und entscheidend beeindruckt. Siehe hierzu das höchst aufschlußreiche Buch von Jacques d'Hondt, *Hegel secret,* Paris 1968.

11 Zitiert bei Alfred Stern, S. 32.

12 Zitiert ibid., S. 19.

13 Hervorhebung von mir.

14 Alfred Stern, a.a.O., S. 36 ff.

15 Alexander von Humboldt an F. H. Jacobi, 3. Januar 1791: »Der Anblick der Pariser, ihrer Nationalversammlung, ihres noch unvollendeten Freiheitstempels, zu dem ich selbst Sand gekarrt habe.«

16 Alfred Stern, a.a.O., S. 158 ff.

17 Ibid., S. 154 ff.

18 Ibid., S. 165 ff.

19 Ibid., S. 167.

20 Ibid., S. 28 ff.

21 Else R. Gross, *Karl Friedrich Reinhard, ein Leben für Frankreich und Deutschland,* in: *K. F. Reinhard, 1761–1837, Gedenkschrift zum 200. Geburtstag,* Stuttgart (o. D. 1961). (Hier bald wörtlich, bald kürzend angeführt); Wilhelm Lang, *Graf Reinhard. Ein deutschfranzösisches Lebensbild 1761–1837.* Bamberg 1896.

22 Der Neffe von Karl Friedrich Reinhards Mutter, Franz Karl Hiemer – geb. 1768, Karlsschüler, zum Maler ausgebildet, eine gesellige Natur – vermittelte anscheinend die erste Verbindung zwischen Schubart und Hölderlin. »Ein lustiger Dichter, ganz bon homme«, schrieb Hölderlin von ihm (*StA,* VI, 40), der mit ihm bis 1793 verkehrte. 1792 malte Hiemer das bekannte Pastellporträt Hölderlins. Alle diese Schwaben sind miteinander näher oder entfernter verwandt; alle gehören irgendwie den Pastorendynastien an.
Wie man weiß (siehe Albrecht Schöne, *Säkularisation als sprachbildende Kraft, Studien zur Dichtung deutscher Pfarrersöhne,* Göttingen 1958, S. 7 f.), entstammt insbesondere der sogenannte deutsche Idealismus dem deutschen Pfarrhaus. »Unter den nach 1525 Geborenen und vor 1900 Gestorbenen erfaßt die *Allgemeine Deutsche Biographie* insgesamt 765 Dichter, in deren Lebensbeschreibung der Beruf des Vaters angegeben wird. Unter ihnen befinden sich 8 Töchter und 195 Söhne von Geistlichen. [...] Seit der Mitte des 16. Jahrhunderts stammen von hundert deutschen Dichtern mehr als sechsundzwanzig aus dem Pfarrhaus.«
E contrario dürfen wir schließen, daß das katholische System des Zölibats die besten Begabungen im genetischen Stock der Katholizität zu 26% sterilisiert hat. Auch diese Zahl ist eine grobe Unterschätzung, denn schließlich entsprechen die 26% der deutschen dem Pfarrhaus entstammenden Begabungen nicht der gesamten deutschen

Bevölkerung, sondern nur dem evangelischen Teil davon. Man sollte wahrscheinlich richtiger sagen, daß das Zölibat die Begabungen, die im genetischen Stock enthalten sind, seit tausend Jahren zu 50% sterilisiert hat.

Allein im Stammbaum der Familie Burckhardt-Bardili (Regina Burckhardt, Tübingen 1599–1669, Carl Bardili, Tübingen 1600–1647, dessen Großvater Bardilly aus Dôle in der Franche-Comté stammte) liest man etwa in der Höhe der sechsten bis achten Generation die Namen Uhland, Hölderlin, Schelling, Mörike – aber auch andere, die wohl nicht weltberühmt, doch auch achtbar sind, darunter: Karl Friedrich Reinhard, die Philosophen Christoph Gottfried Bardili und Friedrich Philipp Immanuel Niethammer, die Dichter Christian Reinhold Köstlin und Karl Friedrich Gerok.

Hier die Schlußbetrachtung aus Hans Wolfgang Raths *Regina, die schwäbische Geistesmutter* (Ludwigsburg und Leipzig 1927, Selbstverlag des Verf.): »Durch die Blutzuflußbahnen lassen sich von der Deszendenz der Geistesmutter (Regina) vielfache Verbindungen zu anderen bedeutsamen Familienkreisen Schwabens herstellen, aus denen hervorragende Gestalten entsprossen sind. [...] So spinnen sich von dem einen mehrfach erwähnten Jacob Schönthalmaier in Murr die Fäden schwäbischer Allverwandtschaft hinüber zu Johannes Kepler, Hölderlin, Hauff, Kerner, Waiblinger, Mörike, Strauß, Conz, Hegel und Friedrich Theodor Vischer.«

Herrn Landrat Karl Hess in Böblingen verdanke ich folgenden Hinweis: »Hegel hat viele der bekanntesten schwäbischen Familien unter seinen Ahnen, wie z. B. Essich, Michael Mästlin (der Lehrer Keplers), Euslin (und durch ihn wohl Ahnengemeinschaft mit Goethe!), das Allerweltsahnenpaar Dreher-Volland in Leonberg usw.«

Eine methodisch geführte Ahnenforschung und die genetisch-theoretische Behandlung der Ergebnisse würde sich wohl lohnen.

23 Else R. Gross, a.a.O., S. 20.

24 Schillers Zeitschrift *Thalia* enthielt im 12. Heft einen anonym erschienenen Aufsatz aus Reinhards Feder: *Übersicht einiger vorbereitenden Ursachen der französischen Staatsumwälzung.* Doch die einzige Unternehmung, die Schiller wichtig genug schien, »um die Feder eines Vernünftigen zu beschäftigen«, war die Abfassung eines Memoire zur Verteidigung des Louis XVI, die er auch wirklich unternahm (Alfred Stern, a.a.O., S. 141 f.).

25 Robert Marquant, conservateur aux Archives Nationales, Paris: *Der »Ministre de famille«;* in: *K. F. Reinhard, Gedenkschrift* 1961, S. 113.

26 Nach Lang, S. 184.

27 »Es war der Klub nicht der Jakobiner, sondern der Freunde der Verfassung, den ich die Ehre hatte, zu präsidieren«, schreibt Rein-

hard. Es tut mir leid, dem guten Reinhard hier ein kategorisches
Dementi geben zu müssen: der *Club des Amis de la Constitution* war
nichts anderes als der Klub der Jakobiner. Es ist bezeichnend, daß
Reinhard 1833 durch Retuschieren der wahren Tatsache sich von den
Jakobinern distanzieren zu müssen glaubte. Schließlich ist es doch zu
erklären, daß Reinhard unter allen politischen Regimes Karriere
machte.

28 Siehe Adolf Wohlwill, *Georg Kerner*, Hamburg 1886.

29 Zitiert nach Adolf Beck, *H. Jahrbuch* 1967/68, S. 46, Brief Georg
Kerners an seine Braut Charlotte Breyer, 27. Februar 1794; s. u.
Anm. 65.

30 Zit. ibid.

31 In: Hedwig Voegt, *Die deutsche jakobinische Literatur und Publizistik,* nach Adolf Wohlwill s. o., S. 99.

32 Adolph Freiherr Knigge, *Über den Umgang mit Menschen,* ausgewählt und eingeleitet von Iring Fetscher, Frankfurt/M. 1962 (Einleitung, S. 7).

33 Der Gründer des Illuminatenordens Weishaupt firmierte »Spar-
takus« und Knigge nahm den Namen »Philo« an. Es ist nicht auszuschließen, daß Knigge mit Goethe in Verbindung stand und daß
einige Andeutungen im *Wilhelm Meister* auf diese Verbindung hinweisen. Es ist wohl kein Zufall, daß der vertraute Freund der
»schönen Seele« in den *Bekenntnissen* Philo genannt wird (»Philo, so
will ich ihn nennen.«); im 6. Kapitel des Achten Buches des *Wilhelm Meister* sagt Jarno: »Wie sieht's mit der Konjugation des griechischen Verbi Phileo Philô und mit den Derivativis dieses allerlieb-
sten Zeitworts aus?« (Philo, Philine ...) Auch lautet das Thema am
Ende der *Lehrjahre* »die Vermischung der Stände durch Heiraten«,
die »nur insofern Mißheiraten genannt zu werden verdienen, als der
eine Teil an der angeborenen, angewohnten und gleichsam notwendig
gewordenen Existenz des andern keinen Teil nehmen kann«, denn
»die verschiedenen Klassen haben verschiedene Lebensweisen, die sie
nicht miteinander teilen noch verwechseln können«.

34 Bis jetzt ist der Versuch noch nicht unternommen worden, die
vielen Schwaben in Paris zur Zeit der Revolution aufzuzählen. Doch
eine Zahl läßt sich nennen, die allerdings eine späte Periode der Revolution betrifft. Die preußische Gesandtschaft in Rastatt meldete
nämlich am 30. Januar 1799: »Zuverlässige Berichte aus Paris ver-
sichern, daß es dort mehr als dreißig Württemberger gibt, die das
Direktorium für ihren Plan zu gewinnen versuchen, die bestehende
Regierung umzustürzen.« (Scheel, S. 475).

35 Scheel, passim.

36 *StA,* VI, S. 85.

37 *Briefe an und von J. H. Merck.* Aus den Handschriften heraus-

gegeben von Dr. Karl Wagner. Darmstadt 1838. (Das erwähnte Stück ist von Désaugiers.)

38 David war der Maler, der später als Regisseur die großen Feierlichkeiten der Revolution und die Krönung Napoleons inszenierte.

39 Siehe: *Von deutscher Republik, 1775–1795 – I Aktuelle Provokationen.* Hrsg. Jost Hermand, Frankfurt/M. 1968, S. 105.

40 Im Original gesperrt.

41 Zitiert nach Stern, a.a.O., S. 156 sq.

42 Hellingrath, Bd. VI, S. 270 f.

43 Schwaben, von denen man annehmen dürfte, daß sie miteinander engere Verbindung unterhielten; erzählt doch Hölderlin, daß er von Waltershausen aus »sechs Stunden weit von hier« ein paar Landsleute und Universitätsfreunde besuchen wird, um sie »zu sprechen«. Die Schwaben haben sich überall aufgespürt. (*StA*, VI, 106).

44 Adolf Stern, a.a.O., S. 152 ff.

45 Adolf Stern, S. 154; auch Jacques d'Hondt, *Hegel secret,* S. 18.

46 *StA*, VI, S. 59.

47 *StA*, I, S. 145.

48 Auszug in: G. W. Fr. Hegel, *Politische Schriften,* Frankfurt 1966.

49 Alfred Stern, a.a.O., S. 51 ff.

50 Ibid., S. 52 f.

51 Ibid., S. 53 ff.

52 Ibid., S. 57 ff.

53 »Nicht nur hatte Hölderlin Ebel die Stellung im Hause Gontard zu danken, sondern beide verband ein gemeinsames Denken. [...] In seinen geognostischen Ansichten von Goethe sehr verehrt, gehörte Ebel zu den universalen Köpfen seiner Zeit [...], die auch lebhaften Anteil an den staatlichen und wirtschaftlichen Umwälzungen der 90er Jahre nahmen.« Paul Raabe, *Die Briefe Hölderlins,* Stuttgart 1963, S.118.

54 Ich verweise auf die Darstellung Adolf Becks in *StA*, VI, S. 750 ff., S. 821 ff., S. 995 ff.

55 *StA*, VI, S. 176 ff.

56 *StA*, VI, S. 183 ff.

57 Damit soll Paulus gemeint sein; *StA*, VI, S. 763.

58 *StA*, VI, S. 376 ff.

59 *StA*, VI, S. 780.

60 In einem Brief vom 26. März 1795 schrieb Sinclair aus Jena: »(Ich habe) einen Herzensfreund instar omnium erhalten, den Magister Hölderlin. Er ist Jung und Leutwein in einer Person.« (Hellingrath, VI, S. 251). Anscheinend gibt es noch unveröffentlichte Briefe von Jung.

61 Hellingrath, VI, S. 243.

62 Fichte, der später als »Deutschester der Deutschen« berühmt wur-

de, hatte an einen Wirkungskreis im Gebiet der französischen Republik gedacht. Im Jahre 1798 hatte er mit dem Hofrat Franz Wilhelm Jung, dem Freund Hölderlins und Leiter der Studienkommission in dem an Frankreich abgetretenen linksrheinischen Gebiet, in Briefwechsel gestanden, als sich ihm die Aussicht eröffnete, bei der Neuorganisation der eingegangenen Mainzer Hochschule mitzuarbeiten. Dieser Plan zerschlug sich, aber Fichte blieb mit Jung in Verbindung.

Als Fichte von der Ermordung des französischen Gesandten in Rastatt erfuhr, tauchte in ihm wieder der Gedanke auf, sich in den Dienst der Trikolore zu stellen. »Es ist klar«, schrieb er an Jung (21 Floréal an 7), »daß von nun an nur die französische Republik das Vaterland des rechtschaffenen Mannes sein kann. [...] Kurz, teurer verehrter Mann und einziger Beamter der Republik, mit welchem ich in Verbindung stehe, ich übergebe mich hierdurch feierlich mit allem, was ich kann und vermag, in die Hände der Republik, nicht um bei ihr zu gewinnen, sondern um ihr zu nützen, wenn ich kann.« Bald danach, am 22. Mai 1799, schrieb er an Reinhold: »Es ist mir gewisser als das Gewisseste, daß, wenn nicht die Franzosen die ungeheuerste Übermacht erringen und in Deutschland, wenigstens einen beträchtlichen Teil desselben, eine Veränderung durchsetzen, in einigen Jahren in Deutschland kein Mensch mehr, der dafür bekannt ist, in seinem Leben einen freien Gedanken gedacht zu haben, eine Ruhestätte finden wird.«

Noch am 30. Juni 1799 ließ er Jung wissen, noch immer sei es sein Wunsch, »daß die Republik ihn und seine Kräfte brauchen könne und daß er auf diese Weise aus Deutschland, das er denn doch für ein fremdes Land in Rücksicht auf sich betrachten müsse, hinwegkomme«. (Nach Alfred Stern, S. 175, *Fichtes Briefwechsel*, II, S. 100 ff., S. 104, S. 130.)

63 Jacques d'Hondt hat in sehr aufschlußreicher Weise auf gewisse Quellen von Hegels Denken zur Zeit der französischen Revolution hingewiesen. Überzeugend führt der Autor Texte zeitgenössischer Zeitschriften (insbesondere der *Minerva*) an, unter anderem von Volney, Rabaut de Saint Etienne, Louis Sébastien Mercier, Bonneville, alle Anhänger einer kosmopolitischen Freimaurerei im Fahrwasser der girondistischen Bewegung.

Daß Hölderlin, der mit Hegel in einem Zimmer lebte, die *Minerva* ebenfalls in die Hände bekam und von ihr zumindest inspiriert wurde, glauben wir auch einmal beweisen zu können.

64 *StA*, VI, S. 58.

65 Adolf Beck, in: *StA*, VI, S. 570. Eine Auguste Breyer (1770 bis 1806) war die Braut Georg Kerners, der als begeisterter Revolutionär im Mai 1791 nach Straßburg, im November nach Paris gegangen

war (siehe oben Anm. 29). Hölderlin erwähnt die »Breierin« als »neue Freundin« seiner Schwester Rike, *StA*, IV, S. 81.

66 Aus: C. F. Schnurrer, *Erläuterungen der Württembergischen Kirchen-, Reformations- und Gelehrten-Geschichte*, Tübingen 1798; nach *StA*, VII, 1, S. 404 sq.

67 Leo von Seckendorf, der in Tübingen mit revolutionär gesinnten »Patrioten« verkehrte, wurde im Herbst 1792 von seinem Vater nach Jena geschickt (siehe Adolf Beck, *StA*, VII, 1, S. 432). Vom Regen in die Traufe! Später, 1805, als Sinclair auf dem Hohenasperg unter dem Verdacht des Hochverrats in Haft war, wurde von Seckendorf ebenfalls verhaftet; siehe unten Kap. IV. Siehe ebenfalls Kirchner, *Sinclairs Hochverratsprozeß*.

68 Adolf Beck, *StA*, VII, 1, S. 432.

69 *StA*, VII, 1, S. 432. Hiller war Hölderlins Reisebegleiter in die Schweiz, die zum Gedicht *Kanton Schweiz* Anlaß gab.

70 Adolf Beck, *StA*, VI, S. 618; und Adolf Beck, *Hölderlin-Jahrbuch* 1947, S. 38. Ich sehe doch nicht ein, warum man diese Überlieferung so in Zweifel stellt, da doch anscheinend Leutwein darüber berichtet (Hellingrath, VI, a.a.O., S. 233).

71 *StA*, VII, 1, S. 445 sqq.

72 *An die Deutschen, StA*, II, S. 9.

73 Siehe *StA*, III, S. 63 und S. 95.

74 Des öfteren im Wortlaut übernommen von Georg Schmidgall, *August Wetzel*, in: *Schwäbische Lebensbilder*, Bd. V. Von seinem Großneffen Dr. H. Wetzel, Greifenstein, zusammen mit einem Stammbaum der Familie Wetzel dem Verf. freundlich zur Verfügung gestellt.

75 Saint Just, *Oeuvres*. Ed. Gratien, p. 181.

76 *StA*, VI, S. 45.

77 *StA*, VI, S. 541.

78 Einige Kritiker behaupten, es ließen sich in Hölderlins Briefen für die Vermutung, er sei ein Jakobiner gewesen, kaum ein Anhalt finden (kürzlich noch Peter Härtling in der *Stuttgarter Zeitung* vom 24. Mai 1969). Das ist kein Argument. Man darf doch nicht vergessen, daß die Briefe nur sehr bruchstückhaft überliefert wurden und daß die Vermutung naheliegt, sie seien pietätvoll und verharmlosend entpolitisiert worden. Z. B. sind die Briefe an Sinclair nur verstümmelt überliefert, andere Briefe an Gesinnungsfreunde, die noch zur Zeit Schwabs und Schlesiers vorlagen, höchstens durch Regesten erhalten. Hier liegt die Vermutung einer Verharmlosung des brieflichen Nachlasses nahe.

Der erste Herausgeber der Briefe, Friedrich Seebass, sprach von einer »Hölderlin-Verhunzung« (Hellingrath, 2. Aufl., I, S. 355). Wilhelm Böhm fragte: »Sind Briefe (zwischen dem 4. Dezember 1799 und dem 23. Mai 1800) absichtlich vernichtet, wie vieles im Hölderlinischen Nachlaß?« (Wilhelm Böhm, *Hölderlin*, Halle 1928). Zum anderen lebte Hölderlin in einer Zeit, wo man der Post nicht trauen durfte. Goethe bat seine Korrespondenten, die Siegel seiner Briefe zu prüfen. Magenau, Hölderlins Freund, schrieb ihm: »Briefe haben Ohren« (Brief vom 6. März 1793, Hellingrath VI, S. 236). Hölderlin selbst schrieb an Hegel, der wohl über die ungewöhnliche Verspätung des Briefes eines Freundes Vermutungen geäußert hatte: »Zu Deiner Beruhigung muß ich hinsetzen, daß ich Heslers Wappen kenne, und daß es unversehrt war an meinem Briefe.« (*StA*, VI, S. 129). Unter solchen Umständen wäre es sehr unvorsichtig gewesen, eine jakobinische Meinung in Briefen zu äußern.

79 Brief 28, wohl Dez. 1789. *StA*, VI, S. 47.

80 *StA*, VI, S. 545.

81 Schubart, *Freiheitslied eines Kolonisten* 1776. Zitiert in: *Von deutscher Republik. I. Aktuelle Provokationen*. Hrsg. von Jost Hermand, Frankfurt/M. 1968.

82 Adolf Beck, *StA*, VI, S. 547.

83 Ibid.

84 Nach einer unveröffentlichten Forschungsarbeit von Martine Mignard über *Hölderlin und die Süddeutschen Jakobiner*.

85 Juli 1793, *StA*, VI, S. 85.

86 *StA*, VI, S. 77. In Koblenz hielten sich die französischen Emigranten auf.

87 *StA*, VI, S. 82. Die Schlacht bei Mons heißt in Frankreich die Schlacht bei Jemmapes (31. Okt. 1792).

88 »[...] s'il est fait le moindre outrage à leurs Majestés le Roi, la reine et la famille royale, s'il n'est pas pourvu immédiatement à leur sûreté, à leur conservation et à leur liberté, (les souverains de Prusse et d'Autriche) tireront (de la ville de Paris et de ses habitants) une vengeance exemplaire et à jamais mémorable, en livrant la ville de Paris à une exécution militaire et à une subversion totale.« Aus dem Manifest des Herzogs von Braunschweig an die Pariser Bevölkerung.

89 *StA*, VI, S. 88.

90 *StA*, VI, S. 95 f.

91 *StA*, VI, S. 132 f.

92 *StA*, VI, S. 136.

93 *StA*, VI, S. 92 f.

1 *StA*, IV, S. 281.
2 *StA*, VI, S. 113 (Hervorhebung von mir).
3 *StA*, VI, S. 131 (Hervorhebung von mir).
4 *StA*, VI, S. 133 (Hervorhebung von mir).
5 *StA*, VI, S. 135.
6 März 1794, *StA*, VI, S. 110.
7 *StA*, VI, S. 113.
8 An Hegel, Jena, den 26. Januar 1795, *StA*, VI, S. 154. Hölderlin betrachtet das Fragment in der Thalia als »rohe Masse«.
9 Manchen mag die Behauptung unglaubwürdig klingen, Hölderlin habe sich als einen Religionsstifter betrachtet. Dazu sei er viel zu zartfühlend, zu bescheiden gewesen.
Nein: bescheiden war Hölderlin nicht. Als Stiftler schlug er einem auf der Straße vorbeigehenden Lehrer der Mädchenvolksschule den Hut vom Kopfe mit den Worten: »weiß er, daß es seine Schuldigkeit ist, vor einem Stipendiaten den Hut abzunehmen?« Hölderlin wurde dafür mit 6 Stunden Karzer bestraft, doch dem Lehrer ließ man sagen, daß er es an der Höflichkeit gegen die Stipendiaten nicht ermangeln lassen solle. (*StA*, VII, S. 399.)
Bei Gelegenheit der bevorstehenden und befürchteten Reform des Stiftes, die der Herzog oktroyieren sollte, gärte die Revolte im Stift: »die Stipendiaten behaupten *hautement,* sie werden durch ihre Protestationen dem Ding schon eine andere Gestalt geben«, schrieb ein Kompromotionale Neuffers, Bengel (*StA*, VI, S. 599); in Hölderlins Formulierung: »Wir müssen dem Vaterlande und der Welt ein Beispiel geben, daß wir nicht geschaffen sind, um mit uns nach Willkür spielen zu lassen.« (*StA*, VI, S. 75.)
Im Hintergrunde der problematischen Beziehungen Hölderlins zu Schiller steht der wunde, zu seinem Rechte nicht kommende Stolz Hölderlins. Gleich im ersten Brief an Schiller schreibt er: »Ich war immer in Versuchung, Sie zu sehen, und sah Sie immer nur, um zu fühlen, daß ich Ihnen nichts sein konnte. Ich sehe wohl, daß ich mit dem Schmerze, den ich so oft mit mir herumtrug, notwendigerweise meine stolzen Forderungen büßte; weil ich Ihnen so viel sein wollte, mußt' ich mir sagen, daß ich Ihnen nichts wäre. Aber ich bin mir dann doch zu gut bewußt, was ich damit wollte, um mich nur leise darüber zu tadeln. Wär' es Eitelkeit gewesen [...], hätte mein Herz zu so einem beleidigenden Hofdienste sich erniedriget, dann freilich würd' ich mich recht tief verachten.« (*StA*, VI, S. 175.)
Dem Neffen Gontards, Daniel Andreas Manskopf, schreibt er im Juni 1798 ins Stammbuch: »Vortreffliche Menschen müssen auch wissen, daß sie es sind, und sich wohl unterscheiden von allen, die unter

ihnen sind. Eine zu große Bescheidenheit hat oft die edelsten Naturen zu Grunde gerichtet.« (*StA*, II, S. 351.)

In den Briefen an Susette Gontard spricht sich sein Stolz aus: »Erinnerst Du Dich unserer ungestörten Stunden, wo wir und wir nur um einander waren? Das war Triumph! beide so frei und stolz und wach und blühend und glänzend an Seel und Herz und Auge und Angesicht, und beide so in himmlischem Frieden neben einander!« (*StA*, VI, S. 337) – und etwas später: »Immer hab' ich die Memme gespielt, um Dich zu schonen, – habe immer getan, als könnt' ich mich in alles schicken, als wär ich so recht zum Spielball der Menschen und der Umstände gemacht und hätte kein festes Herz in mir, das treu und frei in seinem Rechte für sein Bestes schlüge [...].« (*StA*, VI, S. 370.)

Wilhelm Waiblinger, der als Student den umnachteten Dichter ab 1822 in Tübingen besuchte, schrieb 1830: »Hölderlin [...] war nicht wenig erfüllt von Ruhmbegierde und trug den Kopf voll Entwürfe, seinen Namen bekannt und unsterblich zu machen.« (Hellingrath, VI, a.a.O., S. 414.) Ein schöner, rechtschaffener Stolz spricht immer aus Hölderlins Worten.

Die Generation der »großen Zeit« war nicht bescheiden. Hegel, Schelling, Beethoven waren nicht bescheiden. Saint Just, Napoleon Buonaparte waren nicht bescheiden. Warum hätte Hölderlin es sein sollen? Übrigens sagte Goethe: »Lumpe sind bescheiden.«

10 Zitiert von Maurice Jean Lefèvre, in: *Nouvelle Revue Française*, Mai 1969, *Jean Paulhan*, S. 690. Der Kritiker, der das Wort zitierte, sagte übrigens (was in unserem Zusammenhang nicht irrelevant ist), das Poetische sei, wenn das Gewöhnliche, das Alltägliche außerordentlich wird: *»la poésie, c'est quand le quotidien devient extra-ordinaire.«*

11 *StA*, IV, S. 283.

12 Zu den Propheten gehört Rousseau, der Einsame in »dürftiger Zeit«:

Und mancher siehet über die eigne Zeit
   Ihm zeigt ein Gott ins Freie ...
Und jene, die du nennst, die Verheißenen,
   Wo sind die Neuen, daß du an Freundeshand
     Erwarmst, wo nahn sie, daß du einmal
      Einsame Rede, vernehmlich seiest? ...
Und wunderbar ...
Kennt er im ersten Zeichen Vollendetes schon,
   Und fliegt, der kühne Geist, wie Adler den
     Gewittern, weissagend seinen
      Kommenden Göttern voraus. (*StA*, II, S. 12 sq.)

Auf der Rückseite desselben Blattes stehen Verse des Entwurfs *Wie wenn am Feiertage,* darunter die Verse:

Jetzt aber tagt! Ich harrt und sah es kommen,
Und was ich sah, das Heilige sei mein Wort. (*StA,* II, S. 118.)

Der ganze Entwurf behandelt übrigens die Bestimmung des Dichters als Propheten, als Mittler des »gemeinsamen Geistes«, dessen »Gedanken sind / Still endend in der Seele des Dichters«. Doch wenn der Dichter, von der Hybris getroffen, sagen sollte, er »sei genaht, die Himmlischen zu schauen«, würden ihn, den »falschen Priester«, die Himmlischen dann tief ins Dunkel werfen. Daher die Schwierigkeit und die Gefahr des Berufs des Dichters, daß er nicht zu wenig, aber auch nicht zu viel sage. Wie kann er das richtige Maß finden? »Nie treff ich, wie ich wünsche, / das Maß.« *(Der Einzige, StA,* II, S. 155)
Doch wodurch verdiente es Rousseau, als Prophet betrachtet zu werden? Zunächst ganz allgemein als Prophet der Revolution; aber auch viel präziser als Autor des *Emile ou de l'Education,* dieses Traktats über die Erziehung, den Hölderlin gut kannte und auf den er sich bei der Erziehung seiner Zöglinge dauernd berief. Im *Emile* steht eine berühmte Stelle, ein grundlegendes Dokument, das damals ungeheure Resonanz fand, das *Glaubensbekenntnis des Vikars von Savoyen (La profession de foi du vicaire savoyard).* Manche Anklänge finden sich bei Hölderlin; so z. B. in der Hymne an die Madonna der Ausspruch: »Nichts ists, das Böse«, tönt das Echo der Zeilen Rousseaus:

»Homme, ne cherche plus l'auteur du mal; cet auteur, c'est toi-même. Il n'existe point d'autre mal que celui que tu fais ou que tu souffres, et l'un et l'autre te vient de toi.« (Mensch, frage nicht mehr nach dem Urheber des Bösen; dieser Urheber bist du. Es gibt kein anderes Böses als das, was du bewirkst oder was du erleidest. Beides, das eine wie das andere, kommt von dir.)
Das Thema dieser Neuen Bergpredigt (bei Rousseau wird sie auf einem hohen Hügel, vor einer herrlichen Landschaft im Anblick der Alpen bei Sonnenaufgang gehalten) wird am Ende angegeben: »Vous ne voyez dans mon exposé que de la religion naturelle; il est bien étrange qu'il en faille une autre!«
(In meinen Ausführungen habe ich Ihnen nichts anderes gegeben, als die natürliche Religion. Es ist höchst seltsam, daß es einer anderen überhaupt bedurfte.)

13 Gekürzt, *StA,* VII, 1, S. 389.
14 *StA,* VI, S. 304.
15 *StA,* VI, S. 126 sq.
16 *Briefe von und an Hegel,* hrsg. v. J. Hoffmeister, Hamburg 1952.
17 *StA,* VI, 1, S. 684.
18 9. Nov. 1795. *StA,* VI, S. 184 f.

19 *StA*, VI, S. 185. »Der Apostel« ist Paulus.

20 *Hyperion*, 1, 54. *StA*, III, S. 32.

21 *StA*, VI, S. 93, und Adolf Becks Kommentar dazu, *StA*, VI, S. 637. (Im Original gesperrt.)

22 *StA*, VI, S. 92. Hervorhebung von mir.

23 *Hyperion* 1, S. 112 sq. *StA*, III, S. 63.

24 Daß der *Hyperion* von Hölderlin als episches, nicht didaktisches Kompendium der Neuen Religion gedacht war, läßt sich auch an der Art erkennen, wie er zwei entscheidende Situationen des Lebens darstellt. Die Szene, wo sich kurz vor dem Abschied Hyperion und Diotima einander versprechen, kann als Vorbild der Ehe und dessen, was eine Trauung in seiner Sicht zu sein hat, gelten: »Sie soll uns segnen, diese teure Mutter, soll mit euch zeugen – komm, Diotima! unsern Bund soll deine Mutter heiligen, bis die schöne Gemeinde, die wir hoffen, uns vermählt. So fiel' ich auf ein Knie [...]. Längst, rief ich, O Natur! ist unser Leben Eines mit Dir [...] drum soll ein reiner Mund uns zeugen, daß unsre Liebe heilig ist und ewig, so wie du. Ich zeug es, sprach die Mutter. Wir zeugen es, riefen die andern.« (*StA*, III, S. 100 f.)

Der Tod Diotimas ist eine Vorzeichnung dessen, was in der Neuen Religion Tod und Bestattung sein sollten. In ihrer letzten Stunde sagt Diotima: »ich scheue (nicht) die Götterfreiheit, die der Tod uns gibt [...], ich hab' es gefühlt, das Leben der Natur, das höher ist, denn alle Gedanken – wenn ich auch zur Pflanze würde, wäre denn der Schade so groß? – Ich werde sein [...]. Im Bunde der Natur ist Treue kein Traum. Wir trennen uns nur, um inniger einig zu sein, göttlicher friedlich mit allem, mit uns. Wir sterben, um zu leben. Ich werde sein; ich frage nicht, was ich werde. Zu sein, zu leben, das ist genug, das ist die Ehre der Götter; und darum ist sich alles gleich, was nur ein Leben ist, in der göttlichen Welt, und es gibt in ihr nicht Herren und Knechte [...]. Beständigkeit haben sich die Sterne gewählt [...]. Wir stellen im Wechsel das Vollendete dar. [...] Dir ist dein Lorbeer nicht gereift und deine Myrthen verblühten, denn Priester sollst du sein der göttlichen Natur, und die dichterischen Tage keimen dir schon.« Darauf stirbt sie.

Notara schreibt: »Den Tag, nachdem sie dir zum letztenmal geschrieben, wurde sie ganz ruhig, sprach noch wenige Worte, sagte dann auch, daß sie lieber möcht' im Feuer von der Erde scheiden, als begraben sein, und ihre Asche sollten wir in eine Urne sammeln, und in den Wald sie stellen, an den Ort, wo du, mein Teurer! ihr zuerst begegnet warst.« (*StA*, III, 147 f.)

Zu Hölderlins Auffassung des Todes vergleiche man die Stelle eines Trostbriefes an Neuffer zum Tode seiner Geliebten Rosine Stäudlin: »der Gott, zu dem ich betete als Kind, mag es mir verzeihen! ich be-

greife den Tod nicht in seiner Welt« (8. Mai 1795; *StA*, VI, S. 171).
Seine Abkehr von der christlichen Vorstellung kann nicht deutlicher
dargestellt werden.
Zur Feuerbestattung: Hölderlin hatte immer eine Scheu davor, »in
einem Sarge gepackt« begraben zu sein. Herkules' Scheiterhaufen
ist ihm ein Modell. Man vergleiche:

> Wenn ich altre dereinst, siehe so geb ich dir,
>> Die mich täglich verjüngt, Allesverwandelnde,
>>> Deiner Flamme die Schlacken,
>>>> Und ein anderer leb ich auf.
>>>>> (*Ihre Genesung, StA,* II, S. 23).

> Und befreit, in Lüfte
> Fliegt in Flammen der Geist uns auf.
>> (*Der Abschied, StA,* II, S. 25).

25 *StA,* IV, S. 416.

26 Nicht nur Hölderlin, auch Hegel beschäftigte die Problematik der
Religionsstiftung in Zeiten der politisch-historischen Umkehr. Man
vergleiche Hegels etwa gleichzeitige »theologische Jugendschrift«
über den Geist des Christentums und sein Schicksal, und auch seine
Fragmente historisch-politischer Studien aus der Frankfurter Zeit
(1794–96). Da liest man z. B.: »Die Griechen waren eine freie Na-
tion, die selbst von keinem Gotte sich Gesetze geben ließen. Dieser
Beweggrund, die Bestätigung durch die Gottheit, war ihnen fremde.«
Und über den Adel des griechischen Geistes: »das Höchste, was ich
(Aristides) denken konnte: Vaterland und Freiheit!«

27 *StA,* IV, S. 425.

28 *StA,* IV, S. 297 ff.

29 *StA,* IV, S. 136. In der Auseinandersetzung zwischen dem Dichter Empedokles (»er scheint nach allem zum Dichter geboren«, sagt
Hölderlin von ihm im *Grund zum Empedokles*) und dem ägyptischen
Weisen Manes, der unverkennbare Züge Hegels trägt, höre ich das
Echo der Auseinandersetzungen zwischen Hölderlin und Hegel in
ihrer Frankfurter Zeit. So in der Frage, die Manes an Empedokles
richtet: »Bist du der Mann? derselbe? bist du dies? [...] o sage, wer
du bist! und wer bin ich?«

30 Ein ausführliches Exposé von Hölderlins Neuer oder Poetischer
Religion kommt hier nicht in Frage. Wer neugierig ist, soll sich am
besten dem Dichter selbst anvertrauen und sich von ihm belehren lassen. So hat er es eigentlich gewollt. Vorläufig wollen wir nur auf
einige Züge hinweisen, damit der Interessierte wenigstens weiß, in
welcher Richtung er zu suchen hat.
Wenn Mitte Juli 1793 ein Brief Hölderlins von einem erneuten Interesse für Hesiod zeugt (*StA*, VI, S. 88 und *StA*, VI, S. 619), so
kann man das wohl einfach als eine Antwort auf Neuffers Anfrage

deuten: »Wenn Du Deinen Hesiodus eine Zeitlang entbehren kannst, so schick ihn mir.« Hölderlin besaß nämlich eine zweibändige Hesiod-Ausgabe. Im Stift hatte er 1790 eine *Parallele zwischen Salomons Sprüchen und Hesiods Werken und Tagen* als Magisterarbeit geschrieben. Es liegt jedoch die Vermutung nahe, daß es sich 1793 um eine erneute Beschäftigung des Dichters mit Hesiod handeln könnte, diesmal nicht mehr mit den *Werken und Tagen,* sondern mit dem anderen Werk Hesiods, der *Theogonie.* Wer Hesiods Gedicht über die Entstehung der griechischen Götter liest, dem muß es auffallen, an wie vielen Stellen bei Hölderlin ein Anklang an dieses Gedicht zu finden ist. Der Name des Titans Hyperion, des Sohnes der Erde, kommt Vers 134 vor. Der Poetischen Religion Hölderlins unterliegt eine Theogonie im Sinne Hesiods, mit manchem wörtlichen Anklängen und wiederaufgenommenen Themen.

Doch hat Hölderlin den Hesiod nicht einfach übernommen; er hat die Theogonie modernisiert, indem er den Kepler hinzuzog. Hölderlins Beschäftigung mit der Astronomie ist eine bekannte, jedoch nie vollwertig anerkannte Tatsache.

Am 28. November 1791 schreibt Hölderlin aus dem Tübinger Stift an Neuffer: »[...] sonst hab' ich noch wenig getan; vom großen Jean Jacques mich ein wenig über Menschenrecht belehren lassen, und in hellen Nächten mich an Orion und Sirius, und dem Götterpaar Kastor und Pollux gewaidet, das ist all! Im Ernst, Lieber! ich ärgre mich, daß ich nicht bälder auf die Astronomie geraten bin. Diesen Winter soll's mein angelegentliches sein.« (*StA*, VI, S. 71).

Ein Erstlingswerk des Dichters ist eine Ode *An Kepler* (1789). Der Astronom war ja die große Berühmtheit des Stifts. Der 19jährige Dichter wußte den glorreichen Schwaben und Stiftler als »Suevias Sohn« zu rühmen, aber auch als »Mann des Lichts«, was ein geläufiger Ausdruck der Zeit der Aufklärung ist und auf den Rationalisten hinweist:

Mutter der Redlichen! Suevia! [...]
Du erzogst Männer des Lichts ohne Zahl [...].

Übrigens hat Kepler nicht nur astronomische Werke geschrieben, sondern auch Abhandlungen über die Harmonien der Welt, deren mögliche Wirkung auf Hölderlin zu untersuchen wäre.

Die Sterne, die astronomischen Ausdrücke und Begriffe spielen bei Hölderlin eine vorrangige Rolle. Wir dürfen auch nicht vergessen, daß das Wort »Revolution« eigentlich zuerst zum astronomischen Wortschatz gehört und die Bewegung eines Himmelskörpers bezeichnet. Die politisch-historische Bedeutung des Wortes ist nur eine übertragene. Nun wissen wir, daß bei Hölderlin, der am Quell der Sprache schöpft, die ursprüngliche Bedeutung eines Wortes immer durchblickt, oder – anders gesagt – mitklingt. »Hölderlin läßt in seinen Worten [...] (mehr und mehr) deren ursprünglichen Grund durchblicken, welches Verfahren schließlich zu einer Wiedergeburt der gesamten Sprache aus ihren etymologischen Wurzeln führt, bis der Dichter ein Deutsch von einer Ursprünglichkeit, Lauterkeit und Gewalt spricht, das wie ein Wunder anmutet.« (Rolf Zuberbühler, *Hölderlins Erneuerung der Sprache aus ihren etymologischen Ursprüngen*, Berlin 1969). »Donner un sens plus pur aux mots de la tribu«, das sei des Dichters Beruf, meinte auch Mallarmé *(Tombeau d'Edgar Poe)*.

Das Wort Bahn kommt auch bei Hölderlin immer wieder vor. Über seinen Begriff der »exzentrischen Bahn« ist manches Gute und auch weniger Gute geschrieben worden. Wir stimmen mit Schadewaldt völlig überein: »Hier ist exzentrisch im ursprünglichen astronomischen Sinn gebraucht.« (In: *Hölderlin-Jahrbuch* 1952, S. 2) Auch macht Schadewaldt mit Recht darauf aufmerksam, daß Hegel später seine Dissertation über die Planetenbahnen abgefaßt hat. Man sollte nicht vergessen, daß Kant, »der Moses unserer Nation«, auch in der Astronomie bewandert war. Nun: es liegt doch nahe zu vermuten, daß sich Hölderlin, bevor er ein Gedicht über Kepler verfaßte, zunächst einmal die Werke Keplers holte, die in der Bibliothek des Stifts damals zu finden waren. Wer das heute tut und daselbst Keplers Buch *De admirabili proportione orbium coelestium ... a. M. Ioanne Keplero, Tubingae 1596* aufschlägt, findet auf Seite 78 folgendes: »*Via Planetae eccentrica, tarda superius est, inferius velox [...] Ergo in medietate viae eccentricae [...] etc.*« Er findet auch eine Tabelle V., »*ostendens positus centrorum eccentricarum sphaerarum mundi [...] Ad A Sol, centrum Mundi est. Circellus parvus ad B, est circulus eccentricitatis Orbis Magni Telluris*«. Daher hat Hölderlin den Begriff der exzentrischen Bahn.

Doch führt den Neugierigen das Aufschlagen von Keplers Buch zu einer zweiten Entdeckung. Auf den Seiten 18 und 19 steht eine graphische Darstellung (und man sollte nie vergessen, daß Hölderlin ein Augenmensch war und daß bei ihm hinter jedem poetischen »Bild« eine sehr präzise und konkrete Vision steht; Schadewaldt sagt, Hölderlin sei »ein durchaus bestimmter Denker und Dichter«. Ich würde hinzufügen, daß er auch ein sehr genau und bestimmt Sehender war).

Die erwähnte *Tabella II exhibens ordinem sphaerarum coelestium [...] IOVI et SATURNI orbes* wird hier durch eine Tafel ergänzt: *Tabella IIII ostendens veram Amplitudinem ordinem coelestium [...].*
A Saturni systema
B Systema Iovis
C Martis
D Circulus sive via centri globi terreni concentrica ex centro G.

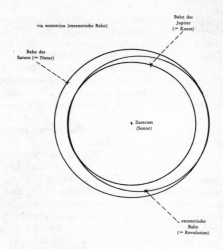

Die beiden Bahnen, die des Saturn und die des Jupiter, sind auf dem Schema durch eine »exzentrische Bahn« verbunden, die den Übergang von der einen konzentrischen (derjenigen des Saturn) zur anderen konzentrischen (derjenigen des Jupiter) führt.

Die exzentrische Bahn stellt in Hölderlins Weltbild »die Revolution« dar, den Übergang von dem einen alten zum anderen neuen Vaterland. Die konzentrischen Bahnen stellen das eine und das andere »Vaterland« dar, wo der Mensch jedesmal »zu Hause« ist. (Auch der Begriff »Haus« ist nicht zuletzt ein astrologisch-astronomischer Begriff.)

Bei den mir bekannten Kommentaren zu Hölderlins Gedicht *Natur und Kunst oder Saturn und Jupiter,* die alle das Griechisch-Mythologische des Themas zu würdigen wissen, fehlt leider jeder Hinweis auf die astronomische Deutung, daß »Saturn« und »Jupiter« nicht nur griechische Götter und mythologische Figuren sind, sondern auch Planeten, deren Bahn der Stiftler Kepler genau beschrieben und kalkuliert hat. Er hat sie auch auf der graphischen Darstellung mit einer »excentrischen Bahn« versehen, die von der einen zur anderen konzentrischen Bahn führt. Mythologie, Astronomie – nur an diesem einen Beispiel wollten wir zeigen, aus welchen konkreten Elementen Hölderlins Weltbild und die Neue Mythologie entstanden sind und was sie zu bedeuten haben.

Auf einen zweiten Aspekt von Hölderlins Mythologie – wie ernst er sie nimmt, wie er sie auch für den eigenen Gebrauch ritualisiert – möchten wir hier kurz hinweisen. Der Dichter übernimmt die griechische Vorstellung der Vier Elemente: Erde, Luft, Wasser, Feuer. Man lese nur das Exposé der Diotima in der von uns zitierten Stelle aus *Hyperions Jugend,* wo nacheinander die vier Elemente genannt werden: »[...] dann freuen wir uns der lieben *Erde* [...] die Geliebte, die *Sonne* des Himmels [...]. Der *Äther,* der uns umfängt, ist er nicht das Ebenbild des Geistes [...] und der Geist des *Wassers,* wenn er unsern Jünglingen in der heiligen Woge begegnet [...].« (Hervorhebung von mir.)

Dies geschieht aber nicht aus Zufall; es ist Ritual. Man kann Dutzende von Stellen anführen, wo Hölderlin verhüllt (nur die Eingeweihten sollen es merken) die vier Elemente nacheinander periphrastisch nennt, aber mit der deutlichen Absicht, keines zu verschweigen. Beda Allemann hat in seinem Kommentar zur *Friedensfeier* mit Recht hervorgehoben, daß in den ersten vier Versen die vier klassischen Elemente und Naturmächte genannt werden: Erde (grüner Teppich), Äther (Wolke), Feuer (gereifteste Früchte), Wasser (goldbekränzte Kelche). Doch im ganzen dichterischen Werk Hölderlins ist dieses kultische Ritual zu erkennen. Hier einige Beispiele:

Gleich am Anfang des Romans schreibt Hyperion an Bellarmin: »Ich habe nichts, wovon ich sagen möchte, es sey mein eigen [...]. Aber du scheinst noch, *Sonne* des Himmels! Du grünst noch, heilige *Erde*! Noch rauschen die *Ströme* in's Meer, und schattige Bäume *säuseln* im Mittag.« (*StA,* III, S. 8)

Etwas später:

»Und wenn mich oft um Mitternacht das heiße Herz in den *Garten* hinuntertrieb unter die thauigen Bäume, und der Wiegengesang des *Quells* und die liebliche *Luft* und das *Mondlicht* meinen Sinn besänftigte [...].« (*StA,* III, S. 19)

Dann:

»Es war eine neue *Sonne* über mir, und *Land* und *See* und *Luft* genoß ich wie zum ersten Male.« (*StA,* III, S. 20)

Bei der ersten Begegnung mit Alabanda:

»Wir beschlossen, da zu übernachten. Wir saßen noch lange zusammen bei offnen Fenstern. *Erd'* und *Meer* war seelig verstummt wie die *Sterne,* die über uns hingen. Kaum, daß ein *Lüftchen* von der See her uns in's Zimmer flog und zart mit unserm Lichte spielte, oder daß von ferner Musik die gewaltigern Töne zu uns drangen [...].« (*StA,* III, S. 26)

Hier eine Bemerkung: wenn nun einmal die vier Elemente harmonisch gegenwärtig sind, kommt das fünfte hinzu, der Ton: »und es tönt«.

Im lyrischen Werk:

Nicht die Wärme des *Lichts,* und nicht Kühle und Nacht hilft,
Und in *Woogen* des Stroms taucht es die Wunden umsonst.

Und wie ihm vergebens die *Erd'* ihr fröhliches Heilkraut
Reicht, und das gährende Blut keiner der *Zephyre* stillt,
So, ihr Lieben! auch mir ...

(Menons Klagen um Diotima, Vers 9/14, StA, II, S. 75)

In einem Gedichtentwurf:

Wohl geh' ich täglich andere Pfade, bald
  Ins grüne Laub im Walde, zur *Quelle* bald,
    Zum *Felsen,* wo die Rosen blühen,
      Blicke vom Hügel ins Land, doch nirgend

Du Holde, nirgend find ich im *Lichte* dich
  Und in die *Lüfte* schwinden die Worte mir
    Die frommen.

(StA, I, S. 313)

Man lese im *Empedokles* den Bannfluch des Priesters:

Die *Quelle,* die uns tränkt, gebührt dir nicht
Und nicht die *Feuerflamme,* die uns frommt ...
Für dich ist nicht das heitre *Licht* hier oben,
nicht dieser *Erde* Grün und ihre Frucht,
und ihren Seegen giebt die *Luft* dir nicht,
Wenn deine Brust nach Kühlung seufzt und dürstet.

(StA, IV, S. 27)

In der dritten Fassung, ausdrücklich:

Ja! ruhig wohnen wir; es öffnen groß
Sich hier vor uns die *heilgen Elemente.*
Die Mühelosen regen immergleich
In ihrer Kraft sich freudig hier um uns.
An seinen festen Ufern wallt und ruht
Das alte *Meer,* und das *Gebirge* steigt
Mit seiner Ströme Klang, es woogt und rauscht
Sein grüner Wald von Thal zu Thal hinunter.
Und oben weilt das *Licht,* der *Aether* stillt
Den Geist und das geheimere Verlangen.

(StA, IV, S. 124)

Diese wenigen Hinweise dürften genügen, um zu belegen, daß Hölderlins Dichtung, auch der *Hyperion,* ein ganz genau strukturiertes organisches Ganzes darstellt, in dem jedes Wort eine präzise Funktion hat und einer bestimmten Absicht entspricht. Wolfgang Binder analysiert sehr richtig die versteckten Symmetrien in der *Patmos*-Hymne; eine kalkulierte Konstruktion und verszahlengenaue Komposition, eine Poetik, die sich bis in die Jugendlyrik zurückverfolgen und durch zahlreiche Beispiele belegen läßt. »Hier findet man auch den Anschluß an die Traditionen, aus denen Hölderlin geschöpft hat, die Zahlenspekulationen des schwäbischen Pietismus und die dichterischen Techniken der Barockzeit.« (*Hölderlin-Jahrbuch* 1967/68, S. 126 sq.)

31 *StA*, III, S. 223 f.

32 Siehe bei Hegel die Stelle über die Geschichte der Erscheinung Gottes für die Gemeinde; Lasson XIV, Meiner, Band 63, S. 172–174; auch Friedrich Heer, *Hegel*, Frankfurt 1955, S. 219.

33 *Andenken, StA*, II, S. 189.

34 Siehe bei Hölderlin den Kult von Herakles, dem »Reiniger«. – Man vergleiche bei Hegel: »Unter den Göttern ist [...] Herakles [...] der einzige Gott, der vorgestellt ist als Mensch, der unter die Götter versetzt ist. Er ist ein menschliches Individuum, das es sich hat sauer werden lassen: er hat im Dienste gestanden und sich durch Arbeit den Himmel errungen [...]. Die Naturmächte sind noch in (den anderen Göttern) als ihre Grundlage enthalten [...], sie sind nicht so frei; sie haben noch Natur in ihrem Wesen, ohne sich davon reinigen zu können; es ist in ihnen dieser Nachklang der Naturelemente, ein Nachklang, den Herakles nicht hat. Daß die Griechen auch diesen Unterschied machten, worin sich ihr Geist zeigt, davon sind viele Spuren. Herakles wird von ihnen sehr hochgestellt [...]; bei Aristophanes [...] preist Bakchos den Herakles als den Erben des Zeus, wenn dieser mit Tod abgehen werde. Damit ist gesagt, daß Herakles die Herrschaft des Zeus erlangen werde, was als Prophezeiung angesehen werden kann, die eingetroffen ist.« (Lasson XIII, Meiner, Band 61, *Die Religion der Erhabenheit*, S. 133. Zitat in: Friedrich Heer, *Hegel*, Frankfurt 1955.)

35 Hervorhebung von mir.

36 Man vergleiche bei Hölderlin: »Der freie, heitere Grieche [...] dichtete seinen Göttern körperliche Schönheit an [...], ließ sie um der Schönheit willen zur Erde niedersteigen [...]. So wurden seine Heroen Göttersöhne; und so entstanden die Mythen [...] (Die) Gesänge (der Dichter) waren die einzigen Quellen der Religion und Urgeschichte [...]. Die Griechen vergötterten ihren *Orpheus* wie ihren *Herkules*. Sie malten die gewaltigen Wirkungen seiner Leier aus, wie die Taten ihrer Heroen. Orpheus war auch, wie Ossian, Barde und Held.« (*StA*, IV, S. 190) Hervorhebung von mir.

37 Vgl. Johannes, 16, 16.

38 *StA*, II, S. 77.

39 *StA*, II, S. 123.

40 V. 1563 ff.; *StA*, IV, S. 66.

41 Hyperion schreibt an Diotima:

»Traure nicht, holdes Wesen, traure nicht! Spare dich, unversehrt von Gram, den künftigen Vaterlandsfesten! Diotima! dem glühenden Festtag der Natur, dem spare dich auf und all den heitern Ehrentagen der Götter!« (I, 2, *StA* III, S. 108). Man vergleiche mit folgen-

den Texten: In seinen *Erinnerungen aus dem Jahre 1790* (1793 erschienen), von denen es wahrscheinlich ist, daß Hölderlin sie noch im Stift oder kurz danach gelesen hat, beschreibt Georg Forster die *Fête de la Fédération*, die Feierlichkeit auf dem Marsfelde in Paris am 14. Juli 1790, dem Jahrestag des Sturms auf die Bastille: »Ich sah die Zurüstungen zu diesem Feste, das beispiellos in den Jahrbüchern der Menschheit bleibt. Das größte Amphitheater der Welt, wogegen die berühmten römischen nur Kinderspiele sind, ward in wenigen Tagen durch die Allmacht des Volkswillens erschaffen. Die verdächtige Trägheit von 15 000 besoldeten Arbeitern ward durch den Enthusiasmus von 100 000 Freiwilligen vergütet. Im Taumel der Freiheit arbeiteten sie mit einem Eifer, mit einer Verschwendung der Kräfte, die man kaum noch begreift, wenn man sie auch selbst gesehen hat. Unendlich war die Abwechslung der arbeitenden Gruppen, und unbegreiflich, ohne die Begeisterung des Augenblicks in Rechnung zu bringen, die Ordnung, die allenthalben herrschte. Hier waren keine Wachen aufgestellt, hier kannte man nicht die gebieterische Stimme des Aufsehers, und noch weniger seinen Stecken. [...] Die Gerechtigkeit des Volkes heiligte eines Jeden Eigentum, und schützte Jedermann in seinem Rechte. Kleidungsstücke und Uhren, die man während der Arbeit von sich gelegt hatte, blieben den ganzen Tag unberührt an ihrer Stelle liegen. Mit Trommeln und Kriegsmusik, die Schaufeln auf der Schulter, zogen die begeisterten Scharen Arm in Arm unter Freiheitsgesängen zu ihrem Tagewerk, und später als die Sonne verließen sie das Feld. Alte und Junge, Männer und Weiber, Herzöge und Tagelöhner, Generalpächter und Schuhputzer, Bischöfe und Schauspieler, Hofdamen und Poissarden, Betschwestern und Venuspriesterinnen, Schornsteinfeger und Stutzer, Invaliden und Schulknaben, Mönche und Gelehrte, Bauern aus den umliegenden Dörfern, Künstler und Handwerker unter ihren Fahnen kamen Arm in Arm in buntscheckigem Zuge, und griffen rüstig und mutig zur Arbeit. Tausend rührende Züge des überall rege gewordenen Gefühls verherrlichten diese geschäftige Szene; tausend gutmütige Scherze, tausend Beweise des gallischen Frohsinns, tausend Beispiele der Ehrliebe, Großmut, und Uneigennützigkeit des Pöbels versöhnten die gedemütigte *Morgue* (Hochmut, Hoffart) des Adels.«
»Hier (auf dem Märzfelde in Paris), wo die Franken, ein freier germanischer Bund, sich jährlich versammelten, um ihren Königen den Willen des souveränen Volks zu befehlen, hier feierte man jetzt das erste Bundesfest der wiedererrungenen Freiheit. Die völlige Gleichheit war eben jetzt [...] wieder hergestellt [...]. Ein Sturm der Begeisterung hob die ganze Nation zur Höhe des Selbstgefühls. Mensch zu sein war der schöne Stolz von 25 Millionen, das erste und letzte Ziel ihrer Befreiung. Der Eid der Brudertreue ward am 14. Juli 1790

in der nämlichen Stunde von allen Einwohnern (Frankreichs) geschworen; in 1900 Städten und 100 000 Dörfern stiegen an einem Tage und in einer Stunde die feierlichen Zusagen wechselseitiger Liebe und Treue einträchtig zum Himmel. Fünfmalhunderttausend Menschen saßen nur allein auf dem zum Amphitheater umgeschaffenen Märzfelde; Einwohner der Hauptstadt und Abgeordnete aus allen Provinzen, die hier als Stellvertreter ihrer Mitbürger erschienen, um das Bundesfest feiern zu helfen; alle standen zugleich auf von ihren Sitzen, alle streckten den Arm in die Höhe; von Männern, Weibern, Kindern erscholl der schmetternde Ruf: ›ich schwöre!‹. Übermannt von diesem mächtigen Gefühle, das in den Sehnen der Stärksten zitterte, fielen diese verbrüderten Menschen, ohne Rücksicht auf Rang, Alter und Geschlecht, einander in die Arme, und wiederholten ihren unbekannten Nachbarn ihren Eid; die Nationalgarden warfen ihre Waffen weg und küßten sich, und plötzlich erscholl es erweckend und erhebend von allen Seiten: ›Hoch lebe die Nation‹, Vive la Nation! Nur freie Nationen, sagt der Augenzeuge, dem wir hier folgen, kennen dieses Gefühl; denn nur freie Nationen haben ein Vaterland.« (Aus Georg Forster, *Erinnerungen aus dem Jahre 1790*. Zitiert in: *Von deutscher Republik. 1775–1795. I. Aktuelle Provokationen*. Hrsg. v. Jost Hermand, Frankfurt 1968. S. 112 ff). Man vergleiche auch folgenden Text vom Jakobiner Saint Just (1767–1794), aus den *Fragmenten über die republikanischen Institutionen*:
Zehntes Fragment. Über die Feste: »Das französische Volk erkennt das höchste Wesen und die Unsterblichkeit der Seele an. Der erste Tag eines jeden Monats ist dem Ewigen geweiht. Alle Kultformen sind gleicherweise zugelassen und geschützt. Aber bei keiner staatlichen Maßnahme sind Rücksichtnahmen auf die Religion erlaubt, und jeder Beschluß, in dem von Religion die Rede ist, ist null und nichtig. Die staatlichen Tempel stehen allen Kultformen offen. Außerhalb ihrer sind religiöse Handlungen verboten, innerhalb ihrer dürfen sie nicht gestört werden. Kein Priester irgendeiner Religionsgemeinschaft darf sich mit seinen Insignien in der Öffentlichkeit zeigen, sonst werde er in Bann getan [...].
[...] Die Hymne an den Ewigen wird vom Volk alle Morgen in den Tempeln gesungen; alle öffentlichen Feste beginnen mit ihr.
(Es folgt der Kalender der Feste:) Den ersten Tag des Monats Germinal feiert die Republik das Fest des Göttlichen Wesens, der Natur und des Volkes [...]. Den ersten Tag des Monats Thermidor das Fest des Göttlichen Wesens und der Jugend. Den ersten Tag des Monats Fructidor das Fest des Göttlichen Wesens und des Glücks [...]. Den ersten Tag des Monats Ventôse das Fest des Göttlichen Wesens und der Freunde [...].
Sechstes Fragment. Über die Affekte (Gefühle):

Jeder Mann im Alter von 21 Jahren ist gehalten im Tempel öffentlich zu erklären, wer seine Freunde sind. Diese Erklärung soll jedes Jahr im Monat Ventôse erneuert werden.
Wenn ein Mann einen Freund verläßt, ist er gehalten, auf die Aufforderung eines Bürgers oder des Ältesten hin seine Gründe hierfür vor dem Volk im Tempel darzulegen.
Die Freunde dürfen ihre gegenseitigen Verpflichtungen nicht schriftlich niederlegen, noch dürfen sie gegeneinander Prozeß führen.
Freunde stehen in der Schlacht Seite an Seite. Wer sagt, er glaube nicht an die Freundschaft, oder wer keine Freunde hat, wird in Bann getan.«
Für den, der *Hyperion* gelesen hat, erübrigt sich jeder Kommentar.

Anmerkungen zu III. *Die Schwäbische Republik*

1 *Hyperion*, II, 1 (*StA*, III, S. 119).
2 *Hyperion*, II, 1 (*StA*, III, S. 96).
3 *StA*, VI, S. 132.
4 Bei dieser Gelegenheit möchte ich hier einige Stellen aus Joachim Ritters *Hegel und die französische Revolution* anführen: »Es gibt keine zweite Philosophie, die so sehr und bis in ihre innersten Antriebe hinein Philosophie der Revolution ist wie Hegels« (S. 18).
»Der jugendliche Enthusiasmus [. . .] geht in Hegels Philosophie selbst ein und wirkt in ihrer ausgereiften Gestalt lebendig fort. Seine Philosophie bleibt in dem genauen Sinn Philosophie der Revolution, daß sie von ihr ausgeht und bis zuletzt aus ihr lebt. Es gibt nichts in Hegels geistiger Entwicklung, was sie mehr kennzeichnet als dieses positive Verhältnis zur Revolution; es bestimmt ihr Ende wie ihren Anfang« (S. 40); »die Zeit [. . .] in der Hegel in Bern und in Frankfurt in einer ihn selbst von den Freunden isolierenden Sammlung seine philosophische Position vom Enthusiasmus zur Theorie der Revolution ausbildet«. (S. 41) Das ist aber nicht ganz richtig. Von Hölderlin ist er gar nicht isoliert. Im Gegenteil. Den gleichen Weg vom Enthusiasmus zur Theorie geht auch Hölderlin – nicht nur parallel, sondern in Tuchfühlung, wenn auch nur wenige und nur schwer entzifferbare Zeugnisse dieser geistigen Intimität erhalten sind. Dafür glaube ich manche Zeichen in den zwei letzten Fassungen des *Empedokles* zu finden.
»(Hegel) hat am Ende seines Lebens künftige Möglichkeiten der fortdauernden Revolution vorausgesehen und die Revolution selbst das Problem genannt, das ungelöst an künftige Zeiten weitergegeben wird.« (S. 71)

Ich meine, daß, genau wie Hegels Philosophie und mit ihr im Bunde, Hölderlins Dichtung ebenfalls von der Revolution ausgeht und bis zuletzt aus ihr lebt.

5 30. Juli 1794. *StA*, VI, S. 130.
6 Heinrich Scheel, *Süddeutsche Jakobiner, Klassenkämpfe und republikanische Bestrebungen im deutschen Süden Ende des 18. Jahrhunderts*, Berlin 1962.
7 Scheel, ibid., S. 102.
8 Ibid., S. 106.
9 Ibid., S. 112 f. und HSA Stuttgart, Filiale Ludwigsburg, A 213, Bund 193, Nr. 8.
10 Scheel, a.a.O., S. 113.
11 Ibid., S. 114.
12 Ibid., S. 114 ff.
13 Ibid., S. 119.
14 Ibid., S. 131.
15 Ibid., S. 133 sq.
16 Ibid., S. 149.
17 Ibid., S. 151. Siehe Kap. II einen Auszug dieses Berichts.
18 Ibid., S. 154 f.
19 Hervorhebung von mir.
20 Ibid., S. 153.
21 Hervorhebung von mir.
22 Ibid., S. 154.
23 Wie es Wilhelm Böhm, I, a.a.O., S. 135, vermutet.
24 *StA*, VI, S. 766.
25 Scheel, a.a.O., S. 177 ff.
26 Ibid., S. 221.
27 Ibid., S. 258 ff.
28 Ibid., S. 273 f.
29 Ibid., S. 258.
30 Ibid., S. 268 f.
31 *StA*, III, S. 286; *Hyperion*, II, 1, *StA*, III, S. 117.
32 Scheel, a.a.O., S. 290.
33 Ibid., S. 370.
34 *Empedokles*, I, V. 1463, *StA*, IV, S. 63.
35 II. Band, 2. Buch, *StA*, III, S. 157.
36 *G. W. F. Hegels politische Schriften*. Frankfurt 1966, S. 13.
37 Im Urtext gesperrt; Scheel, a.a.O., S. 360.
38 Ibid., S. 411.
39 Ibid., S. 411 sq.
40 *StA*, VI, S. 268.
41 Scheel, a.a.O., S. 434.
42 *StA*, VI, S. 965.

43 *StA*, VI, S. 356 und S. 965; der Herzog wußte, daß der französische Agent Théremin den Verschwörern Georgii, Baz, Hauff, Hofacker im Hause des Batavischen Gesandten Strick van Linschoten begegnete. (Akten des Prozesses 1800, Nr. A II 43.)

44 *StA*, VI, S. 294 und S. 901; zum »Bund Freier Männer« sei hier Raabe zitiert: »Der Aufenthalt in Rastatt im November 1798 als Begleiter Sinclairs [...] war das Zusammentreffen Hölderlins [...] mit jungen Männern, die einer Freundschaftsidee nachstrebten, die er in der Gegenwart verloren glaubte [...]. Die Seele der gemeinsamen Gespräche, erfüllt vom demokratisch-republikanischen Geist, waren diejenigen, die dem Bunde der Freien Männer angehörten: Muhrbeck, Fritz Horn und der nicht genannte Perret, Geheimsekretär Bonapartes. Im Juni 1794 hatte sich der Bund der Freien Männer aus Schülern und Verehrern Fichtes in Jena konstituiert. [...] Neben den lebensvollen Idealen im Glauben an eine neue, bessere Zeit wirkte der freundschaftliche Geist der Geselligkeit imponierend, der sich in den regelmäßigen Zusammenkünften, auf gemeinsamen Reisen zeigte und einen Freundschaftsenthusiasmus voller menschlicher Wärme weckte [...]. In Treue und Liebe ging es den Freunden um die gemeinsame Aufgabe, die einmal Boehlendorff an Fellenberg als Devise mitteilte: ›Freundschaft! Vaterland! Freiheit!‹ [...] Die gleichen Bildungserlebnisse, der gleiche Jenenser Nährboden und ähnliche Ideale verbanden Hölderlin mit den Freien Männern.« Paul Raabe, *Die Briefe Hölderlins*, S. 84 sqq.

45 Scheel, a.a.O., S. 475.

46 Ibid., S. 475.

47 Ibid., S. 484 f.

48 Ibid., S. 507.

49 Ibid., S. 478.

50 Ibid., S. 514.

51 Ibid., S. 521. Hölderlins Diagnose zu dem Fehlschlag im Frühling 1799 war, daß die Deutschen nicht reif seien – nicht reif für eine Revolution, für die Republik. In einem Brief vom 9. Juli 1799 schreibt er an Neuffer (der wohl nicht so unbeteiligt war, wie man vielleicht glaubt, denn der Name des Kanzleiadvokats Magister Neuffer taucht auf in einem Kreis, der den unverfänglichen Namen »Gesellschaft« trug, jedoch in der Bewegung von 1796 um Haller und Kämpf tätig war; siehe Scheel, S. 453): »die republikanische Form (ist in unseren Reichsstädten) tot und sinnlos geworden, weil die Menschen nicht so sind, daß sie ihrer bedürften, um wenig zu sagen.« (*StA*, VI, S. 339) Waren die Deutschen reif, den »Vater«, auch den Landesvater, über Bord zu werfen? Was für ihn eine Frage war, wird zu einer Gewißheit: sie waren nicht reif, sondern noch unmündig. Man lese in dieser Perspektive das Gedicht *An die Deutschen*

(*StA*, I, S. 256 und II, S. 9 ff.): Die beiden ersten Strophen, 1798 entstanden, also vor den Ereignissen (oder richtiger: vor den Ereignissen, die nicht stattfanden), sind in halb fragender, halb zweifelnder Form abgefaßt:

> . . . ihr Deutschen, auch ihr seyd
> > Tatenarm und gedankenvoll.
> > > Oder kömmt, wie der Strahl aus Wolken kömmt,
> > > > Aus Gedanken die Tat?

Nach 1799 wird das Gedicht erweitert und negativ gestimmt:

> Und das Schweigen im Volk, ist es die Feier schon
> > Vor dem Feste? Die Furcht, welche den Gott ansagt?
> > > O dann nimmt mich, ihr Lieben!
> > > > Daß ich büße die Lästerung.

Die folgenden Strophen sind auch in unserem politischen Kontext leicht verständlich:

> Schon zu lange, zu lang irr ich, dem Laien gleich,
> > In des bildenden Geists werdender Werkstatt hier,
> > > Nur was blühet, erkenn ich,
> > > > Was er sinnet, erkenn ich nicht.
> Und zu ahnen ist süß, aber ein Leiden auch,
> > Und schon Jahre genug leb' ich in sterblicher
> > > Unverständiger Liebe
> > > > Zweifelnd, immer bewegt vor ihm,
> Der das stetige Werk immer aus liebender
> > Seele näher mir bringt, lächelnd dem Sterblichen,
> > > Wo ich zage, des Lebens
> > > > Reine Tiefe zu Reife bringt . . .

und:

> Wenn die Seele dir auch über die eigne Zeit
> > Sich, die sehnende, schwingt, trauernd verweilest du
> > > Dann am kalten Gestade
> > > > Bei den Deinen, und kennst sie nie,
> Und die Künftigen auch, sie, die Verheißenen
> > Wo, wo siehest du sie, daß du an Freundeshand
> > > Einmal wieder erwarmest,
> > > > Einer Seele vernehmlich seist?
> Klanglos . . . ists in der Halle längst
> > Armer Seher! bei dir, sehnend verlischt dein Aug
> > > Und du schlummerst hinunter
> > > > Ohne Namen und unbeweint.

Ergreifend ist hier die Darstellung des eignen Schicksals durch den Dichter, als »armer Seher«, als Einsamer in der eigenen Zeit, der auf die künftigen Generationen hofft, die seine Botschaft vielleicht entschlüsseln werden, so daß er »an Freundeshand« wieder erwärmt.

Die *Reife, die reifende* Zeit, wird in seiner späten Dichtung öfters wieder vorkommen; so sagt auch Empedokles (Dritte Fassung):

> Mit Ruhe wirken soll der Mensch
> Der sinnende, soll entfaltend
> Das Leben um ihn fördern und heitern ...
> ... und herrlich ist
> Sein Wort, es wandelt die Welt ... (*StA*, IV, S. 110)

Und Panthea:

> So will es der Geist
> Und die reifende Zeit.   (*StA*, IV, S. 118)

Bis hin zum späten hymnischen Fragment, wo der Begriff negativ ausgedrückt wird:

> Denn es hasset
> Der sinnende Gott
> Unzeitiges Wachstum.   (*StA*, II, S. 225)

So versteht sich auch, daß der Begriff des Wachsens, des Wachstums, der Reife, der in der späten Dichtung so primär wird, nicht zuletzt politisch zu deuten ist.

52 Scheel, a.a.O., S. 579.

53 Zwischen den Vorstufen zur *Friedensfeier* (den Entwürfen, die in den meisten Ausgaben unter den Anfangsworten *Wie wenn am Feiertage* ... verzeichnet sind) und der endgültigen Fassung gibt es große Unterschiede. Der eine ist, daß die Feier selbst erst in der endgültigen Fassung beschrieben wird: »denn ferne kommend haben / Hieher, zur Abendstunde, / Sich liebende Gäste beschieden« usw. Zwischen dem ersten Entwurf und der Ausführung hat sich für Hölderlin irgendein konkretes Bild dazwischengeschoben. Vielleicht ist es uns gelungen, dieses Bild zu identifizieren. Es gibt nämlich einen Kupferstich, der als Propaganda für den Ersten Consul Buonaparte gedacht in Paris ausgestellt wurde (hier sei Prof. Nikolaus Sombart gedankt, der mich auf besagten Stich aufmerksam machte). Dieser Stich stellt eine Festlichkeit dar zu den Feiern des Friedens von Lunéville. Einige Züge scheinen mit Hölderlins Darstellung der Friedensfeier zusammenzufallen. Besonders wichtig aber scheint uns die Tatsache, das dieses Bild (das wohl Lucien Bonaparte, der Bruder, der Inszenierer des Staatsstreichs des 18. Brumaire, als Innenminister bestellt hatte – Lucien, der den Namen *Brutus à Marathon* angenommen hatte) ein Datum trägt. Dieses Datum fällt genau in die Wochen zwischen Hölderlins Ausreise aus Bordeaux und seiner Ankunft in Straßburg-Kehl – Wochen, von denen wir nichts wissen. *Wenn* diese unsere Vermutung stimmen sollte, so wäre das ein kräftiges Argument dafür, daß Hölderlin in der Zwischenzeit über Paris gereist und sich da aufgehalten hat. In Paris hätte er nicht nur das *Musée des Antiques,* das ein Jahr vorher eröffnet worden war,

besucht, sondern auch dieses Bild gesehen, das dann die Umarbeitung der *Friedensfeier* endgültig prägte.

54 Siehe Anm. 44.

55 *StA*, VI, S. 291 ff. und S. 900.

56 *StA*, VI, S. 295.

57 Kirchner, a.a.O., S. 83.

58 Kirchner, a.a.O., S. 98.

59 Ibid., S. 122. Siehe auch Adolf Beck, *StA*. VI, S. 1095. Seckendorff hatte sich am Ende der Tübinger Jahre, gleichzeitig mit Sinclair, um eine Hofmeisterstelle für Hölderlin bemüht. (Hellingrath-Ausgabe, VI, S. 243). Etwa ein Jahr nach seiner Entlassung aus der Haft schreibt er an Kerner (Kerners *Briefwechsel* I, 1897): »Hölderlins Schicksal geht mir sehr nahe. [...] Er weiß nicht, daß von seinen Gedichten etwas im Almanach gedruckt ist, denn als ich Sinclair davon schrieb, war er unzugänglich. Ich habe sie mit äußerster Schonung, aber doch hier und da verändern müssen, um nur Sinn hineinzubringen.« Pigenot und Seebass sagen dazu: »Seckendorff hat sich mit der Herausgabe von letzten reifen Dichtungen Hölderlins in der Tat ein großes Verdienst erworben, wenn Hölderlin selbst auch sehr ungehalten über die Veröffentlichung war.«

60 Zur Zeit ist eine Forschungsarbeit über Perret in Frankreich im Gange.

61 Kirchner, a.a.O., S. 87.

62 *Hyperion*, II, 1; *StA*, III, S. 96.

63 24. Dez. 1798; *StA*, VI, S. 299 f.

64 *StA*, VI, S. 307.

65 *StA*, VI, S. 922.

66 *StA*, VI, S. 315.

67 *StA*, VI, S. 317 f.

68 *Empedokles* I, V. 1449 ff., *StA*, IV, S. 62 ff.

69 Es wäre geradezu absurd, im *Empedokles* (wie übrigens im *Hyperion*) dringende, brennende Aktualität (auch Ewiges, aber es kommt auf dasselbe hinaus) nicht herauslesen zu wollen. Das Griechische ist Kostüm. Es handelt sich überhaupt nicht um eine kulturhistorische Studie oder Betrachtung zur griechischen Geschichte: eine Situation, wie die im *Empedokles* beschriebene, hat es in Griechenland nie gegeben. Wenn Hölderlin die »hyperpolitischen, immer rechtenden und berechnenden Agrigentiner« beschreibt, so ist damit keineswegs eine Situation Agrigents im V. Jahrhundert v. Chr., sondern die Situation im Paris des Konvents dargestellt. »Die Zeit«, die Hölderlin beschreibt, deren Opfer Empedokles wird, ist nicht die historische Zeit Griechenlands, es ist Hölderlins Epoche. Und Empedokles' Problem ist das Problem von Hölderlins Generation, das eigene Problem Hölderlins: der Mann in einer Zeit des Untergangs oder

Übergangs des Vaterlandes; der Dichter als Mann in einer solchen Zeit. Schließlich hat er in seiner ganzen Dichtung von nichts anderem geredet.

Übrigens darf man nicht vergessen, daß das griechische Kostüm eine Mode war, die zur Zeit der Revolution, insbesondere des Directoire und des Consulat in Paris florierte. In ihren Memoiren erzählt die Duchesse d'Abrantès mit viel Humor von dieser Mode. Ende 1794 ließen sich die Schüler des Malers David, des Inszenierers der Feste der Revolution und des Kaiserreichs, in Paris nur noch in griechischem Gewand auf der Straße sehen. Wenigstens dreihundert junge Leute, sagte sie, machten sich in Paris damit lächerlich. Das Kostüm *à l'antique* war mit der republikanischen Gesinnung verbunden. Der Poet Berchoux schrieb: »Qui me délivrera des Grecs et des Romains?« (Wer wird mir die Griechen und Römer vom Halse schaffen?)

70 Vom Text *Communismus der Geister* will ich keinen Gebrauch machen, obwohl er in der *Stuttgarter Ausgabe* von Hölderlins Werken Aufnahme fand, weil er – wie Adolf Beck sehr richtig sagt – schon stilistisch nicht authentisch klingt.

71 *StA*, IV, S. 355.

72 *StA*, IV, S. 97.

73 *StA*, I, S. 229. Auf wen war das gezielt? Auf »Herrn von Goethe« vielleicht, wie er ihn später nannte?

74 Hellingrath, VI, S. 253 ff.

75 Der Verdacht ist längst ausgesprochen worden, Hegel habe sich so (nämlich verschnörkelt) ausgedrückt, wie er es tat, aus Furcht, »man« verstünde ihn; unter »man« sind Unbefugte, Böswillige, »die Bösen« zu verstehen. Und zwar ist dieser Verdacht von Heinrich Heine ausgesprochen worden, nachdem er sich zwei Jahre damit beschäftigt hatte, Hegels abstraktes Schulidiom »in die Muttersprache des gesunden Verstandes und der allgemeinen Verständlichkeit, ins Französische, zu übersetzen«. Heine fährt fort: »Hier (im Französischen) muß der Dolmetsch bestimmt wissen, was er zu sagen hat, und der verschämteste Begriff ist gezwungen, die mystischen Gewänder fallen zu lassen und sich in seiner Nacktheit zu zeigen.« (Heinrich Heine, *Geständnisse. Geschrieben im Winter 1854*) Diese Furcht Hegels, von »den Bösen« verstanden zu werden, beschreibt Heine zweimal; einmal in der eben erwähnten Stelle der *Geständnisse*, und einmal in den *Briefen über Deutschland*. Da sagt er u. a.: »Ich muß gestehen, diese Musik (der fanatische Ton) gefällt mir nicht, denn ich habe hinter dem Maestro (Hegel) gestanden, als er sie komponierte, freilich in sehr undeutlichen und verschnörkelten Zeichen, damit nicht jeder sie entziffre – ich sah manchmal, wie er sich ängstlich umschaute, aus Furcht, man verstände ihn. Er liebte

mich sehr, denn er war sicher, daß ich ihn nicht verriet. Als ich einst unmutig war über das Wort: ›Alles, was ist, ist vernünftig‹, lächelte er sonderbar und bemerkte: ›Es könnte auch heißen: Alles was vernünftig ist, muß sein.‹ Er sah sich hastig um, beruhigte sich aber bald, denn nur Heinrich Beer hatte das Wort gehört.« (Heinrich Beer war nämlich von seiner Familie für blödsinnig erklärt und unter Kuratel gesetzt worden.)
76 *StA*, VI, S. 229 f.

Anmerkungen zu IV. *In verschwiegener Erde*

1 *Der Mutter Erde* (*StA*, II, S. 125).
2 Lesart zu *Wie wenn am Feiertage* (*StA*, II, S. 668).
3 Friedrich Beißner, *Hölderlins Übersetzungen aus dem Griechischen,* Stuttgart 1933, S. 166.
4 Es gibt auch eine psychologische, ja psychopathologische Deutung des Bruchs von 1800, der dann eine Phase der Krankheitsentwicklung kennzeichnete. Gerade bei Gelegenheit des Falls Hölderlin wurde mir sehr richtig vorgehalten, daß ich von Psychopathologie nichts verstehe, und ich solle es lieber den Fachleuten überlassen, zu entscheiden, wer krank und wann einer krank und was krankhaft sei – und was nicht. Das tue ich auch gerne. Doch möchte ich die Gelegenheit nicht versäumen zu sagen, daß ich bis 1806 überhaupt nichts Krankhaftes an Hölderlins Schriften erkenne – wenigstens nichts, das nur durch die Hypothese der Pathologie zu erklären wäre.
5 *StA*, VI, S. 219 f.
6 Nach Adolf Beck, *StA*, VI, S. 813 f.
7 Jacques D'Hondt, *Hegel secret,* Paris 1968, S. 227 ff.
8 *StA*, III, S. 148; sowie Jacques d'Hondt, a.a.O., S. 115.
9 Siehe Jacques d'Hondt, a.a.O., S. 282 ff. Das Kapitel heißt: *Les Fils de la Terre.*
10 Klaus-Rüdiger Wöhrmann, *Hölderlins Wille zur Tragödie*, München 1967, S. 137.
11 *StA*, IV, S. 97.
12 »Ich gehe schon lange mit dem Ideal einer Volkserziehung um, und weil Du Dich gerade mit einem Teil derselben, der Religion, beschäftigest, so wähl ich mir vielleicht Dein Bild und Deine Freundschaft zum *conductor* der Gedanken in die äußere Sinnenwelt.« *StA*, VI, S. 156.
13 *StA*, IV, S. 356.
14 *StA*, I, S. 212 f.
15 *StA*, III, S. 121.
16 *StA*, II, S. 3.

17 *StA*, II, S. 7.

18 *StA*, II, S. 19.

19 *StA*, II, S. 33.

20 *StA*, II, S. 35.

21 *StA*, II, S. 80 f.

22 *StA*, II, S. 108.

23 *StA*, II, S. 132.

24 Vers 24–25 u. 150–153, *StA*, II, S. 142 ff.

25 *StA*, II, S. 152.

26 *StA*, II, S. 172.

27 *StA*, II, S. 236.

28 *StA*, II, S. 238.

29 *StA*, II, S. 248.

30 *StA*, IV, S. 122.

31 *StA*, IV, S. 128.

32 *StA*, IV, S. 129.

33 *StA*, IV, S. 138 f.

34 *StA*, IV, S. 140.

35 *StA*, IV, S. 141.

36 *StA*, VI, S. 435.

37 *StA*, VI, S. 436.

38 *StA*, II, S. 683.

39 *StA*, II, S. 125.

40 Halbgötter denk' ich jetzt . . .
    Wem aber, wie, Rousseau, dir
                . . .ward
    Süße Gabe . . .
    Zu reden so, daß er aus heiliger Fülle
    Wie der Weingott, törig göttlich
    Und gesetzlos sie die Sprache der Reinesten gibt
    Verständlich den Guten, aber mit Recht
    Die Achtungslosen mit Blindheit schlägt . . .

                                 (*StA*, II, S. 146)

41 *StA*, II, S. 152.

42 *StA*, II, S. 220.

43 *StA*, II, S. 22.

44 *StA*, IV, S. 233.

45 *StA*, VI, S. 323 ff.

46 Ich würde dazu neigen, den viel besprochenen Wechsel der Töne
bei Hölderlin weniger als eine ästhetische denn als eine kultur-
geschichtliche Theorie zu deuten (wobei das eine das andere nicht
ausschließt). Hölderlins technisch-poetische Ausführungen wären der
transponierende Ausdruck, die »Metapher« vom Dreischritt der
Weltgeschichte. Das in Tabellen periodisierte »Gesetz des Gesanges«

nach dem Typus naiv-heroisch-idealistisch entspräche der kalkulablen Gesetzmäßigkeit des Weltgeschehens, ebenfalls nach ternärem Rhythmus. Es wäre in ihm der Versuch enthalten, den Wechsel überhaupt darzustellen (ein Versuch, der später mit dem Namen Dialektik identifiziert werden wird), das was der Dichter in der Ode *Der Frieden* das »melodisch-wechselnde der wachsenden Zeiten auf der Erde« nennen wird.

Eine viel eindeutigere Darstellung des ternären Rhythmus der Geschichte der Menschen findet sich schon im *Hyperion*.

In der geschichtsphilosophischen Rede Hyperions in Diotimas Garten, kurz nachdem er Harmodius und Aristogiton erwähnte, zeichnet Hyperion den Dreischritt der Geschichte der Menschheit, und zwar nach dem Schema »naiv-heroisch-idealisch«:

»Von Kinderharmonie sind einst die Völker ausgegangen, die Harmonie der Geister wird der Anfang einer neuen Weltgeschichte seyn. Von Pflanzenglück begannen die Menschen und wuchsen auf, und wuchsen, bis sie reiften; von nun an gährten sie unaufhörlich fort, von innen und außen, bis jetzt das Menschengeschlecht, unendlich aufgelöst, wie ein Chaos daliegt, daß alle, die noch fühlen und sehen, Schwindel ergreift; aber die Schönheit flüchtet aus dem Leben der Menschen sich herauf in den Geist; Ideal wird, was Natur war. [. . .] Daran, an diesem Ideale, dieser verjüngten Gottheit, erkennen die Wenigen sich und Eins sind sie, denn es ist Eines in ihnen, und von diesen, diesen beginnt das zweite Lebensalter der Welt.« (Bd. I, 2tes Buch, *StA*, III, S. 63.)

Zur selben Zeit las Schelling im Herbst 1799 in Jena über »drey Perioden der Geschichte«, von Hölderlins Freund Muhrbeck folgendermaßen kurzgefaßt: 1/Periode des blinden Schicksals; 2/Spuren der Vorsehung (so mußte die Intelligenz der Natur dem handelnden Menschen erscheinen) – 3/»dann wird Gott seyn«.

Übrigens: ob Rhythmus in der Verfahrensweise des poetischen Geistes, ob Rhythmus der Weltgeschichte – der Rhythmus ist der gleiche. Das »Gesetz des Gesangs« ist nichts als die »Metapher«, die Transponierung der rhythmischen Gesetzmäßigkeit des Weltgeschehens. Wer das eine begreift, begreift das andere auch:

Lern im Leben die Kunst, im Kunstwerk lerne das Leben,
    Siehst du das eine recht, siehst du das andere auch.

(StA, I, S. 305)

Oder, wie Hölderlin vor Sinclair gesagt haben soll – so berichtet Bettina Brentano in ihrem Buch *Die Günderode,* Grünberg u. Leipzig 1840 (zitiert bei Hellingrath, VI, S. 385): »Einmal sagte Hölderlin, Alles sei Rhythmus, das ganze Schicksal des Menschen sei Ein himmlischer Rhythmus, wie auch ein jedes Kunstwerk ein einziger Rhythmus sei, und alles schwinge sich vor den Dichterlippen des

Gottes, und wo der Menschengeist dem sich füge, das seien die verklärten Schicksale [. . .]« usw.

Übrigens konnte dieser ternäre Rhythmus von Hölderlin (und Hegel) an der Französischen Revolution selbst festgestellt werden: nach der naiven Periode (1790, Föderationsfest) kam die heroische (1793–1801, Comité de Salut Public, General Buonaparte) – dann sollte im Frieden die dritte Periode ansetzen und tat es auch, die des *Code civil*, des Bürgerlichen Gesetzbuches von Napoleon.

Ich möchte bei dieser Gelegenheit auf den aufschlußreichen Kommentar von Alexandre Kojève, *Introduction à la lecture de Hegel*, Paris 1947, S. 145 ff. und *passim* hinweisen: Napoleon als »der erscheinende Gott; die Schöne Seele (Hölderlin); das Böse und seine Verzeihung« – die ganze Problematik Hölderlins, wie wir sie sehen, ist da enthalten. Kojève erzählt, wie er 1933, beim Vorbereiten einer Vorlesung über Hegels *Phänomenologie* den Text wieder las: »et quand je suis arrivé au chapitre IV, alors j'ai compris que c'était Napoléon. Tout ce que disait Hegel me paraissait alors lumineux.«

(Als ich bei Kapitel IV anlangte, da habe ich verstanden, das ist Napoleon. Alles, was Hegel sagte, erhellte sich plötzlich.)

In dieser Perspektive kann man auch Hölderlins Plan eines ästhetischen Journals besser verstehen, und seine hintergründige Absicht, durch dieses Mittel eine politische Erziehung zu erzielen, und auch warum dieser Plan gerade in der Zeit entstand, wo er die Enttäuschung vom März 1799 erlebte, da die Deutschen sich als politisch unreif erwiesen hatten. Er wollte seine Leser dazu erziehen, den Grundrhythmus zuerst im Kunstwerk (ästhetisch), aber dann im Weltgeschehen (politisch-historisch) zu vernehmen.

Nebenbei bemerkt: Die Seiten, die Bettina dem »kranken« Hölderlin widmete, sind eine reine und unerschöpfliche Quelle zum unmittelbaren Verständnis Hölderlins. Durch das Wunder ihrer einfühlenden Vermittlung *hören* wir Hölderlins Stimme, z. B. in folgenden Zeilen: »Die Sprache bilde alles Denken, denn sie sei größer als der Menschengeist, der sei ein Sklave nur der Sprache, und solange sei der Geist im Menschen noch nicht der vollkommene, als die Sprache ihn nicht alleinig hervorrufe. Die Gesetze des Geistes aber seien metrisch, das fühle sich in der Sprache, sie werfe das Netz über den Geist, in dem gefangen er das Göttliche aussprechen müsse [...]« usw. (Hellingrath, VI, S. 382).

47 *StA*, IV, S. 154. Bei der Deutung des Wortes Vaterland in Hölderlins Gebrauch dürfte man nicht vergessen, daß in Hesiods Theogonie die Erde wohl die Mutter von Allen ist – daß aber ihr erster Sohn Ouranos, der Himmel, dann als Vater sowohl Okeanos wie auch die Titanen und Giganten und schließlich den Kronos mit ihr zeugte. Der Mutter Erde steht gegenüber (in einer von Hesiod be-

schriebenen Symmetrie) das »Land des Vaters«, des Himmels, als »Vaterland« (eine gewisse konkrete historische Situation). Gerade das bedeutet hier der Ausdruck: »Empedokles [...] ein Sohn seines Himmels [...] seines Vaterlandes.«

48 »Nation, das klingt jakobinisch!« sagte man damals in Deutschland.
49 Von Hölderlin unterstrichen; StA, VI, S. 139.
50 StA, IV, S. 200.
51 StA, V, S. 31.
52 Hegel, *Theologische Jugendschriften,* Tübingen 1907, S. 359.
53 StA, III, S. 63 f.
54 StA, III, S. 95.
55 StA, II, S. 39 ff.
56 StA, VI, S. 287 f.
57 Zum Verständnis der Verfahrensweise des poetischen Geistes bei Hölderlin und seiner Technik der Verschlüsselung ist vielleicht folgendes nicht unbedeutend:
Erstens: Am 4. Juni 1799 entwickelt Hölderlin in einem Brief an Neuffer den Plan einer poetischen Monatsschrift und äußert die Bitte, Steinkopf, den Verleger des Taschenbuchs für Frauenzimmer für den Plan zu gewinnen. In Neuffers Taschenbuch für 1799 hatte aber ein Titelkupfer gestanden mit der Erklärung: »Das Titelkupfer stellt Emiliens Bildnis vor, deren Geschichte im nächsten Jahre erzählt werden soll.«
Nun antwortet Steinkopf am 13. Juni und läßt Hölderlin bitten, das Versprechen des Taschenbuchs einzulösen und ihm »eine ganz kleine Erzählung oder Roman über Emilie« zu schreiben, »der der Charakter eines recht edlen, vortrefflichen Mädchens gegeben werden müsse. Das übrige stelle er vollkommen in Hölderlins Willkür.«
Nun dichtet Hölderlin das idyllisch-heroische Gedicht *Emilie vor ihrem Brauttag.* Der Bruder des Mädchens heißt Eduard. Dieser Eduard beteiligt sich am Freiheitskampf der Korsen unter Paoli, ein Kampf, der übrigens einige Monate vor Napoleon Buonapartes Geburt stattfand, und an dem dessen Vater und Mutter teilnahmen. Eduard ist ein freiheitsliebender, begeisterter Deutscher. Er schreibt aus Korsika: »Ein edel Volk ist hier auf Korsika ... Es sparte für ein frommes Volk Saturnus Sohn / Dies Ufer auf ... – da er die goldne Zeit / mit Erzen mischte.«
Eduard fällt im Kampf »mit seiner Liebsten Einem, ruht mit ihm / In einem Grab.«
Zweitens: Vom Gedicht *An Eduard* wissen wir, daß es *An Sinclair* gewidmet ist, weil wir die Handschrift besitzen, wo gleich auf dem Entwurf die Überschrift steht. Doch wird, um es mit den Worten Friedrich Beißners zu sagen, »die gemeinte Beziehung auf Eduard

[...] in den beiden ersten Fassungen dadurch etwas verschleiert, daß die Erwähnung in dritter Person nicht zu der Überschrift stimmt, die eine Anrede des brüderlichen Freundes in zweiter Person erwarten läßt, wie sie erst Vers 26 (Mein Achill!) ausspricht.« (*StA*, II, S. 469)

Doch auch wenn wir nicht durch den Besitz der Handschrift wüßten, daß mit »Eduard« der Freund Sinclair gemeint ist, könnten wir aus einer bloß poetischen Analyse darauf kommen.

Eduard ... Wer sich an die von Herder übersetzte schottische Ballade *Edward* (Edward – O! ... O ich hab' geschlagen meinen Vater todt!) erinnert, und gleichzeitig auch daran, daß Sinclair behauptete, einer alten adligen schottischen Familie anzugehören, wird den Zusammenhang erkennen. Die Wahl des Decknamens »Eduard«, um Sinclair zu bezeichnen, hat also nichts Willkürliches und ist (fast) transparent.

Rückblickend ist es auch nicht untersagt, schon im früheren »Eduard«, dem der Idylle »Emilie«, in der Gestalt des jungen deutschen Freiheitskämpfers die Züge Sinclairs zu erkennen.

Mit diesem Hinweis (den wir Frau Katarina Hinst verdanken) wollen wir nur zeigen, daß bei Hölderlin *alles,* auch das kleinste Wort, einen Aussagewert hat und gedeutet werden könnte – wenn wir es nur könnten und wenn der Zusammenhang manchmal nicht zu entlegen wäre, um darauf zu kommen.

Doch möchte ich ein weiteres Beispiel der Konkretheit von Hölderlins dichterischer Sprache anführen. Im Gedicht *Andenken* beschreibt Hölderlin eine Landschaft in Bordeaux: ein Wirtshaus an der Garonne, wo er mit zwei Seeleuten ein Glas Wein trinkt. Das findet statt »zur Märzenzeit, wenn gleich ist Nacht und Tag, / Und über langsamen Stegen, / Von goldenen Träumen schwer, / Einwiegende Lüfte ziehen.«

»Von goldenen Träumen schwer ...«, was hat das zu bedeuten? Irgendeine poetische Phrase? Diesem »von goldenen Träumen schwer« widmet Heidegger einen dreiseitigen Kommentar im bekannten Stil: »Wie steht es mit der Wirklichkeit der Wirklichen? Was wäre alles Wirkliche, wenn es nicht als Wirkliches in der Wirklichkeit weste? Wenn aber die Wirklichkeit selbst nicht mehr ein Wirkliches ist [...]. Die goldnen Träume sind wie Gold schwer aus der Gediegenheit des Wesenhaften ihres Gedichtes. Sie sind wie Gold edel aus der Reinheit des vom Heiligen her Entschiedenen und Geschickten. Was sollen aber die ziehenden Lüfte des Himmels im südlichen Lande anderes bergen als die Glut und das Licht des heiligen Strahls, dem der Dichter die Geburt seines Wesens verdankt? Die Lüfte wiegen ein in die Wiege dieses Ursprungs.«

Als ich einem Franzosen aus Bordeaux die erwähnten Zeilen Hölderlins übersetzte, sprang er begeistert auf: »wie wahr!«, sagte er.

»Ja, in Bordeaux ziehen im Frühjahr laue Lüfte langsam vorbei, die vom Kiefernwald der *Landes* kommen; auf dem Wege haben sie den Blütenstaub der Kiefern aufgenommen, der sich dann als goldener Staub niedersetzt. ›Von goldenen Träumen schwer...‹ das hat für mich eine ganz konkrete Bedeutung, schon spüre ich den Duft des von fernher kommenden Blütenstaubs.«

Noch ein Beispiel, von dem ich weiß, daß ich damit auf Unglauben stoßen werde – und doch... In einer späten Umarbeitung des Gedichts *Brod und Wein* ist zu lesen: »Glaube, wer es geprüft! nämlich zu Haus ist der Geist / Nicht im Anfang, nicht an der Quell. Ihn zehret die Heimat. Kolonie(n) liebt, und tapfer Vergessen der Geist.« Friedrich Beißner, der als erster die Zeilen im Manuskript herauslas, kommentierte sie ausführlich (*Hölderlins Übersetzungen aus dem Griechischen*, Stuttgart 1933, S. 147–184).

Martin Heidegger widmete diesen Zeilen ebenfalls einen ausführlichen Kommentar (*Erläuterungen zu Hölderlins Dichtungen*, Frankfurt 1951). Aus Heideggers Kommentar nur einige Zeilen:

»Inwieweit das in diesen Versen gedichtete Gesetz der Geschichtlichkeit sich aus dem Prinzip der unbedingten Subjektivität der deutschen absoluten Metaphysik Schellings und Hegels herleiten läßt, nach deren Lehre das Bei-sich-selbst-sein des Geistes erst die Rückkehr zu sich selbst und diese wiederum das Außer-sich-sein vorausfordert, [...] usw. [...] sei dem Nachdenken nur vorgelegt.«

Ich möchte nun auch dem Nachdenken vorlegen, daß ich, wohl nicht metaphysisch, doch dichterisch, die Zeilen Hölderlins in Zusammenhang bringe mit einem Verfahren, das bei den Weinhändlern in Bordeaux üblich war und von dem Hölderlin ganz bestimmt bei Konsul Meyer in Bordeaux gehört hatte: um den Bordeaux-Wein zu bessern, schiffte man ihn nach Westindien (in die Kolonie) und zurück; er hieß dann »vin retour des Isles«, oder einfach »retour« und war hochgeschätzt. »Der Geist« ist hier (auch und nicht zuletzt) der Geist des Weins, dem übrigens das ganze Gedicht unter dem Namen des Bacchus, des Bruders Christus, gewidmet ist.

Das folgende ist vielleicht kein Beispiel, doch ein Zeugnis von Hölderlins Konkretheit. Sie sagt viel mehr aus, als das Metaphysische, das die Kommentare hineinzupraktizieren versuchen. Wenige Worte sind so oft zitiert worden wie die Eingangszeilen von *Patmos*:

Nah ist
Und schwer zu fassen der Gott –
Wo aber Gefahr ist, wächst
Das Rettende auch.

Wer aber hat daran gedacht, hier die volle Bedeutung des »wächst« zu würdigen, die erst dann erhellt, wenn man bedenkt, daß die Zeile eine Umdichtung einer Bemerkung des botanisierenden Rousseau ist, »le remède croît à côté du mal«, neben der giftigen Pflanze wächst die Heilpflanze.

Und wenn man in dem hymnischen Entwurf »Der Adler« folgende Zeile liest:

»wohl nach Hetruria seitwärts«,

so ist das wohl nicht so sehr antike Reminiszenz als das Echo der französischen (oder deutschen) Presse, die im Frühjahr 1801 nicht nur über die allgemeine Zufriedenheit über den Frieden von Lunéville berichtete, sondern auch über die großen Festlichkeiten, die M. de Talleyrand (der Beschützer Reinhards) im Juni in Neuilly zu Ehren des Königs von Hetrurien gegeben hatte – des Herrschers eines kleinen vom republikanischen General Bonaparte eben gegründeten Königreichs.

Auch ist die Orient-Bezogenheit Hölderlins von der Orient-Mode schwer zu trennen, die zu der Zeit in Paris herrschte und nicht zuletzt Bonapartes Kampagne in Ägypten inspirierte. Die Memoiren der Duchesse d'Abrantès liefern einen nicht zu unterschätzenden Beitrag zum Verständnis von Hölderlins Dichtung.

Die sich ins Metaphysische verlierenden Kommentare zu Hölderlins Dichtung mögen ihren Nutzen haben. Aber sie haben den ungeheuren Nachteil, daß sie das Konkret-Poetische des Gedichts nicht zu seinem Recht kommen lassen – ganz im Gegenteil vernebeln sie das Gedicht und lassen das poetische Licht nicht mehr durchscheinen. Hölderlins dichterische Welt ist nicht einmal so sehr von ihm selbst in »verschwiegener Erde« begraben worden, als durch die Kommentare in einer Sintflut von metaphysischem Wortschwall versunken. Der Intuition ist, im originellen Sinn der Intuition als »Sehen«, das Gedichtete viel unmittelbarer zugänglich. Hölderlins Dichtung ist an-schaulich. »Die Deutschen graben zu tief«, sagte Goethe.

Das wahrste Wort zu Hölderlins Dichtung wurde gleich nach seinem Tode von einer Frau gesprochen. Als sie die Nachricht bekam, schrieb Caroline von Woltmann (30. August 1843) an Alexander Jung, der einige Jahre später die erste umfassende Studie über Hölderlin verfaßte: »Hölderlin wird aufsteigen am literarischen Himmel Deutschlands wie ein Stern, *wenn* Deutschland Dichter von seiner Großartigkeit der Begriffe und *Einfachheit des Ausdrucks* vertragen kann.« (Hervorhebung von mir.)

Die *Einfachheit* von Hölderlins Ausdruck zu begreifen, darauf kommt es an. Es ist wohl nicht das Leichteste; doch die Schwierigkeit liegt an uns, nicht an ihm. Hölderlin ist der einfachste Mensch, den es gibt; nur wir sind kompliziert und tragen unsere eigenen abstrakt-metaphysischen Schrullen in sein Werk hinein, mit der wohlgemeinten Absicht, sie durch Interpretation zu »er-klären«, wo wir sie nur undurchsichtiger machen. Indem wir dieser unserer Tendenz nachgeben, kehren wir dem Poetischen, das konkret-anschaulich ist, den Rücken.

Wenn wir – wie uns der Dichter selbst darum bat – das Gedicht »nur gutmütig« lesen, wenn wir im lauten Vortragen die ganze großartige Einfachheit und Unmittelbarkeit der poetischen Geste nachvollziehen, wenn das Wort *tönt*, erst dann lebt es wieder auf; erst dann sehen wir die Absicht des Dichters und den Zweck des Gedichts erfüllt.

Es ist nicht auszuschließen, daß Hölderlin eine Parallele zwischen dem Werk des Philosophen und dem des Dichters, zwischen Hegel und sich selbst zog, als er in der *Friedensfeier* die Zeilen schrieb:

 Ein Weiser mag mir manches erhellen; wo aber

 Ein Gott noch erscheint,

 Da ist doch andere Klarheit.

58 *StA*, IV, S. 156.

59 *StA*, IV, S. 200.

60 Bei der Tagung der Hölderlin-Gesellschaft 1968 wurde im Laufe der Diskussion gesagt, die Ode *An Eduard* betone den Unterschied zwischen den beiden Freunden, der Dichter stelle sein Eingreifen in die Schlacht nur als Möglichkeit dar und schildere in den letzten Strophen seinen wirklichen Zustand, den der Ruhe, als notwendige Voraussetzung für die spezifische Weise, wie die göttliche Begeisterung vom Dichter erfahren wird.

Warum sträubt man sich denn unentwegt dagegen, des Dichters Wort ernst zu nehmen: »Wenn ich so singend fiele . . .«

61 Kirchner, a.a.O., S. 51 ff.

62 Kirchner, *Aufsätze*, S. 69 sq.

63 d'Hondt, p. 291.

64 Kirchner, *Hochverrat*, S. 142 sq.

65 An Immanuel Niethammer schreibt Hölderlin am 22. Dezember 1795: »Schelling ist, wie Du wissen wirst, ein wenig abtrünnig geworden von seinen ersten Überzeugungen« (*StA*, VI, S. 191). Das will doch wenigstens im Unterton sagen, daß Hölderlin die Treue schätzt und sie hält.

66 *StA*, II, S. 144 sq.

67 *StA*, I, S. 245 und II, S. 49.

68 *StA*, II, S. 148.

69 Fr. Beißner, *StA*, II, S. 721 q.

70 Hymnenentwurf *Die Titanen*: *StA*, II, S. 219.

71 *An Eduard*, *StA*, II, S. 39.

72 *StA*, V, S. 271 f.

73 Zu Hölderlins »Umnachtung«, wie man sich schonend ausdrückt, möchte ich folgendes sagen:

Bis 1806 kann ich weder in seiner Dichtung noch in seinen Übersetzungen, Briefen und Abhandlungen eine Spur von Geisteskrankheit finden, sondern nur eine unerhörte, von niemandem sonst erreichte Konzentration und Wucht der Sprache, die aber einer Absicht und einer Methodik entspricht.

Ich kann nicht entscheiden, ob die Tendenz, sich verschlüsselt auszudrücken, so daß es »den bösen Menschen« unverständlich, doch »den Guten verständlich« sei, an sich schon ein psychopathologisches Symptom ist, oder nicht. Sicher ist folgendes: in des Dichters Situation während des zweiten Homburger Aufenthalts ist diese Verhaltensweise die einzige, die ihn vor einer Verhaftung und Einkerkerung auf dem Hohenasperg schützen konnte und effektiv geschützt hat.

Man sollte nicht vergessen, daß Hölderlin mit neunzehn Jahren den verehrten Schubart, seinen Meister, besuchte, gerade als dieser aus einer zehnjährigen Haft auf dem Hohenasperg entlassen worden war. Solche Erlebnisse machen auf junge Leute einen dauerhaften Eindruck.

Was die Haft auf dem Hohenasperg bedeutete, kann man sich nach einem Bericht des Hofkommissars Binge vorstellen, der sich 1837 rühmte, den Sinclair gut gekannt zu haben und erzählte, Sinclair sei im Gefängnis kreuzweise mit Ketten gefesselt und erst gelinder behandelt worden, als ihm das Blut aus Mund und Nase floß. (Kirchner, *Hochverratsprozeß*, S. 143.) Wenn das auch wohl eine Sage ist, wie Kirchner meint, so kann doch vielleicht auch Hölderlin von dieser »Sage« gehört haben.

Das einzige ärztliche Dokument zur Krankheit Hölderlins, das wir besitzen, ist das Gutachten eines Dr. Müller aus Homburg v. d. Höhe. Dieses Gutachten ist jedoch ein Gefälligkeitsgutachten ohne jeden wissenschaftlichen Wert. Die Untersuchungskommission, die den Fall Sinclair im Hochverratsprozeß verfolgte, war auf eine Stelle der Denunziation eingegangen, wo der Denunziant Blankenstein erklärte, er habe Hölderlin (dem er in Stuttgart begegnet war) gleich für zerrüttet in seinem Gemütszustande angenommen, er bemerkte übrigens, »daß Sinclair sehr freimütig in seinen Äußerungen in Gegenwart des Hölderlin gewesen, woraus zu schließen sei, daß Hölderlin mit den Plänen des Sinclair vertraut gewesen sein müsse«. In der Denunziation gegen Sinclair hatte er gesagt: »Sein Cammerad Friedrich Hölderlin von Nürtingen, der von der ganzen Sache ebenfalls unterrichtet war, ist in eine Art Wahnsinn verfallen, schimpft beständig auf Sinclair und die Jacobiner und ruft zu nicht geringem Erstaunen für hiesige Einwohner in einem fort: ich will kein Jacobiner *bleiben*.« (*bleiben* von mir kursiv. – Text der *ersten* Denunziation. Kirchner, a.a.O., S. 55.)

Am 5. April 1805 wandte sich die Kommission an die homburgische

Regierung mit dem Ersuchen um Aufschluß über den »verwirrten Gemützstand«, in den Hölderlin in Homburg verfallen sein solle. Das Schreiben traf am 9. April in Homburg ein, am gleichen Tage wurde das ärztliche Gutachten verfaßt und abgesandt. Dieses (wohl vom Landgrafen beeinflußte) Gutachten setzte den Nachforschungen des Kurfürsten nach Hölderlin ein Ende. »Kein Zweifel, daß er vom Landgrafen die Auslieferung seines Untertanen verlangt hätte, wäre Hölderlin auch nur im mindesten als vernehmungsfähig anerkannt gewesen. Viel fehlte nicht, und er hätte Sinclairs Los geteilt.« (Kirchner, a.a.O., S. 82.)

Als der Vertraute des Kurfürsten, ein Oberlandesgerichtsrat namens Wucherer, der mit der Untersuchung des Falls Sinclair beauftragt war, bei dem Landgrafen von Homburg um Audienz bat, um den Fall Hölderlin zu klären, lehnte es der Landgraf ab, ihn zu empfangen, ließ ihm aber folgendes sagen, »um es officiell zu berichten«: »Der Freund des von Sinclair M. Hölderlin aus Nürtingen befinde sich zu Homburg seit dem Monat Juli vorigen Jahres. Seit einigen Monaten sei derselbe in einen höchsttraurigen Gemützstand verfallen, so daß er als wirklich Rasender behandelt werden müsse. Er rufe beinahe unausgesetzt: ›Ich will kein Jakobiner sein, fort mit allen Jakobinern! Ich kann meinem gnädigsten Churfürsten mit gutem Gewissen unter die Augen treten.‹ Der Herr Landgraf wünschen, daß die Auslieferung dieses Menschen, wenn bey der Untersuchung die Sprache von ihm werden sollte, umgangen werden könnte.«

Ob und inwiefern Hölderlin vor 1806 schon »wahnsinnig« war (und was bedeutet das Wort?), ist schwer zu entscheiden. Hier noch zwei Dokumente zu seinem Zustand.

Sinclair schrieb an Hölderlins Mutter am 17. Juni 1803: »ich kann mit Wahrheit behaupten, daß ich nie größere Geistes und Seelenkraft als damals (bei einer Reise nach Regensburg) bei ihm gesehen.« (Hellingrath, VI, S. 349.) Und am 6. August 1804: »Nicht nur ich, sondern außer mir noch 6–8 Personen, die seine Bekanntschaft gemacht haben, sind überzeugt, daß das was Gemüts Verwirrung bei ihm scheint, nichts weniger, als das, sondern eine aus wohl überdachten Gründen angenommene Äußerungs Art ist.« (Hellingrath, VI, S. 367.)

Am 11. September 1806 wurde Hölderlin mit Gewalt nach Tübingen abtransportiert. Überzeugt, er sei verhaftet und ins Gefängnis geführt, setzte er sich zur Wehr und versuchte zu flüchten; doch vergeblich. Als der Wagen in Tübingen ankam, war Hölderlin wirklich wahnsinnig. Man lese den herzzerreißenden Bericht der Landgräfin an ihre Tochter über den Auftritt: »Le pauvre Holterling! . . .« (Kirchner, Hochverrat, S. 161.)

Bibliographie

I. Ausgaben

Hölderlins sämtliche Werke. Berlin 1923 ff. (Die von Norbert v. Hellingrath, Friedrich Seebass und Ludwig von Pigenot besorgte Ausgabe.) (Hier in Abkürzung: Hellingrath.)

Hölderlin. Sämtliche Werke. *Große Stuttgarter Ausgabe.* Hrsg. von Friedrich Beißner und Adolf Beck, Stuttgart 1946 ff. (Hier in Abkürzung: *StA*)

II. Studien und Dokumente in deutscher Sprache

Wilhelm Lang, *Graf Reinhard. Ein deutsch-französisches Lebensbild 1761–1837,* Bamberg 1896.

Alfred Stern, *Der Einfluß der Französischen Revolution auf das deutsche Geistesleben. Geistesgeschichtlich groß angelegte Darstellung der weltbürgerlichen und nationalen Strömungen Deutschlands in ihrer Auseinandersetzung mit den Ideen der Französischen Revolution,* Stuttgart und Berlin 1928. (Hier in Abkürzung: Alfred Stern oder Stern.) Ausführliche Bibliographie und Quellenangabe bis 1927).

Georg Lukács, *Goethe und seine Zeit,* A. Francke Verlag 1947, S. 110–126.

Georg Lukács, *Der junge Hegel,* Zürich/Wien 1948.

Werner Kirchner, *Der Hochverratsprozeß gegen Sinclair,* Marburg 1949.

Wolfgang Schadewaldt, *Das Bild der exzentrischen Bahn bei Hölderlin,* in: *Hölderlin-Jahrbuch* 1952, S. 1–16.

Claus Träger, *Hölderlins »Hyperion« als Widerspiegelung der progressivsten Tendenzen der Französischen Revolution,* in: *Wissenschaftliche Zeitschrift der Karl-Marx-Universität Leipzig* – Jahrgang 1952/53, Heft 9/10.

Hedwig Voegt, *Die deutsche jakobinische Literatur und Publizistik 1789–1800,* Berlin 1954 (Hier in Abkürzung: Voegt. Siehe ebenda ein Verzeichnis der Quellen, S. 231 ff.)

Hegel, *Auswahl und Einleitung* v. Friedrich Heer, Frankfurt a. M. 1955.

Alexandre Kojève, *Hegel. Eine Vergegenwärtigung seines Denkens. Kommentar zur Phänomenologie des Geistes* (verkürzte, aber autorisierte Übersetzung 1958).

Carlo Schmid, *Was Hellas mir bedeutet,* in: *Begegnung mit Griechen-land;* Bremen 1960.

Hölderlin. Beiträge zu seinem Verständnis in unserm Jahrhundert. Hrsg. von Alfred Kelletat, Tübingen 1961.

Karl Friedrich Reinhard (1761–1837) – Ein Leben für Frankreich und Deutschland – Gedenkschrift zum 200. Geburtstag. Herausgegeben von Else R. Gross, Stuttgart, o. D., 1961.

Karl Reinhardt, *Hölderlin und Sophokles,* in: *Beiträge zur Literatur und Geistesgeschichte,* München 1962.

Heinrich Scheel, *Süddeutsche Jakobiner – Klassenkämpfe und republikanische Bestrebungen im deutschen Süden Ende des 18. Jahrhunderts,* Berlin 1962. (Hier in Abkürzung: Scheel.)

Paul Raabe, *Die Briefe Hölderlins. Studien zur Entwicklung und Persönlichkeit des Dichters.* Stuttgart 1963.

Georg Lukács, *Skizze einer Geschichte der neueren deutschen Literatur,* Neuwied/Berlin 1963.

Klaus Pezold, *Zur Interpretation von Hölderlins »Empedokles«-Fragmenten,* in: *Wissenschaftliche Zeitschrift der Karl-Marx-Universität Leipzig, Gesellschafts- und Sprachwissenschaftliche Reihe,* 12. Jahrgang 1963, Heft 2.

Bernhard Böschenstein, *Konkordanz zu Hölderlins Gedichten nach 1800. Auf Grund des zweiten Bandes der Großen Stuttgarter Ausgabe,* Göttingen 1964.

Friedrich Heer, *Europa, Mutter der Revolutionen,* Stuttgart 1964.

Jakobinische Flugschriften aus dem deutschen Süden Ende des 18. Jahrhunderts. Eingeleitet und herausgegeben von Heinrich Scheel, Berlin 1965.

Joachim Ritter, *Hegel und die französische Revolution,* Frankfurt a.M. 1965.

G. W. F. Hegel, *Politische Schriften.* Nachwort von Jürgen Habermas, Frankfurt a. M. 1966.

Robert Minder, *Hölderlin unter den Deutschen,* in: *Dichter in der Gesellschaft – Erfahrungen mit deutscher und französischer Literatur,* Frankfurt a. M. 1966.

Werner Kirchner, *Hölderlin. Aufsätze zu seiner Homburger Zeit,* Göttingen 1967.

Robert Minder, *Hölderlin und die Deutschen,* in: *Hölderlin-Jahrbuch* 1965/66, Tübingen 1967.

Klaus-Rüdiger Wöhrmann, *Hölderlins Wille zur Tragödie,* München-Allach 1967.

Von deutscher Republik 1775–1795. I. Aktuelle Provokationen. Herausgegeben von Jost Hermand, Frankfurt a. M. 1968.

Adolf Beck, *Hölderlin als Republikaner,* in: *Hölderlin-Jahrbuch,* Fünfzehnter Band 1967/68, Tübingen 1969.

Pierre Bertaux, *Hölderlin und die Französische Revolution*, in: *Hölderlin-Jahrbuch*, Fünfzehnter Band 1967/68, Tübingen 1969.

III. Studien und Dokumente in französischer Sprache

Stendhal (Henri Beyle), *Vie de Napoléon*, Fragments, Paris 1845.

Jules Michelet, *Historie de la Révolution Française* (1847–1868); édition établie et commentée par Gérard Walter, Paris 1939.

Mémoires de la Générale Junot duchesse d'Abrantès; Souvenirs intimes sur l'enfance, la jeunesse, la vie privée de Napoléon Bonaparte, général et Premier Consul 1769–1801, Paris 1910.

Histoire de France contemporaine. Tome I: *La Révolution (1789–1792)* par P. Sagnac, Paris 1920; Tome II: *La Révolution (1792–1799)* par G. Pariset, Paris 1920; Tome III: *Le Consulat et l'Empire (1799–1815)* par G. Pariset, Paris 1921.

Pierre Bertaux, *Le lyrisme mythique de Hölderlin. Contribution à l'étude des rapports de son hellénisme avec sa poésie*, Paris 1936.

Pierre Bertaux, *Hölderlin. Essai de biographie intérieure*, Paris 1936.

Alexandre Kojève, *Introduction à la lecture de Hegel; leçons sur la Phénoménologie de l'Esprit*, Paris 1947.

Jacques Droz, *L'Allemagne et la Révolution Française*, Paris 1949.

Geneviève Bianquis, *Hölderlin et la Révolution Française*, in: *Etudes Germaniques*, Avril-Septembre 1952, Paris.

Maurice Delorme, *Hölderlin et la Révolution Française*, Monace 1959.

Saint Just, *Fragments sur les institutions républicaines*, in: *Saint Just et l'Esprit de la Révolution*, Paris 1963.

Pierre Bertaux, *Du nouveau sur Hölderlin*, in: *Etudes Germaniques*, Avril-Juin 1965, Paris.

Pierre Bertaux, *Une poésie pour changer le monde*, in: *Les Lettres Françaises*, 11–17 Mai 1967.

Jacques d'Hondt, *Hegel secret*, Paris 1968.

IV. Studie in englischer Sprache

George Peabody Gooch, *Germany and the French Revolution*, London 1920.

Chronologie

1761	Karl Friedrich Reinhard geb.	
1767		Saint Just geb.
1768		Chateaubriand geb.
1769		Napoleon Bonaparte geb.
1770	Hölderlin, Hegel, Beethoven geb.	
1775	Schelling geb.	
1783		Stendhal geb.
1787	April: Reinhard Hauslehrer in Bordeaux. Mai: Schubart nach zehnjähriger Kerkerhaft entlassen.	
1788	Herbst: Eintritt Höld. u. Hegels in das Tübinger Stift (bis zum Herbst 1793).	
1789	Ostern: Bekanntschaft H.s mit Stäudlin und Schubart.	14. Juli, Paris: Sturm auf die Bastille.
1790	Magisterarbeit H.s: Geschichte der schönen Künste unter den Griechen.	14. Juli, Paris: Jahrestagsfeier u. Föderationsfest.
1791		Juni, Paris: Fluchtversuch des Königs Louis XVI.
1792		20. Sept.: Schlacht bei Valmy Ab 21. Sept. (bis Okt. 95) regiert die Convention.
1793	Herbst: H. und Hegel verlassen das Stift. Hegel wird Hofmeister in Bern. Weihnachten: H. wird Hauslehrer in Waltershausen bei Charlotte von Kalb.	13. Juli: Ermordung Marats. 22. Sept. in Nevers: Feier zu Ehren v. Brutus. 10. Okt.: Patriotisches Fest in Paris. 31. Okt.: Hinrichtung der Girondisten. 10. Nov.: Feier der Freiheit u. der Vernunft in Notre-Dame.
1794		5. April: Hinrichtung von Danton. 7. Mai: Bericht Robespierres

November erscheint in der *Thalia* ein Fragment vom *Hyperion (Thalia-Fragment)*

1795 Hölderlin studiert in Jena, hört Fichtes Vorlesungen. Freundschaft mit Sinclair. Arbeit an *Hyperions Jugend*.

1795 Begegnung H.s mit Ebel in Heidelberg. Ende Dez.: H. Hofmeister bei Gontard in Frankfurt.

1796 Schelling für einige Tage in Frankfurt. Sommer: Reise H.s mit Frau Susette und den Kindern nach Bad Driburg. August: Hegels Gedicht *Eleusis. An Hölderlin*. Sept.: Freitod Stäudlins im Rhein bei Straßburg.

1797 Januar: Hegel Hauslehrer bei Gogel in Frankfurt. Ostern: *Hyperion*, Bd. I. bei Cotta ersch.

1798

Sept.: H. trennt sich vom Hause Gontard. Wohnt in Homburg v. d. Höhe in der Nähe Sinclairs (erster Homburger Aufenthalt).

vor dem Konvent über die religiösen Ideen.
8. Juni (Paris): Feier des Höchsten Wesens und der Natur.
27. Juli (9 Thermidor): Robespierre gestürzt und hingerichtet. Ende des Terrors in Paris. (2627 Hingerichtete.)

Okt. 95–Nov. 99: Regierung des Directoire.

Zwei Armeen der Frz. Republik dringen bis nach Frankfurt u. Stuttgart vor.

Okt. Frieden von Campo-Formio zw. Frankreich u. Österreich.
Dez. Eröffnung des Rastatter Kongresses (tagt bis April 99.)
12. April: Proklamation der

Helvetischen Republik.
Juli: Kampagne Bonapartes im Orient (Ägypten und Syrien, bis Okt. 99.)

Nov.: H. mit Sinclair in Rastatt.

1799   H. arbeitet am *Empedokles* (I. Fassung)

H. plant eine Zeitschrift humanistischen Inhalts herauszugeben: *Iduna.*
H. arbeitet am *Empedokles* (II. u. III. Fassung)

1800   H. kehrt nach Nürtingen zu seiner Mutter zurück. Aufenthalt in Stuttgart bei Landauer. Ged. *Brod und Wein.*
Dez.: Karl Reinhard, Gesandter der Frz. Republik bei der Helvetischen Republik, bemüht sich um eine Hofmeisterstelle f. H. in der Schweiz.

1801   Januar bis April: H. Hauslehrer bei Gonzenbach in Hauptwil (Schweiz).

Ged.: *An Eduard* (vollendet)
Der Rhein
Germanien
Patmos (entworfen)
Friedensfeier (entw.)
Ende Dez.: H. reist nach Frankreich.

1802   H. Hauslehrer in Bordeaux bei Konsul Meyer.
6. Juni: Rückkehr H.s nach Deutschland (über Kehl).
22. Juni: Susette Gontard stirbt in Frankfurt.
Juli: H. in Nürtingen u. Stuttgart.
Sept.: Reise mit Sinclair nach Ulm u. Regensburg.
Ged. *Patmos* und *Friedensfeier* vollendet.

1803   Frühjahr: Ged. *Andenken*
Herbst: Ged. *Mnemosyne.*

16. März: General Jourdan gibt bekannt: es werden keine Unruhen toleriert.
20. Juli: Reinhard Außenminister der Frz. Rep.
9. Nov. (18. Brumaire): Staatsstreich Bonapartes. Bonaparte *Premier Consul.*

9. Febr.: Frieden von Lunéville.

1804 Frühjahr: durch Sinclairs Ver-
     mittlung wird H. zum Biblio-
     thekar des Landgrafen in
     Homburg ernannt.
     (Zweiter Homburger Aufent-
     halt.)

     18. Mai: Napoleon Bona-
     parte wird Kaiser der Fran-
     zosen.

1804 April: Ersch. von Hölderlins
     Übersetzungen des Sophokles.
1805 Februar: Sinclair verhaftet,
     auf den Hohenasperg geführt.
     4 Monate als Hochverräter in-
     haftiert.
1806 11. Sept.: H. nach Tübingen
     abgeführt.
     Die in der Autenriethschen
     Klinik vorgenommene Kur
     verschlimmert nur H.s Krank-
     heit.
1807 Sommer: H. im Hause des
     Tischlermeisters Zimmer un-
     tergebracht (Hölderlinturm in
     Tübingen), wo er bis zu sei-
     nem Tode bleibt.
1831 Tod Hegels.
1842 Tod Stendhals.
1843 7. Juni: Tod Hölderlins.

Werner Kirchner
Der Hochverratsprozeß gegen Sinclair
Ein Beitrag zum Leben Hölderlins
sammlung insel Bd. 50

Im Juni 1804 reiste Isaac Sinclair, Regierungsrat des Landgrafen
von Homburg, nach Schwaben, um Hölderlin zum zweiten Mal nach
Homburg zu holen. Als er in Stuttgart eintraf, war die Stadt erfüllt
von dem Gerücht eines Staatsstreiches gegen den Kurfürsten Friedrich. Am Abend tafelte Sinclair mit führenden Köpfen der radikalen
Gruppe. Die Tischgespräche lieferten dem Denunzianten Blankenstein den Hauptbeweis für seine Anschuldigungen Sinclairs: dieser
plane einen Aufstand in ganz Schwaben und wolle den Kurfürsten
ermorden lassen. Sinclair wurde des Hochverrats angeklagt und saß
1805 fünf Monate lang in Ludwigsburg gefangen.
Diese Vorfälle gehören der Lokalgeschichte an. Für die Hölderlin-
Forschung sind sie von eminenter Bedeutung. Nur eine Erhellung
der Person Sinclairs kann Licht in die Frage bringen, welche Rolle
dieser im Leben Hölderlins gespielt hat und wie weit Hölderlin
durch den prominenten Freund in politische Aktionen oder deren
Planung verwickelt war. Besonders akut ist diese Frage heute, wo
das traditionelle Hölderlin-Bild wesentlichen Korrekturen unter-
zogen wird.

Friedrich Hölderlin
Werke und Briefe

1. Insel-Hölderlin in zwei Bänden
22 Mark

In der Insel-Bibliothek deutscher Klassiker
Etwa 1500 Seiten. Letztgültige Textfassung von Friedrich Beißner.
Mit ausführlichen Erläuterungen herausgegeben von Friedrich Beiß-
ner und Jochen Schmidt.
Band I: Die Gedichte. Hyperion. Fragment von Hyperion. Erläu-
terungen Band II: Empedokles (mit allen Fassungen). Aufsätze.
Übersetzungen. Briefe. Briefe an Hölderlin. Erläuterungen

2. Studienausgabe in drei Bänden
15 Mark

Einmalige Ausgabe in 50 000 Exemplaren. Einzelband 6 Mark
Eine Ausgabe, auf die jedes Studium von Hölderlin zurückgreifen
wird. Diese Ausgabe erscheint in einmaliger Auflage. Sie wird nicht
nachgedruckt.

Hölderlin: Sämtliche Werke
Herausgegeben von Friedrich Beißner. 1344 Seiten. Dünndruckaus-
gabe. Mit einem Nachwort des Herausgebers

Uvo Hölscher: Empedokles und Hölderlin
Eine Studie

Peter Szondi: Der andere Pfeil
Zur Entstehungsgeschichte von Hölderlins hymnischem Spätstil

Wilhelm Michel: Das Leben Friedrich Hölderlins
Biographie

Dichter über Hölderlin
Herausgegeben von Jochen Schmidt (IB 939)

Hölderlin. Eine Chronik in Text und Bild
Von Adolf Beck und Paul Raabe

Über Hölderlin
Aufsätze. Herausgegeben von Jochen Schmidt.

Bibliothek Suhrkamp

edition suhrkamp

Alphabetisches Verzeichnis der edition suhrkamp

suhrkamp wissen

Alle wichtigen Entscheidungen dieses Jahrhunderts fallen in den Bereich der Naturwissenschaften und der Technologie. Diese verblüffende Tatsache ist für einen Verlag wie Suhrkamp eine Herausforderung. Deshalb riefen wir eine neue Buchreihe ins Leben, die das Wissen und die Geschehnisse unseres Jahrhunderts widerspiegelt.

Wir stellen die ersten Bände der Reihe suhrkamp wissen vor:

Rolf Meißner
Der Mond

Assertions of relevance + influence : 20 45

Ronald Fraser
Die Erde

48f. Summary of

Navin Sullivan
Die Botschaft der Gene

his contention - 49.

M's style = journalistic - 49.

Volker Popp
Initiation

patriotic, Vaterland, aristocrate (plausible) 52.

Robert Uhlitzsch
Anatomie einer Erdefunkstelle

Freiheitsbaum (ibid) -yet

Manfred Bader
Anatomie eines Kernkraftwerks

Hegel partronpolused, and look what he later became !

suhrkamp wissen. thesen

Stammen buch blätter galore! (e.g. 5B, 51)

Wolf von Engelhardt
Was heißt und zu welchem Ende
treibt man Naturforschung?

unsupported assertions of fact - 54

Redundant connections - 1.f.49,55,.

Bad non-sequitur on his letters - 56 and notes